— PRIX : 10 CENTIMES —

VALS-LES-BAINS

SAISON DE 1885
du 15 Mai au 1er Octobre

Liste Officielle
DES ÉTRANGERS

Publiée par M. SERRE, secrétaire de la Mairie

L'éditeur de cette liste est seul autorisé à publier la *Liste officielle*.

AUBENAS
IMPRIMERIE BREVETÉE DE Mme A. ROBERT

Maison non Recommandée

GRAND CAFÉ DE LA FAVORITE
TENU PAR A. CHAULET

Avenue Farincourt

A VALS-LES-BAINS (Ardèche)

CONSOMMATIONS DE 1er CHOIX

Salle de Billard,	Chambres Garnies
Grandes Terrasses,	confortables,
Vue splendide.	meublées à neuf.

Au centre de la Station thermale et des principaux hôtels.

VALS-LES-BAINS

GRAND HOTEL DE LYON

ÉTABLISSEMENT DE 1er ORDRE

Avenue Farincourt, au centre de la Station thermale, limitant le Grand Établissement des Bains.

TENU PAR

Mme Vve LOUIS PEYROUSE

PROPRIÉTAIRE DE L'HOTEL

TABLE D'HOTE - SERVICE A LA CARTE

Cet Établissement se recommande à Messieurs les Baigneurs par son grand Confortable et son Service irréprochable.

A LOUER
PENDANT LA SAISON

en tout ou en partie

1 REMISE & ÉCURIE

SITUÉE AU PONT DE VALS

S'adresser à M. LACROTTE Arsène, Café National, à Vals.

LISTE OFFICIELLE DES ÉTRANGERS

Arrivés à VALS-LES-BAINS au 17 Juin 1885

NOMS, QUALITÉS, DOMICILES, LOGEMENTS

Grand Hôtel des Bains

M. Homert, rent., Londres.
Mme Elis, rent., Londres.
Mlle Elis, rent., Londres.
Mme Dixhson, rent., Londres.
Mme de Miol Flavart, rent., Vienne.
Mme de Carilhe, rent., Nîmes.
M. Pallier, rent., Nîmes.
M. Bousquet, nég., Carcassonne.
M. Rodde, nég., Tarascon.
Mme Rodde, nég., Tarascon.
Mme Hagnoër, rent., Paris.
Mme de Loriol, rent., Voiron.
M. de Loriol, rent., Voiron.
Mme Deydier, rent., Marseille.
M. Saccoman, rent., Marseille
   (une femme de chambre).
M. Bruneton, rent., Nîmes.
Mlle Bruneton, rent., Nîmes.
M. Bruneton, rent., Nîmes.
M. Duclaux-Monteil, rent., Vernaison.
M. Estrine, nég., Marseille.
Mme Estrine, nég., Marseille.
M. Cléry-Hugue, nég., Marseille.
Mme Cléry-Hugue, nég., Marseille.
M. Commis, nég., Lyon.
M. Marze, notaire, Aubenas.
Mme Marze, Aubenas.
MM. Marze fils, Aubenas
   (une nourrice, une femme de chambre).
M. Piola, rent., Bordeaux.
M. Perez, maire, Mascara.
Mme Perez, Mascara.
M. Perez fils, Mascara
   (une femme de chambre).
M. Rolland, rent., Périgueux.

NOMS, QUALITÉS, DOMICILES, LOGEMENTS

Mme Rolland, rent., Périgueux.
M. Flourent-Lefebvre, député, Paris.
Mme Mulsant, rent., Roanne.
Mlle Mulsant, rent., Roanne.
Mme la vicomtesse Le Rebour, Roanne.
Mme Olivier Mèze, rent., Marseille.
M. Olivier fils, nég., Marseille.
Mme Charles Béranger, rent., Marseille.
M. Béranger fils, rent., Marseille.
M. Bouisset, rent., Montpellier.
M. Ferté, nég., Montpellier.
Mme Ferté, nég., Montpellier.

Grand Hôtel de l'Europe

M. Dupuy, rent., Château-Thierry.
Mme Dupuy, rent., Château-Thierry.
M. Guillot, contrôl. au M.-de-Piété, Lyon.
Mme Guillot, Lyon.
M. Cabanne, rec. des contrib. indir., Roujan.
Mme Audemar, rent, Uzès.
Mlle Audemar, rent., Uzès.
M. Brémond, rent., Milan.
Mlle Pincirolli Thérésa, rent., Agiota.
M. l'Abbé Journand, Saint-Etienne.
M. Pastorelly, rent., Saulce.
Mlle Pastorelly, rent., Saulce.
M. Chabaud, inspecteur.
M. Triat, empl., Paris.
M. Dunan, rent., Aramon.
M. Gausin, Nyons.
M. l'abbé Fernand, aumônier, Liergues.
M. le frère Amérius, directeur, Paris.
M. le frère Sophoni, visiteur, Avignon.
M. le frère Ptolémée, dir., Lamothe.

NOMS, QUALITÉS, DOMICILES, LOGEMENTS

Hôtel de Paris

M. de Champeaux de Laboulaye, présid. du Tribunal, Autun.
M. Chauvet, maître-d'hôtel, Montélimar.
M. Gay de Tunis, rent., Marseille.
M. Neuvesel, nég., Givors.
M. Bouret, nég., Lyon.
M. Lamouroux, nég., Nîmes.
M. Lobre, rent., Bordeaux.
M. Vigouroux, nég., Le Puy.
M. Constans, nég., Le Puy.
M. Mazoyer, nég., Le Puy.
M. Malet, nég., Pierrelatte.
Mme Malet, nég., Pierrelatte.
Mlle Roure, rent., Orange.
Mme sœur Marie-Ephrem, Orange.
Mme Corens, rent., Salon.
M. Corens, rent., Salon.
M. Boiron, nég., Givors.
Mme veuve Lobre, rent., Givors.
M. l'abbé Payre, curé, St-Didier-sous-Rivière.

Grand Hôtel du Louvre

M. Dampt, rent., Paris.
M. Braux, nég., Massevacien.
M. Meynier de Salinelle, rent., Nîmes.
Mlle Baudoin, nég., Marseille.
M. Gras, nég., Saint-Rémy.
Mlle Galliffier, rent., Nîmes.
(une femme de chambre).

Grand Hôtel Durand

Mme de Magny, rent., Seyssel.
Mme Romiguière, rent., Valence.
Mlle Romiguière, rent., Valence.
M. Romiguière, architecte, Valence.
M. Romiguière fils, Valence
(une femme de chambre).
M. Affairon, rent., Paris.

NOMS, QUALITÉS, DOMICILES, LOGEMENTS

Mme Affairon, rent., Paris.
Mme Protat, rent., Privas.
M. Protat, secrétaire général, Privas.
M. Protat, rent., Mâcon.
Mme Protat, rent., Mâcon.

Hôtel du Nord

M. Vignal, nég., Valence.
M. Coudere, receveur.
M. Bonny, rent., Montpellier.
Mlle Faure, prop., Flaviac.
M. Guiol, rent., La Seyne.
M. Bosc, receveur, Sauve.

Grand Hôtel de Lyon

M. Richard, rédacteur, Paris.
M. Cahoux, maître-d'hôtel, Montpellier.
Mme Cahoux, m.-d'hôtel, Montpellier.
M. Bozano, rent., Menton.
M. Bayle, rent., Nîmes.
Mme Bayle, rent., Nîmes.
M. Benoît, rent., Nîmes.
Mme Benoît, rent., Nîmes.

Hôtel des Délicieuses

M. Lebeaux, rent., Saumur.
Mlle Lambertin, rent., Cavaillon.
M. Marguerite, rent., Mâcon.
Mme Tricou, rent., Aubagne.
M. Sarnette, rent., Aubagne.

Maison Giraud

M. Cabanel-Cruveillier, lith., Nîmes.
Mme Cabanel-Cruveillier, lith., Nîmes.
M. Jaulmes-Delord, nég., Congeniès.
Mme Jaulmes-Delord, nég., Congeniès.
M. Jaulmes fils, Congeniès.
M. Marquès, nég., Massillargues.
Mme Marquès, nég., Massillargues.

NOMS, QUALITÉS, DOMICILES, LOGEMENTS

Maison Baylon

Mme Thomey, rent., Lyon.
Mme Defflassieux, rent., Ste-Colombe.
Mlle Defflassieux, rent., Ste-Colombe.
M. Auger, rent., Bounieux.
Mlle Auger, rent., Bounieux.
M. Buchet, chanoine, Angers.

Villa du Côteau, *maison Petit*

M. Auquier, rent., Ganges.
Mme Auquier, rent., Ganges.
M. Georges, rent., Ganges
   (une femme de chambre).
M. Cahoux, limonadier, Montpellier.

Maison Victor Martin

M. Capillery Emile, dir., St-Hippolyte.
Mme Capillery, St-Hippolyte.
Mlle Capillery Elise, St-Hippolyte.
Mlle Capillery Suzanne, St-Hippolyte.

Villa Vincent

Mlle Bauvait Augustine, rent., Lyon.
M. Doyen, rent., Bône.
Mme Doyen, rent., Bône.
M. Doyen Hippolyte, rent., Bône.
Mlle Roumieu, rent., Paris.
Mlle Givon, rent., Paris.

Hôtel Robert

M. Desnus, rent., Paris.
Mme Durand-Bechet, prop., Avignon.
Mlle Sophie, Avignon.
Mlle Régine, Avignon
   (une femme de chambre).

Café Deschandol, *Hôtel de Marseille*

M. Gonnet Emile, cultiv., Mauves.
M. Dussargues Alexandre, boul., Alais.
M. Maillet Paul, agent-d'assur., Tarare.
M. Benoist Léon, cultivateur, St-Just.

NOMS, QUALITÉS, DOMICILES, LOGEMENTS

Maison Delubac

Mme sœur Célina, relig., Brignolles.
Mme de Chammorin, rent., St-Tropez.
Mme Aman, rent., Grenoble.
Mme du Plat, nég., Valence.

Villa de Bernardy

Mme Vigier, prop., Avignon.
M. Vigier, avocat, Avignon
   (une femme de chambre).
Mlle Bonne, prop., Etoile.

Maison Casimir Croze

M. Dargaud, rent., Charonne.
M. Bonfils, rent., St-Cézaire.
Mme Bonfils, rent., St-Cézaire.
Mlle Brunel, rent., Nîmes.
Mlle Constantin, rent., Nîmes.
M. Michel, mécanicien, Lyon.

Maison Philippe Nogier

Mme Sibert, nég., Romans.
M. Bozzoli, prop., Alger.
Mme Bozzoli, prop., Alger.
Mlle Bozzoli, prop., Alger.
MM. Bozzoli fils, Alger.

Maison Peyrouse

M. Lions, rent., Nice.
M. Doux, professeur, St-Barthélemy.

Villa Eugène Mouline

M. Poujol, rent., St-Jean-du-Gard.
Mme Poujol, rent., St-Jean-du-Gard.

Chalet Martin

M. Philibert, rent., Aix
   (une femme de chambre).

NOMS, QUALITÉS, DOMICILES, LOGEMENTS	NOMS, QUALITÉS, DOMICILES, LOGEMENTS

Maison Veuve Cros

M. de Mauperlier, arb. de com., Avignon (une femme de chambre).

Maison Suchon

Mme veuve Coulon, rent., Baji (Gard).

Villa Mathon Louis

Mme Fournier, rent., Avignon.
Mme Garnier, rent., Bourg-St Andéol.
M. Georges Garnier, empl. à la Préfecture, Paris.
M. Plantevin Marius, instit., St-Marcelin (Vaucluse).

Mme Plantevin Marius, ménagère, St-Marcelin (Vaucluse).

Villa Veuve Ladet

Mme Faure, rent., Châlon-s.-Saône.
Mme Aguetton, rent., Lyon.

Maison Baptiste Moulin

M. Dumas, nég., Lyon.
M. Dumas frère, nég., Lyon.

Maison Métras

M. Amable Aberjoux, rent., Privas.
Mme Guérin, rent., Privas.

GRAND CAFÉ DE VALS
ET
GRAND CERCLE DES BAIGNEURS

Tenus par

Mme BOULLE

AU CENTRE DES GRANDS HOTELS

TERRASSES MAGNIFIQUES

Au-dessus du Cercle et devant le Café

FRAIS OMBRAGES

CONSOMMATIONS DE PREMIER CHOIX

BIÈRE DE LYON & DE RUOMS

Salle de lecture — Journaux du jour

Abonnements pour la saison

— DICTIONNAIRE BOTTIN —

Cet Etablissement se recommande à sa nombreuse clientèle

AUTORISATION DE L'ÉTAT

VALS AU COMPLET

SOURCE DES PRINCES

Eau de Table, surnommée la Délicate, par M. le Docteur Bonnal.
Recommandée dans toutes les affections des voies digestives : dyspepsie, gastralgie, gastrite, etc.

SOURCE PRÉFÉRÉE, MOYENNE

Employée avec le plus grand succès, dans toutes les affections biliaires et de la vessie, elle rend surtout de grands services dans la goutte, les rhumatismes, les fièvres intermittentes des pays chauds et les épidémies cholériques.

SOURCE DUCHESSE, FORTE

Souveraine dans l'anémie, chlorose, appareil sexuel, elle agit très efficacement dans les cas où, à cause de leur minéralisation plus faible, les eaux bicarbonatées sodiques demeurent impuissantes.

N.-B. — Les eaux minérales de ces sources, situées au centre du bassin des Eaux, sont d'une conservation parfaite et peuvent supporter les plus longs voyages.

Pour les demandes, s'adresser à M. Peyrouse aîné, *prop., à Vals.*

ANALYSES	DES PRINCES	PRÉFÉRÉE	DUCHESSE
Acide carbonique libre	1.5590	1.3910	1.4510
Bicarbonate de soude	1.8700	4.2820	7.1370
— de potasse	0.0373	0.1360	0.1430
— de chaux	0.0500	0.2000	0.2110
— de magnésie	0.0470	0.1150	0.1180
— de lithine	traces	0.0157	0.0059
Chlorure de sodium	0.0288	0.1630	0.1710
— de potassium	0.0305	traces	traces
Sulfate de soude	0.2526	0.0350	0.0360
— de potasse	0.0387	indices	indices
Silice	0.0550	0.0670	0.0720
Alumine	indices	0.0031	0.0035
Oxyde de fer	0.0140	0.0125	0.0015
Totaux	2.4239	5.0293	9.3499

A LA BOTTE SANS COUTURE

VICTORIN BRUN

Maison Hôtel de la Poste

VALS — Grande-Rue et place Saint-Jean — VALS

CHAUSSURES SUR COMMANDE
SPÉCIALITÉ DE **CHAUSSURES CONFECTIONNÉES**
RÉPARATIONS EN TOUS GENRES
— PRIX TRÈS MODÉRÉS —

HOTEL DU NORD

Au centre de la ville

A VALS-LES-BAINS

 TENU PAR VERNET

Réparé et Meublé à neuf

TABLE D'HOTE

DINERS PARTICULIERS

ON PORTE EN VILLE.

ÉCURIE & REMISE

DÉPART DE TOUTES LES VOITURES

CROZE Arsène

A VALS-LES-BAINS (LE PONT)

VINS ORDINAIRES & VINS FINS

GARANTIS PURS DE TOUT MÉLANGE

Récoltés chez le propriétaire et provenant uniquement du raisin

EAU-DE-VIE & RHUM

PRIX TRÈS MODÉRÉS

EAU MINÉRALE NATURELLE
de VALS (Ardèche)

Approuvée par l'Académie de médecine.
Autorisée par l'État.

La source du BOSC, très gazeuse, est une excellente eau de table. — Elle est souveraine dans les maladies de l'estomac et des intestins, du foie, de la rate, des reins et de la vessie.

Elle combat efficacement les coliques hépatiques et néphrétiques, la gravelle, la goutte, le diabète et le rhumatisme.

S'adresser à M. Paul LAGARDE, *propriétaire au Bosc, près Vals, ou à* M. CHAULET, *café de la Favorite, quartier des Eaux.*

A VENDRE

En bloc ou en détail

1° Une MAISON d'exploitation, avec Jardin & Champ y attenant.
2° Une TERRE, Champ, Mûriers, appelée *Lachamp*, au quartier de ce nom.
3° Une autre TERRE labourable, au quartier de Pouchonnet.
Le tout situé sur la commune de Laurac, près Largentière.

TOUTES FACILITÉS SERONT ACCORDÉES POUR LE PAIEMENT

S'adresser à M. REYNAUD, *notaire à Uzer, ou à* M. SERRE, *à Vals-les-Bains.*

GRAND HOTEL DE L'EUROPE

TENU PAR

M. ET Mme BOUZIGE

à VALS-LES-BAINS (Ardèche)

TABLE D'HOTE — SERVICE PARTICULIER — JARDIN

Voiture dans l'hôtel à la disposition de MM. les Baigneurs
OMNIBUS DE L'HOTEL A TOUS LES TRAINS

Le Directeur

— PRIX : 10 CENTIMES —

VALS-LES-BAINS

SAISON DE 1885
du 15 Mai au 1er Octobre

LISTE OFFICIELLE
DES ÉTRANGERS

Publiée par M. SERRE, *secrétaire de la Mairie*

L'éditeur de cette liste est seul autorisé à publier la *Liste officielle*.

AUBENAS
IMPRIMERIE BREVETÉE DE Mme A. ROBERT

Maison non Recommandée

GRAND CAFÉ DE LA FAVORITE
TENU PAR A. CHAULET
Avenue Farincourt

A VALS-LES-BAINS (Ardèche)

CONSOMMATIONS DE 1er CHOIX

Salle de Billard, Grandes Terrasses, Vue splendide.	Chambres Garnies confortables, meublées à neuf.

Au centre de la Station thermale et des principaux hôtels.

VALS-LES-BAINS

GRAND HOTEL DE LYON
ÉTABLISSEMENT DE 1er ORDRE
Avenue Farincourt, au centre de la Station thermale, limitant le Grand Établissement des Bains.

TENU PAR

Mme Vve LOUIS PEYROUSE
PROPRIÉTAIRE DE L'HOTEL

TABLE D'HOTE - SERVICE A LA CARTE

Cet Établissement se recommande à Messieurs les Baigneurs par son grand Confortable et son Service irrréprochable.

A LOUER
PENDANT LA SAISON
en tout ou en partie

1 REMISE & ÉCURIE
SITUÉE AU PONT DE VALS

S'adresser à M. LACROTTE Arsène, *Café National*, à Vals.

Nº 2
LISTE OFFICIELLE DES ÉTRANGERS
Arrivés à VALS-LES-BAINS au 24 Juin 1885

NOMS, QUALITÉS, DOMICILES, LOGEMENTS

Grand Hôtel des Bains
M. Tempié, rentier, Montpellier.
M. Casati Brochier, rentier, Lyon.
Mme Casati Brochier, rent., Lyon
   (une femme de chambre).
M. Lutty, rent., Pont-de-Vel.
M. Gilibert, rent., Paris.
Mme Mourin, rent., Nice.
Mlle Mourin, rent., Nice.
M. Coraze, rent., Marseille.
Mme Coraze, rent., Marseille.
Mlle Coraze, rent., Marseille.
Mme Vogelgesant, rent., Tain.
Mlle Claire, rent., Tain.
Mlle Alice, rent., Tain.
Mlle Lida, rent., Tain.
Mlle Louise, rent., Tain
   (une institutrice).
Mme de Saint-Marcel, rent., Pau.
Mme Larin, rent., Valence.
M. de Roussel, rent., Nîmes.
M. José de Abarzuza-y-Ferrer, Amérique.
Mme José de Abarzuza-y-Ferrer, Amérique.
M. Blanchenay, intend. Militaire, à Sétif.
M. Duclaux, rent., Lyon.
M. le marquis de Galard Terraube, rent., Toulouse.

Grand Hôtel de Paris
Mme Ricard, rent., Alexandrie.
Mlle Claire Ricard, rent., Alexandrie.
Mlle Marthe Ricard, rent., Alexandrie.
Mlle Marie Ricard, rent., Alexandrie.
M. de Champeaux de Laboulaye, Président du Trib. de commerce, Autun.
Mme de Champeaux de Laboulaye, Autun.
M. Herman Ricard, nég., Marseille.
M. Emile Roche des Breux, rent., Beaux.
Mme Roche des Breux, rent., Beaux.
M. Boissier, rent., Langlade.
Mme Boissier, rent., Langlade.
M. Carcassonne (fils), nég., Salon.
Mme Carcassonne, rent., Salon.
M. Gazet, nég., Tournon.
Mme Gazet, nég., Tournon.
Mme Canard, rent., Tournus.
Mme Tripard, rent., Tournus.
M. Corens, nég., Salon.

NOMS, QUALITÉS, DOMICILES, LOGEMENTS

Mme Béranger, nég., Salon.
Maison Giraud
Mme Ricard, rent., Cannes.
M. Dumas, rent., Fontanès.
Mme Dumas, rent., Fontanès.
Mme Jac, rent., Narbonne.
Mlle Jac, rent., Narbonne
   (une femme de chambre).
Hôtel Robert
M. Alirot, rent., St-Chamond.
Mme Alirot, rent., St-Chamond.
M. Bouet, rent., Nîmes.
Mme Caillo, Nîmes.
M. Arbus, pasteur, Maudagano.
N. Fabre, notaire, Anjou.
Maison Martin Victor
M. Capillery, past., St-Hippolyte-du-Fort.
Mme Capillery, rent., St-Hippolyte-du-Fort.
Mlle Alice, rent., St-Hippolyte-du-Fort.
Mlle Suzanne, rent., St-Hippolyte-du-Fort.
M. Tolozan, nég., Nîmes.
M. Gély, prop., Nîmes.
Mlle Feniol, rent., Nîmes.
M. Ducailard, avocat, St-Hippolyte-du-Fort.
Mme Ducailard, rent., St-Hippolyte-du-Fort.
Maison Régis Combe
M. Bouquet, prop., Froid-Viallat.
Hôtel des Délicieuses
M. Texier, rent., Annonay.
Mme Texier, rent., Annonay.
M. Tricon, rent., Cassis.
Grand Hôtel Durand
M. Collet, dir. des domaines, Privas.
Mme Collet, Privas.
M. Morette, nég., Romans.
Mme Morette, nég., Romans.
M. Reboul, rentier, Genève.
M. Zoppino, rent., Genève.
Mme Zoppino, rent., Genève.
Mlle Sorez, rent., Genève.
M. Zoppino, entrepr., Genève.

NOMS, QUALITÉS, DOMICILES, LOGEMENTS

M. Marsal fils, rentier, Oran.
M. Cachon, polisseur, Charlieu.
M. Brignon, ingénieur, Lyon.
M. Dupart, prop., Alger.
Mme Dupart, prop., Alger.
M. Marsal, rentier, Oran.
M. Belmas, nég., Montpellier.
M. Croze, nég., Valence.
M. Bouchet, prop., Nîmes.
M. Bernans, rentier, Grenoble.
M. Porte, rent., Aubenas.
M. Blanc, notaire, St-Rémy
M. Boissel, voyageur, Montélimar.

Grand Hôtel du Louvre

M. Madrous, entrepreneur, Alger.
Mme Madrous, rentière, Alger.
Mme Fournier, rent., Alger.
M. Fournier, capitaine d'infanterie de Marine, en retraite, Apt.
M. Richard, nég., Avignon.
M. Manier, rentier, St-Colombier-s-V.

Villa Pierre Mouline

M. Hourst, ingénieur, le Caire.
Mme Hourst, le Caire.

Villa Bard

M. Doyen, employé, Bône.
Mme Doyen, Bône.
Mlle Saguimorte, rent., Condrieu.

Chalet Martin

M. Delfau, docteur, Bessèges.
Mme Delfau, Bessèges.
M. Paul, Bessèges.
(une femme de chambre).

Restaurant Vve Blachère

M. Bonnefille, prop., Chandère.

Café Deschandol, *Hôtel de Marseille*

M. Feulier, prop., Tizi-Ouzan.
Mme Feulier, Tizi-Ouzan.
M. Tessedre, nég., Serverette.
Mme Tessedre, Serverette.

Villa Delubac

M. A. Flachat, rent., St-Etienne.
Mme Flachat, rent., St-Etienne.

Maison Suchon

M. Didkowsks, prop., Villevielle.
Mme Didkowsks, prop., Villevielle.
Mme Margarot, rent., Villevielle.
Mme Fillon, Institutrice, Quissac.
Mme Vve Roussel, rent., Quissac.
M. Sipeyre, menuisier, Sauve.
Mme Sipeyre, Sauve.

NOMS, QUALITÉS, DOMICILES, LOGEMENTS

Hôtel du Nord

M. Escomel, fonctionnaire, Montpezat.
Mme Escomel, Montpezat.
M. Roche, nég., Tournon.
M. Contellier, fabricant, Nîmes.
M. Labrie, prop., Ners.
M. Gaillard Courbis, nég., St-Vallier.
M. Michel, nég., Paris.

Maison Peyrouse

Mme Rollin, nég., Dieulefit.
M. Broc, nég., Montélimar.
M. Gas, prop., Jausiers.

Villa Vincent

M. Pascal fils, nég., Salon
(une femme de chambre).
Mme Coste, nég., Générac.
Mlle Coste, nég., Générac.

Grand Hôtel de l'Europe

M. Deroch, nég., Largentière.
M. Vier, St-Etienne.
Mlle Vier, rentière, St-Etienne.
Mlle Buboton, rentière, Lyon.

Restaurant Chalabreysse

M. Tournery, prop., Ambérieux.
Mme Turrel, rentière, Marseille.
Mlle Turrel, rent., Marseille.

Maison Baylon

Mme Farnaud, rent., Lyon.
Mlle Farnaud, rent., Lyon.
Mme Decraie, rent., Paris.
Mme Emblard, rent., Valence.

Villa de Bernardy

M. Veyr, nég., Loriol.
M. Gueyrard, nég., Marseille.
Mme Gueyrard, rent., Marseille.
M. Gueyrard fils, nég., Marseille.

Hôtel des Colonies

M. Prouvost, prêtre, Gannat.
M. Meyer, prêtre, Contamine.
M. Boulongeat, prêtre, Gannat.
M. Teste, nég., Congeniès.

Maison Borie

Mme Martin, épicière, Ste-Marguerite.

Villa Chabanis

M. Clair, sculpteur, Valence.
M. Noury, sculpteur, Valence.
M. Chambon, sculp., Clermont.
Mme Clair, rent., Valence.
M. Clair Léon, Valence.

NOMS, QUALITÉS, DOMICILES, LOGEMENTS	NOMS, QUALITÉS, DOMICILES, LOGEMENTS
Grand Hôtel de Lyon M. Hourst, ingénieur civil, le Caire. Mme Hourst, le Caire. M. Platon, juge de paix, les Vans. Mme Platon, les Vans. M. Pascal, nég., Salon (une femme de chambre). M. Picard, nég., Paris	M. Chambouleyron, rentier, Privas. M. Mazet, nég., Montélimar. **Villa des Justets** M. l'abbé Védrine, prêtre du diocèse de Mende. **Maison Philippe Nogier** Mme Bougedoire, rent., St-Chamond.

TOTAL DES ARRIVÉES : 370

25 ans de Succès

Les véritables Produits Digestifs de Casimir CROZE & Cie, le seul Inventeur et seul Préparateur, à Vals-les-Bains, sont les meilleurs de tous les produits digestifs connus de nos jours.

De toutes leurs vertus, la plus grande et la plus essentielle est de favoriser les digestions les plus lentes et les plus rebelles.

Méfiez-vous de toutes autres marques :

Exigez sur chaque boîte la signature

CASIMIR CROZE & Cie

Prix de la boîte : franco par la poste, **1** franc **50** centimes.

Adresser les demandes à M. Casimir CROZE, *seul inventeur et seul préparateur*, à VALS-LES-BAINS (Ardèche).

ANCIEN HOTEL DU PARC

TENU PAR

CHALABREYSSE

Grand'Rue, près la Passerelle

A VALS - LES - BAINS (Ardèche)

RESTAURANT — PENSION — CHAMBRES GARNIES

— *PRIX TRÈS MODÉRÉS* —

GRAND CAFÉ DE VALS
ET
GRAND CERCLE DES BAIGNEURS

Tenus par

MME BOULLE

AU CENTRE DES GRANDS HOTELS

TERRASSES MAGNIFIQUES

Au-dessus du Cercle et devant le Café

FRAIS OMBRAGES

CONSOMMATIONS DE PREMIER CHOIX

BIÈRE DE LYON & DE RUOMS

Salle de lecture — Journaux du jour

Abonnements pour la saison

— DICTIONNAIRE BOTTIN —

Cet Etablissement se recommande à sa nombreuse clientèle

GRAND HOTEL DE L'EUROPE

Le plus ancien de Vals, tenu par

M. ET MME BOUZIGE

à VALS-LES-BAINS (Ardèche)

TABLE D'HOTE — SERVICE PARTICULIER — JARDIN

Parc & Jardin attenant a l'Hôtel

Voiture dans l'hôtel à la disposition de MM. les Baigneurs

OMNIBUS DE L'HOTEL A TOUS LES TRAINS

AUTORISATION DE L'ÉTAT

VALS AU COMPLET

SOURCE DES PRINCES

Eau de Table, surnommée la Délicate, par M. le Docteur Bonnau.

Recommandée dans toutes les affections des voies digestives : dyspepsie, gastralgie, gastrite, etc.

SOURCE PRÉFÉRÉE, MOYENNE

Employée avec le plus grand succès, dans toutes les affections biliaires et de la vessie, elle rend surtout de grands services dans la goutte, les rhumatismes, les fièvres intermittentes des pays chauds et les épidémies cholériques.

SOURCE DUCHESSE, FORTE

Souveraine dans l'anémie, chlorose, appareil sexuel, elle agit très efficacement dans les cas où, à cause de leur minéralisation plus faible, les eaux bicarbonatées sodiques demeurent impuissantes.

N.-B. — Les eaux minérales de ces sources, situées au centre du bassin des Eaux, sont d'une conservation parfaite et peuvent supporter les plus longs voyages.

Pour les demandes, s'adresser à M. PEYROUSE AÎNÉ, *prop., à Vals.*

ANALYSES	DES PRINCES	PRÉFÉRÉE	DUCHESSE
Acide carbonique libre	1.5590	1.3910	1.4540
Bicarbonate de soude	1.8700	4.2820	7.1370
— de potasse	0.0373	0.1360	0.1430
— de chaux	0.0500	0.2000	0.2110
— de magnésie	0.0470	0.1150	0.1180
— de lithine	traces	0.0157	0.0059
Chlorure de sodium	0.0288	0.1630	0.1710
— de potassium	0.0305	traces	traces
Sulfate de soude	0.2526	0.0350	0.0360
— de potasse	0.0387	indices	indices
Silice	0.0550	0.0670	0.0720
Alumine	indices	0.0031	0.0035
Oxyde de fer	0.0140	0.0125	0.0015
TOTAUX	2.4239	5.0293	9.3499

A LA BOTTE SANS COUTURE

VICTORIN BRUN

Maison Hôtel de la Poste

Grande-Rue et place Saint-Jean — VALS-LES-BAINS

GRAND ASSORTIMENT DE CHAUSSURES
CHAUSSURES SUR COMMANDE
SPÉCIALITÉ DE **CHAUSSURES CONFECTIONNÉES**
RÉPARATIONS EN TOUS GENRES
— PRIX TRÈS MODÉRÉS —

CROZE Arsène

A VALS-LES-BAINS (Le Pont)

VINS ORDINAIRES & VINS FINS
GARANTIS PURS DE TOUT MÉLANGE
Récoltés chez le propriétaire et provenant uniquement du raisin

EAU-DE-VIE & RHUM

PRIX TRÈS MODÉRÉS

BRESSON
Entrepreneur
Place Saint-Jean, — à Vals-les-Bains

MAISON GARNIE — MEUBLÉE A NEUF
Située au centre de VALS

Cuisine à la disposition de Messieurs les Baigneurs

TERRASSE

PRIX MODÉRÉS

SOCIETE GENERALE
des Produits aux sels extraits des Eaux Minérales
DE VALS-LES-BAINS & DU VIVARAIS

COMMISSION — EXPORTATION

USINE MODERNE A VAPEUR
FABRIQUE DE CHOCOLAT & DE PRODUITS AUX SELS DE VALS
MARRONS GLACÉS DU VIVARAIS

Casimir CROZE & Cie
VALS - LES - BAINS (Ardèche)

Bonbons digestifs Casimir Croze, dits Caramels ou Sucre d'Orge, aux sels extraits des Eaux minérales de Vals. Prix de la boîte, franco par la poste, 1 fr. 50.

Pastilles bicarbonatées et ferrugineuses, aux sels extraits des Eaux minérales de Vals. Par boîtes de 50 c. : 1, 2 et 3 francs ; en vrac, 5 francs le kilo.

Pralines Vivaraises, toniques et ferrugineuses. Prix de la boîte : 2 francs ; 30 centimes en plus par la poste.

Chocolat digestif et ferrugineux, en livre, croquette, napolitain, pastilles, chocolat ferrugineux, qualité spéciale. Prix de la boîte : 1 fr. 50 ; 20 centimes en plus par la poste.

Nougat et Nougatine, fabrication spéciale, avec pistache, vanille et au miel du Vivarais.

Bonbons d'agrément, dits Berlingots de Vals, aux parfums menthe, citron, vanille, café, etc.

Pour avoir les véritables produits de Casimir CROZE, s'adresser dans ses magasins, situés : Grand-Rue de Vals et avenue Farincourt, maison Migno.

Il n'y a qu'un seul établissement, à Vals-les-Bains, où se fabriquent les produits aux sels naturels, extraits des eaux minérales ; Messieurs Casimir CROZE et Cie ne confient pas la fabrication de leurs spécialités à des usines éloignées de Vals, et dont, par suite, ils ne pourraient surveiller les procédés.

Fabriquant eux-mêmes, MM. CROZE et Cie sont les seuls qui puissent garantir la sincérité de leurs produits.

Toute personne peut, du reste, visiter les ateliers qui se trouvent à Vals-les-Bains, au-dessus de la manutention de la Société Générale des eaux minérales.

CASINO DE VALS-LES-BAINS

Cet Établissement composé de la Salle de Spectacle, de la Salle de Café (désignée sous le nom de *Café de Paris*) et du *Cercle des Étrangers,* vient de subir, sous la nouvelle Direction, diverses transformations et aménagements appréciés par MM. les Baigneurs.

Le *Théâtre d'Été,* transformé en une belle et vaste Salle verte, sera complètement abrité de l'humidité des soirées. Du 1er au 5 juillet, débutera la Troupe de concerts, comédies, vaudevilles et opérettes. Les artistes qui en font partie ont été choisis parmi les étoiles des grands établissements de Paris. Les affiches du jour donneront le tableau de la troupe et du répertoire qu'elle interprètera.

CAFE DU CASINO
OU CAFÉ DE PARIS

Ouvert depuis le 20 juin, aura dès le 1er juillet un service régulier de dépêches qui seront, dès leur arrivée, affichées dans la salle publique.

GRAND CERCLE DES ÉTRANGERS
ENTIÈREMENT RECONSTITUÉ

Offrira à MM. les Baigneurs tous les moyens de distraction qu'offrent les établissements similaires :

Salles de lecture, de conversation, de billards et jeux divers.

VOITURES A VOLONTE

LANDAU, PANIER, MYLORD, VICTORIA, &c.

CHEVAUX DE SELLE

Longs Voyages — Confortable — Célérité

François HUGON

Vals-les-Bains. — Hôtel Robert. — Vals-les-Bains.

A l'honneur de prévenir Messieurs les Étrangers et Baigneurs qu'il se met à leur disposition pour faire des excursions en montagne, passant par Antraigues, Laviolle, Mézilhac, Lachamp-Raphaël, le Gerbier de Jonc, le Mézenc, les ruines du couvent de Bonnefoi, Sainte-Eulalie, Le Béage, la forêt et l'abbaye de Mazan, le lac d'Issarlès, le lac Ferrand (près la forêt de Bauzon), la Côte de Mayres, La Chavade, Lanarce, Peyrabeille, le lac du Bouchet (près Costaros), les ruines du château de Polignac (près Le Puy), les ruines du château de La Roche-Lambert; passant par Langogne, Labastide, Notre-Dame-des-Neiges, Villefort, Les Vans, Joyeuse, les grottes de Vallon, le pont d'Arc; le château de Boulogne, le château de Ventadour, celui de Pourcherolles, le cratère de Thueyts, l'Echelle-du-Roi, la Gueule-d'Enfer, Neyrac, Jaujac, les ruines du château de Clamouse, le volcan de Jaujac.

RETOUR A VALS

VOITURES A VOLONTÉ

Break — Landau — Phaëton
Pour Courses, Promenades et Excursions

DONAS

Demeurant toute l'année à VALS-LES-BAINS

Remises : Maison Régis
En face l'Hôtel des Colonies, à côté du Temple.

PRIX MODÉRÉS

AUGUSTE FEZAY

CHAMBRES MEUBLÉES

Au centre de Vals

QUINCAILLERIE — MERCERIE

ARTICLES DE PÊCHE

Chambres Garnies

VICTOR SUCHON
Propriétaire
VALS-LES-BAINS

ON FAIT LA CUISINE

APPARTEMENTS INDÉPENDANTS POUR FAMILLES
Complètement Meublés à Neuf

ANCIEN HOTEL DE LA POSTE
A VALS - LES - BAINS

Cet Hôtel, complètement remis à neuf, est aujourd'hui transformé en Appartements pour Familles et Chambres Garnies.

Terrasse et Jardin sur le derrière

ÉCURIE — REMISE — EAU — GAZ

Les Propriétaires exploiteront eux-mêmes pendant cette saison, après laquelle ils sont disposés à VENDRE ou à LOUER, soit comme Hôtel, soit comme Maison Garnie.

S'adresser aux Propriétaires de l'Hôtel de la Poste,
— A VALS - LES - BAINS —

A VENDRE

Emplacements avec Source Minérale, la meilleure des eaux de table, au plus beau quartier de la Station.

Grandes facilités de paiement.

S'adresser à M. Gaston GIRAUD, négociant à Vals-les-Bains.

G^D HOTEL DU NORD
Au centre de la ville
A VALS-LES-BAINS

 TENU PAR VERNET

Réparé et Meublé à neuf. Vue splendide

TABLE D'HOTE

DINERS PARTICULIERS
ON PORTE EN VILLE

ÉCURIE & REMISE

DÉPART DE TOUTES LES VOITURES
Dictionnaire Bottin

SOURCE DU BOSC
Eau minérale naturelle
de VALS (Ardèche)
Approuvée par l'Académie de médecine.
Autorisée par l'État.

La source du BOSC, très gazeuse, est une excellente eau de table. — Elle est souveraine dans les maladies de l'estomac et des intestins, du foie, de la rate, des reins et de la vessie.

Elle combat efficacement les coliques hépatiques et néphrétiques, la gravelle, la goutte, le diabète et le rhumatisme.

S'adresser à M. Paul LAGARDE, *propriétaire au Bosc, près Vals*, ou à M. CHAULET, *café de la Favorite, quartier des Eaux*.

M. E. CHAMPETIER
Pharmacien-Chimiste, près le Pont-de-Fer

est le seul préparateur depuis 20 ans, des

SOUS PRODUITS DE VALS

Tels que : **Pastilles** et **Bonbons Digestifs**,

aux Sels de Vals

Sels naturels, pour bains et boissons artificielles, de VALS.

AINSI QUE DE

L'ARNICA DES CÉVENNES

Contre Plaies, Blessures, Contusions, Entorses, Foulures, etc., etc.

Se méfier des produits similaires, qui ne sont que des imitations

LABORATOIRE D'ANALYSES DIVERSES

LES SOURCES
LA REINE & 3 ETOILES
Débitant 3.000.000 de bouteilles

Sont la propriété exclusive de M. E. CHAMPETIER.

S'adresser à la pharmacie pour achats d'eau et renseignements.

Le Directeur,

— PRIX : 10 CENTIMES —

VALS-LES-BAINS

SAISON DE 1885

du 15 Mai au 1er Octobre

Liste Officielle

DES ÉTRANGERS

Publiée par M. SERRE, *secrétaire de la Mairie*

L'éditeur de cette liste est seul autorisé à publier la *Liste officielle*.

AUBENAS
IMPRIMERIE BREVETÉE DE Mme A. ROBERT

Maison non Recommandée

GRAND CAFÉ DE LA FAVORITE
TENU PAR A. CHAULET
Avenue Farincourt

A VALS-LES-BAINS (Ardèche)

CONSOMMATIONS DE 1er CHOIX

Salle de Billard, Grandes Terrasses, Vue splendide.	Chambres Garnies confortables, meublées à neuf.

Au centre de la Station thermale et des principaux hôtels.

VALS-LES-BAINS

GRAND HOTEL DE LYON
ÉTABLISSEMENT DE 1er ORDRE
Avenue Farincourt, au centre de la Station thermale,
limitant le Grand Établissement des Bains.

TENU PAR

Mme Vve LOUIS PEYROUSE
PROPRIÉTAIRE DE L'HOTEL

TABLE D'HOTE - SERVICE A LA CARTE

Cet Établissement se recommande à Messieurs les Baigneurs par son grand Confortable et son Service irréprochable.

A LOUER
PENDANT LA SAISON
en tout ou en partie

1 REMISE & ÉCURIE
SITUÉE AU PONT DE VALS

S'adresser à M. LACROTTE Arsène, *Café National*, à Vals.

N° 3
LISTE OFFICIELLE DES ÉTRANGERS
Arrivés à VALS-LES-BAINS du 24 au 27 Juin 1885

NOMS, QUALITÉS, DOMICILES, LOGEMENTS

Grand Hôtel du Louvre

M. Gros, rent., Cahors.
Mme Gros, rent., Cahors.
Mlle Gros, rent., Cahors.
Mme Chomel, rent., Lyon.
M. Chomel, rent., Lyon.

Grand Hôtel Durand

Mme Patras, rent., Pont-St-Esprit.
Mme Ayme, Pont-St-Esprit.
M. Vidal, commissaire central, Nice.
M. Coste, voyageur, Marseille.

Grand Hôtel de l'Europe

M. Sauvage, vétérinaire, Nîmes.
M. Allia, rent., Montélimar.
M. Régnier, rent., Montélimar.
Mme Régnier, rent., Montélimar
    (une femme de chambre).
M. Mazel, nég., Nozières.

Grand Hôtel de Paris

M. Vigouroux, nég., Le Puy.
Mme Vigouroux, nég., Le Puy.
M. Moujon, ex-colonnel, Bayonne.
Mme Moujon, Bayonne.
M. Bastide, notaire, Payzac.
M. Romanet, rent., Pont-St-Esprit.

Grand Hôtel des Bains

M. de Barrin Epinouze, rent., Epinouze.
Mlle de Barrin Epinouze, r., Epinouze.
M. de Thelin, rent., Paris.
M. Blanchenay, rent., St-Pierreville.
Mme Blanchenay, rent., St-Pierreville.

NOMS, QUALITÉS, DOMICILES, LOGEMENTS

Hôtel du Nord

M. Ferrier, voyag., St-Jean-en-Royans.
M. Richard, huissier, Viviers.
M. Armand, relieur, Viviers.
M. Peyre Ficot, v. de comm. Nîmes.
M. Boyer, rent., Privas.
M. Reboul, nég., Lyon.

Hôtel des Délicieuses

Mme Bussy, rent., Toulon.

Hôtel Robert

M. Larrivé, nég., Vienne.

Café Deschandol, *Hôtel de Marseille*

M. Arnaud, ex-instituteur, Casteljau.

Villa de Bernardy

Mme Polge jeune, nég., Bessèges.
Mlle Rachel Polge, Bessèges.
Mlle Elia Polge, Bessèges.
Mlle Marthe Polge, Bessèges.
Mlle Théobaldine Polge, Bessèges
    (une bonne).

Chalet Martin

Mlle Delfau Marguerite, rent., Bessèges.
Mlle Valentine, rent., Bessèges.
M. Louis, rent., Bessèges.

Villa Vincent

M. Allier, prop., Vauvert.
Mme Allier, prop., Vauvert.

| NOMS, QUALITÉS, DOMICILES, LOGEMENTS | NOMS, QUALITÉS, DOMICILES, LOGEMENTS |

Villa Pierre Mouline

M. Ancey, rent., Nice.
Mme Ancey, rent., Nice.
M. Vindry, rent., Nice.

Villa du Coteau

Mme Cahoux, rent., Montpellier.
Mme Ricard, rent., Alexandrie.
Mlle Claire Ricard, rent., Alexandrie.
Mlle Marthe Ricard, rent., Alexandrie.
Mlle Marie Ricard, rent., Alexandrie.
M. Octavien Troupel, nég., Ganges.
M. Ducros, nég., Ganges.

Villa Bard

M. Audoyer, géomètre, Gagnères.
Mme Audoyer, rentière, Gagnères.

Maison Baylon

Mlle Despenes, rent., Vernoux.
M. Garnier, rédacteur de la Gazette du Midi, Marseille.
Mme Garnier, rent., Marseille.
Mme Derbier, rent., Lyon.

Maison Giraud

M. Fabre, rent., Valréas.
Mme Fabre, rent., Valréas.

Maison Borie

M. Garcin, chauffeur, Marseille.
Mme Garcin, Marseille.

Maison Caillé

M. Rebotier, ex-nég., Marseille.
Mme Rebotier, rent., Marseille.
Mlle Saltet, rent., Marseille.

Maison Casimir Croze

M. Billian, mécanicien, Lyon.

Maison Martin Victor

M. Marcot, nég., Vergèze.
Mme Marcot, nég., Vergèze.
M. Lioure, nég., St-Genest (Hérault).

TOTAL DES ARRIVÉES : 443

VILLA VEUVE LADET

Maison Meublée à neuf

APPATEMENTS POUR FAMILLES

Une des mieux située de Vals

EN FACE DU GRAND CASINO

Terrasse sur le devant ainsi que sur le derrière.

On FAIT LA CUISINE

---

25 ans de Succès

Les véritables Produits Digestifs de Casimir CROZE & Cie, le seul Inventeur et seul Préparateur, à Vals-les-Bains, sont les meilleurs de tous les produits digestifs connus de nos jours.

De toutes leurs vertus, la plus grande et la plus essentielle est de favoriser les digestions les plus lentes et les plus rebelles.

Méfiez-vous de toutes autres marques :

Exigez sur chaque boîte la signature

Casimir CROZE & Cie

Prix de la boîte : franco par la poste, **1** franc **50** centimes.

Adresser les demandes à M. Casimir CROZE, *seul inventeur et seul préparateur,* à VALS-LES-BAINS (Ardèche).

ANCIEN HOTEL DU PARC

TENU PAR

CHALABREYSSE

Grand'Rue, près la Passerelle

A VALS - LES - BAINS (Ardèche)

RESTAURANT — PENSION — CHAMBRES GARNIES

— *PRIX TRÈS MODÉRÉS* —

☞ GRAND CAFÉ DE VALS
ET
GRAND CERCLE DES BAIGNEURS

Tenus par

Mme BOULLE

AU CENTRE DES GRANDS HOTELS

TERRASSES MAGNIFIQUES

Au-dessus du Cercle et devant le Café

FRAIS OMBRAGES

CONSOMMATIONS DE PREMIER CHOIX

BIÈRE DE LYON & DE RUOMS

Salle de lecture — Journaux du jour

Abonnements pour la saison

— DICTIONNAIRE BOTTIN —

Cet Etablissement se recommande à sa nombreuse clientèle

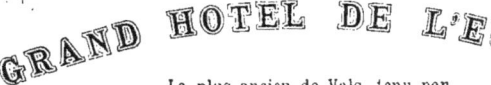
GRAND HOTEL DE L'EUROPE

Le plus ancien de Vals, tenu par

M. ET Mme BOUZIGE

à VALS-LES-BAINS (Ardèche)

TABLE D'HOTE — SERVICE PARTICULIER — JARDIN

Parc & Jardin attenant a l'Hôtel

Voiture dans l'hôtel à la disposition de MM. les Baigneurs

OMNIBUS DE L'HOTEL A TOUS LES TRAINS

AUTORISATION DE L'ÉTAT

VALS AU COMPLET

SOURCE DES PRINCES

Eau de Table, surnommée la Délicate, par M. le Docteur Bonnau.

Recommandée dans toutes les affections des voies digestives : dyspepsie, gastralgie, gastrite, etc.

SOURCE PRÉFÉRÉE, MOYENNE

Employée avec le plus grand succès, dans toutes les affections biliaires et de la vessie, elle rend surtout de grands services dans la goutte, les rhumatismes, les fièvres intermittentes des pays chauds et les épidémies cholériques.

SOURCE DUCHESSE, FORTE

Souveraine dans l'anémie, chlorose, appareil sexuel, elle agit très efficacement dans les cas où, à cause de leur minéralisation plus faible, les eaux bicarbonatées sodiques demeurent impuissantes.

N.-B. — Les eaux minérales de ces sources, situées au centre du bassin des Eaux, sont d'une conservation parfaite et peuvent supporter les plus longs voyages.

Pour les demandes, s'adresser à M. PEYROUSE AÎNÉ, *prop., à Vals.*

ANALYSES	DES PRINCES	PRÉFÉRÉE	DUCHESSE
Acide carbonique libre	1.5590	1.3910	1.4510
Bicarbonate de soude	1.8700	4.2820	7.1370
— de potasse	0.0373	0.1360	0.1430
— de chaux	0.0500	0.2000	0.2110
— de magnésie	0.0470	0.1150	0.1180
— de lithine	traces	0.0157	0.0059
Chlorure de sodium	0.0288	0.1630	0.1710
— de potassium	0.0305	traces	traces
Sulfate de soude	0.2526	0.0350	0.0360
— de potasse	0.0387	indices	indices
Silice	0.0550	0.0670	0.0720
Alumine	indices	0.0031	0.0035
Oxyde de fer	0.0140	0.0125	0.0015
TOTAUX	2.4239	5.0293	9.3499

A LA BOTTE SANS COUTURE

VICTORIN BRUN

Maison Hôtel de la Poste

Grande-Rue et place Saint-Jean — VALS-LES-BAINS

GRAND ASSORTIMENT DE CHAUSSURES
CHAUSSURES SUR COMMANDE
SPÉCIALITÉ DE **CHAUSSURES CONFECTIONNÉES**
RÉPARATIONS EN TOUS GENRES
— PRIX TRÈS MODÉRÉS —

CROZE Arsène

A VALS-LES-BAINS (LE PONT)

VINS ORDINAIRES & VINS FINS
GARANTIS PURS DE TOUT MÉLANGE
Récoltés chez le propriétaire et provenant uniquement du raisin

EAU-DE-VIE & RHUM

PRIX TRÈS MODÉRÉS

BRESSON
Entrepreneur

Place Saint-Jean, — à Vals-les-Bains

MAISON GARNIE — MEUBLÉE A NEUF
Située au centre de VALS

Cuisine à la disposition de Messieurs les Baigneurs

TERRASSE

PRIX MODÉRÉS

SOCIETE GENERALE
des Produits aux sels extraits des Eaux Minérales
DE VALS-LES-BAINS & DU VIVARAIS

Médaille d'argent — Conc. rég. d'Aubenas
Médaille de bronze — Exposition de Blois

Médaille d'or — Expos. Intern. de Nice — 1883-1884

1885 — Grand diplôme d'honneur et Médaille d'or Exposition de Lyon

1882   1883

COMMISSION — EXPORTATION

USINE MODERNE A VAPEUR
FABRIQUE DE CHOCOLAT & DE PRODUITS AUX SELS DE VALS
MARRONS GLACÉS DU VIVARAIS

CASIMIR CROZE & Cie
VALS - LES - BAINS (Ardèche)

Bonbons digestifs Casimir Croze, dits Caramels ou Sucre d'Orge, aux sels extraits des Eaux minérales de Vals. Prix de la boîte, franco par la poste, 1 fr. 50.

Pastilles bicarbonatées et ferrugineuses, aux sels extraits des Eaux minérales de Vals. Par boîtes de 50 c.: 1, 2 et 3 francs; en vrac, 5 francs le kilo.

Pralines Vivaraises, toniques et ferrugineuses. Prix de la boîte : 2 francs; 30 centimes en plus par la poste.

Chocolat digestif et ferrugineux, en livre, croquette, napolitain, pastilles, chocolat ferrugineux, qualité spéciale. Prix de la boîte : 1 fr. 50 ; 20 centimes en plus par la poste.

Nougat et Nougatine, fabrication spéciale, avec pistache, vanille et au miel du Vivarais.

Bonbons d'agrément, dits Berlingots de Vals, aux parfums menthe, citron, vanille, café, etc.

Pour avoir les véritables produits de Casimir CROZE, s'adresser dans ses magasins, situés : Grand-Rue de Vals et avenue Farincourt, maison Migno.

Il n'y a qu'un seul établissement, à Vals-les-Bains, où se fabriquent les produits aux sels naturels, extraits des eaux minérales ; Messieurs Casimir CROZE et Cie ne confient pas la fabrication de leurs spécialités à des usines éloignées de Vals, et dont, par suite, ils ne pourraient surveiller les procédés.

Fabriquant eux-mêmes, MM. CROZE et Cie sont les seuls qui puissent garantir la sincérité de leurs produits.

Toute personne peut, du reste, visiter les ateliers qui se trouvent à Vals-les-Bains, au-dessus de la manutention de la Société Générale des eaux minérales.

CASINO DE VALS-LES-BAINS

Cet Établissement composé de la Salle de Spectacle, de la Salle de Café (désignée sous le nom de *Café de Paris*) et du *Cercle des Étrangers*, vient de subir, sous la nouvelle Direction, diverses transformations et aménagements qui seront appréciés par MM. les Baigneurs.

Le *Théâtre d'Été*, transformé en une belle et vaste Salle verte, sera abrité de l'humidité des soirées. Du premier au cinq juillet, débutera la Troupe de concerts, comédies, vaudevilles et opérettes. Les artistes qui en font partie ont été choisis parmi les étoiles des grands établissements de Paris. Les affiches du jour donneront le tableau de la troupe et du répertoire qu'elle interprètera.

CAFE DU CASINO
OU CAFÉ DE PARIS

Ouvert depuis le 20 juin, aura dès le 1ᵉʳ juillet un service régulier de dépêches qui seront, dès leur arrivée, affichées dans la salle publique.

GRAND CERCLE DES ÉTRANGERS
ENTIÈREMENT RECONSTITUÉ

Offrira à MM. les Baigneurs tous les moyens de distraction qu'offrent les établissements similaires :

Salles de lecture, de conversation, de billards et jeux divers.

VOITURES A VOLONTE

LANDAU, PANIER, MYLORD, VICTORIA, &c.

CHEVAUX DE SELLE

Longs Voyages — Confortable — Célérité

François HUGON

Vals-les-Bains. — Hôtel Robert. — Vals-les-Bains.

A l'honneur de prévenir Messieurs les Étrangers et Baigneurs qu'il se met à leur disposition pour faire des excursions en montagne, passant par Antraigues, Laviolle, Mézilhac, Lachamp-Raphaël, le Gerbier de Joncs, le Mézenc, les ruines du couvent de Bonnefoi, Sainte-Eulalie, Le Béage, la forêt et l'abbaye de Mazan, le lac d'Issarlès, le lac Ferrand (près la forêt de Bauzon), la Côte de Mayres, La Chavade, Lanarce, Peyrabeille, le lac du Bouchet (près Costaros), les ruines du château de Polignac (près Le Puy), les ruines du château de La Roche-Lambert; passant par Langogne, Labastide, Notre-Dame-des-Neiges, Villefort, Les Vans, Joyeuse, les grottes de Vallon, le pont d'Arc; le château de Boulogne, le château de Ventadour, celui de Pourcherolles, le cratère de Thueyts, l'Echelle-du-Roi, la Gueule-d'Enfer, Neyrac, Jaujac, les ruines du château de Clamouse, le volcan de Jaujac.

RETOUR A VALS

VOITURES A VOLONTÉ

Break — Landau — Phaëton
Pour Courses, Promenades et Excursions

DONAS

Demeurant toute l'année à Vals-les-Bains

Remises : Maison Régis
En face l'Hôtel des Colonies, à côté du Temple.

PRIX MODÉRÉS

Auguste FEZAY

CHAMBRES MEUBLÉES
Au centre de Vals

QUINCAILLERIE - MERCERIE

ARTICLES DE PÊCHE

Chambres Garnies

Victor SUCHON
Propriétaire
VALS-LES-BAINS

ON FAIT LA CUISINE

APPARTEMENTS INDÉPENDANTS POUR FAMILLES
Complètement Meublés à Neuf

ANCIEN HOTEL DE LA POSTE
A VALS - LES - BAINS

Cet Hôtel, complètement remis à neuf, est aujourd'hui transformé en Appartements pour Familles et Chambres Garnies.

Terrasse et Jardin sur le derrière

ÉCURIE — REMISE — EAU — GAZ

Les Propriétaires exploiteront eux-mêmes pendant cette saison, après laquelle ils sont disposés à VENDRE ou à LOUER, soit comme Hôtel, soit comme Maison Garnie.

S'adresser aux Propriétaires de l'Hôtel de la Poste,
— A VALS - LES - BAINS —

A VENDRE

Emplacements avec Source Minérale, la meilleure des eaux de table, au plus beau quartier de la Station.

Grandes facilités de paiement.

S'adresser à M. Gaston GIRAUD, négociant à Vals-les-Bains.

G^d HOTEL du NORD
Au centre de la ville
A VALS-LES-BAINS

 **TENU PAR VERNET**

Réparé et Meublé à neuf. Vue splendide

TABLE D'HOTE

DINERS PARTICULIERS
ON PORTE EN VILLE

ÉCURIE & REMISE

DÉPART DE TOUTES LES VOITURES
Dictionnaire Bottin

SOURCE DU BOSC

Eau minérale naturelle

de VALS (Ardèche)

Approuvée par l'Académie de médecine.
Autorisée par l'État.

La source du BOSC, très gazeuse, est une excellente eau de table. — Elle est souveraine dans les maladies de l'estomac et des intestins, du foie, de la rate, des reins et de la vessie.

Elle combat efficacement les coliques hépatiques et néphrétiques, la gravelle, la goutte, le diabète et le rhumatisme.

S'adresser à M. Paul LAGARDE, *propriétaire au Bosc, près Vals*, ou à M. CHAULET, *café de la Favorite, quartier des Eaux.*

M. E. CHAMPETIER

Pharmacien-Chimiste, près le Pont-de-Fer

est le seul préparateur depuis 20 ans, des

SOUS PRODUITS DE VALS

Tels que : **Pastilles** et **Bonbons Digestifs**,

aux Sels de Vals

Sels naturels, pour bains et boissons artificielles, de VALS.

AINSI QUE DE

L'ARNICA DES CÉVENNES

Contre Plaies, Blessures, Contusions, Entorses, Foulures, etc., etc.

Se méfier des produits similaires, qui ne sont que des imitations

---

LABORATOIRE D'ANALYSES DIVERSES

LES SOURCES

LA REINE & 3 ETOILES

Débitant 3.000.000 de bouteilles

Sont la propriété exclusive de M. E. CHAMPETIER.

S'adresser à la pharmacie pour achats d'eau et renseignements.

Le Directeur,

N° 4

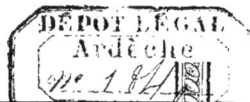

— PRIX : 10 CENTIMES —

VALS-LES-BAINS

SAISON DE 1885

du 15 Mai au 1er Octobre

LISTE OFFICIELLE

DES ÉTRANGERS

Publiée par M. SERRE, secrétaire de la Mairie

L'éditeur de cette liste est seul autorisé à publier la *Liste officielle*.

AUBENAS

IMPRIMERIE BREVETÉE DE Mme A. ROBERT

Maison non Recommandée

GRAND CAFÉ DE LA FAVORITE
TENU PAR A. CHAULET
Avenue Farincourt

A VALS-LES-BAINS (Ardèche)

CONSOMMATIONS DE 1er CHOIX

Salle de Billard, Grandes Terrasses, Vue splendide.	Chambres Garnies confortables, meublées à neuf.

Au centre de la Station thermale et des principaux hôtels.

VALS-LES-BAINS

GRAND HOTEL DE LYON
ÉTABLISSEMENT DE 1er ORDRE

Avenue Farincourt, au centre de la Station thermale,
limitant le Grand Établissement des Bains.

TENU PAR

Mme Vve LOUIS PEYROUSE
PROPRIÉTAIRE DE L'HOTEL

TABLE D'HOTE — SERVICE A LA CARTE

Cet Établissement se recommande à Messieurs les Baigneurs par son grand Confortable et son Service irréprochable.

A LOUER
PENDANT LA SAISON
en tout ou en partie

1 REMISE & ÉCURIE
SITUÉE AU PONT DE VALS

S'adresser à M. LACROTTE Arsène, *Café National*, à Vals.

LISTE OFFICIELLE DES ÉTRANGERS

N° 4

Arrivés à VALS-LES-BAINS du 27 Juin au 1er Juillet 1885

NOMS, QUALITÉS, DOMICILES, LOGEMENTS

Grand Hôtel de l'Europe

Mme Dayme, rent., Montélimar.
Mlle Dayme, rent., Montélimar.
M. Donadalle Sodovica, rent., Venise.
M. Donadalle Antonio, rent., Venise.
M. Boyer, nég., Pont-Saint-Esprit.
Mme Boyer, Pont-Saint-Esprit.
Mlle Comte, rent., Pont-Saint-Esprit.
Mme Perrier, rent., Pont-Saint-Esprit.
M. Tracal, nég., Tournon.
M. Marquis, rent., Bourgoin.
Mlle Marquis, rent., Bourgoin.
Mlle Forest, nég., Saint-Etienne.
M. Forest, nég., Saint-Etienne.
Mme Forest, Saint-Etienne.
Mlle Forest, rent., Saint-Etienne.
M. Forest fils, Saint-Etienne.
Mlle Michel, Rochefort.
Mme Mittre, r., La Roque-d'Anthéron.
M. Mittre, rent., La Roque-d'Anthéron.
Mlle Mittre, r., La Roque-d'Anthéron.
M. Mittre fils, r., La Roque-d'Anthéron.
M. Plain, rent., Saint-Etienne.
Mme Plain, rent., Saint-Etienne.
Mme Léautey, rent., Paris
(une religieuse).

Hôtel des Délicieuses

M. Bussy, rent., Toulon.
Mme Morel, rent., Dagnieu.
Mme Bault, rent., Lyon.
M. Beaupré, empl. des douanes, Calais.
Mme Beaupré, Calais.
Mlle Gabert, rent., Roche-de-Condrieu.

NOMS, QUALITÉS, DOMICILES, LOGEMENTS

Grand Hôtel des Bains

M. Vagliano, nég., Marseille.
M. André Vagliano, Marseille.
M. Vincent, rent., Uses.
M. Escamard, nég., Lyon.
M. Crépeaux, rent., Villefranche.
Mme Bouvier, nég., Lyon.
M. Bourgead, rent., Paris.
M. Geiva, rent., Menton.

Grand Hôtel de Paris

M. Laurenzi, rent., Salon.
Mme Laurenzi, rent., Salon.
Mme André, rent., Pont-St-Esprit.
M. Prat, avoué, Largentière.
Mme Prat, Largentière.
M. Perbost, nég., Largentière.
Mme Perbost, Largentière.
M. Chardès, nég., Vilfaure.

Grand Hôtel de Lyon

M. Pantel, notaire, Pont-de-Montvert.
Mme Pantel, Pont-de-Montvert.
M. Testenoire, nég., Lyon.
M. Clape, nég., Valence.
Mme Clape, nég., Valence.

Grand Hôtel Durand

M. Lauger, voyageur, Cette.
M. Vidal, pharmacien, St-Pons.
M. Codol, rent., Joyeuse,

Grand Hôtel du Louvre

M. Pailhon, nég., Pont-St-Esprit.

NOMS, QUALITÉS, DOMICILES, LOGEMENTS	NOMS, QUALITÉS, DOMICILES, LOGEMENTS
M. Dureau, rent., Orgon. Mme Dureau, Orgon. Mlle Fourmon, rent., Avignon. M. Fourmon, nég., Avignon. M. Chabert, nég., Montélimar. M. Muret, prop., Camaret.	**Villa Eugène Mouline** M. Picard, pasteur, Annonay. Mme Picard, rent., Annonay. Mlle Picard, Annonay. M. Picard fils, Annonay. (une domestique) (une femme de chambre).
Hotel de France M. Gacon Marius, rent., à Belley. Mme Gacon, rent., à Belley.	**Villa Margaritora** Mme Motserret, restaur., Avignon. Mlle Motserret, Avignon.
Hotel du Nord M. Privat Faustin, rent., Alais. M. Dabry Claude, nég., Avignon. M. Thómas, ing., Privas. M. Frassier, voyageur, Lyon. M. Fouletier, r., St-Chamond (Loire). M. Barrand, nég., Nice.	**Villa Bard** M. Beyzal, ouvrier, Bessèges. **Maison Martin Victor** M. Sarrus, prop., Vauvert. Mme Fages, rent., Vauvert. M. Bourguet, nég., Nîmes. Mme Bourguet, Nîmes. Mlle Bourguet, Nîmes.
Hotel des Colonies M. Teste, nég., Congeniès. Mme Vidal Roussellier, rent., Nîmes. Mme Roussellier, rent., Nîmes. Mme Anastasie Broc, rent., Nîmes.	**Maison Fezay** M. Clavel, nég., Codognan. M. Phanton, pr., St-Laurent-d'Aigouse.
Café Deschandol, *Hôtel de Marseille* Mme Privat, rent., Aiguemortes. (une femme de chambre). M. Loup, prop., Mornant. M. Chapon, nég., Vernarède. M. Faure, boulanger, la Côte-St-André. Mme Meunier, rent., la Côte-St-André.	**Maison Philippe Nogier** M. Boissier, prop., Vauvert. Mme Laurent, prop., Vauvert. M. Laurent fils, Vauvert. **Maison Robert** M. Plantevin, prop., Vezon. Mme Plantevin, Vezon.
Villa Pierre Mouline M. Laurent, prêtre, Alais. Mlle Laurent, rent., Alais.	**Maison Suchon** M. Delville, voyageur, Nice. Mme Vidier-Viallat, prop., Aiguevive.

25 ans de Succès

Les véritables Produits Digestifs de Casimir CROZE & Cie, le seul Inventeur et seul Préparateur, à Vals-les-Bains, sont les meilleurs de tous les produits digestifs connus de nos jours.

De toutes leurs vertus, la plus grande et la plus essentielle est de favoriser les digestions les plus lentes et les plus rebelles.

Méfiez-vous de toutes autres marques :

Exigez sur chaque boîte la signature

CASIMIR CROZE & Cie

Prix de la boîte : franco par la poste, **1** franc **50** centimes.

Adresser les demandes à M. Casimir CROZE, *seul inventeur et seul préparateur*, à VALS-LES-BAINS (Ardèche).

VALS-LES-BAINS
GRAND HOTEL DU LOUVRE
TENU PAR
LÉON BAYLON
Propriétaire

— Cet Hôtel vient de s'agrandir d'une magnifique ANNEXE —

VASTE SALLE A MANGER & SALON DE COMPAGNIE

TABLE D'HOTE --- SERVICE PARTICULIER

BELLE SALLE D'OMBRAGE ATTENANTE A L'HOTEL

Voitures à la disposition de Messieurs les Baigneurs

OMNIBUS DE L'HOTEL A TOUS LES TRAINS

PENSION, 2 REPAS PAR JOUR
Chambre et Service compris

HOTEL DU LOUVRE		ANNEXE	
1er Étage.......	7 fr. 50	1er Étage	9 fr.
2me Étage	7 fr. »	2me Rtage..	8 fr.

Service irréprochable

A LA BOTTE SANS COUTURE

VICTORIN BRUN

Maison Hôtel de la Poste

Grande-Rue et place Saint-Jean — VALS-LES-BAINS

GRAND ASSORTIMENT DE CHAUSSURES
CHAUSSURES SUR COMMANDE
SPÉCIALITÉ DE CHAUSSURES CONFECTIONNÉES

RÉPARATIONS EN TOUS GENRES

— PRIX TRÈS MODÉRÉS —

CROZE Arsène

À VALS-LES-BAINS (LE PONT)

VINS ORDINAIRES & VINS FINS

GARANTIS PURS DE TOUT MÉLANGE

Récoltés chez le propriétaire et provenant uniquement du raisin

EAU-DE-VIE & RHUM

PRIX TRÈS MODÉRÉS

BRESSON

Entrepreneur

Place Saint-Jean, — à Vals-les-Bains

MAISON GARNIE — MEUBLÉE A NEUF

Située au centre de VALS

Cuisine à la disposition de Messieurs les Baigneurs

TERRASSE

PRIX MODÉRÉS

AUTORISATION DE L'ÉTAT

VALS AU COMPLET

SOURCE DES PRINCES

Eau de Table, surnommée la Délicate, par M. le Docteur Bonnal.

Recommandée dans toutes les affections des voies digestives : dyspepsie, gastralgie, gastrite, etc.

SOURCE PRÉFÉRÉE, MOYENNE

Employée avec le plus grand succès, dans toutes les affections biliaires et de la vessie, elle rend surtout de grands services dans la goutte, les rhumatismes, les fièvres intermittentes des pays chauds et les épidémies cholériques.

SOURCE DUCHESSE, FORTE

Souveraine dans l'anémie, chlorose, appareil sexuel, elle agit très efficacement dans les cas où, à cause de leur minéralisation plus faible, les eaux bicarbonatées sodiques demeurent impuissantes.

N.-B. — Les eaux minérales de ces sources, situées au centre du bassin des Eaux, sont d'une conservation parfaite et peuvent supporter les plus longs voyages.

Pour les demandes, s'adresser à M. PEYROUSE AÎNÉ, *prop., à Vals.*

ANALYSES	DES PRINCES	PRÉFÉRÉE	DUCHESSE
Acide carbonique libre	1.5590	1.3910	1.4510
Bicarbonate de soude	1.8700	4.2820	7.4370
— de potasse	0.0373	0.1360	0.1430
— de chaux	0.0500	0.2000	0.2110
— de magnésie	0.0470	0.1130	0.1180
— de lithine	traces	0.0157	0.0059
Chlorure de sodium	0.0288	0.4630	0.1710
— de potassium	0.0305	traces	traces
Sulfate de soude	0.2326	0.0350	0.0360
— de potasse	0.0987	indices	indices
Silice	0.0550	0.0670	0.0720
Alumine	indices	0.0031	0.0035
Oxyde de fer	0.0140	0.0125	0.0015
TOTAUX	2.4239	5.0293	9.3499

VILLA VEUVE LADET

Maison Meublée à neuf

APPARTEMENTS POUR FAMILLES

Une des mieux situées de Vals

EN FACE DU GRAND CASINO

Terrasse sur le devant ainsi que sur le derrière.

On FAIT LA CUISINE

Casimir Croze

CHAMBRES MEUBLÉES
ET CUISINE POUR FAMILLE
AU CENTRE DE VALS

Villa Casimir Croze

JARDINS -- BEAUX OMBRAGES

Chambres garnies & Appartements pour familles

ANCIEN HOTEL DU PARC

TENU PAR

CHALABREYSSE

Grand'Rue, près la Passerelle

A VALS - LES - BAINS (ARDÈCHE)

RESTAURANT — PENSION — CHAMBRES GARNIES

— *PRIX TRÈS MODÉRÉS* —

GRAND CAFÉ DE VALS
ET
GRAND CERCLE DES BAIGNEURS

Tenus par

MME BOULLE

AU CENTRE DES GRANDS HOTELS

TERRASSES MAGNIFIQUES

Au-dessus du Cercle et devant le Café

FRAIS OMBRAGES

CONSOMMATIONS DE PREMIER CHOIX

BIÈRE DE LYON & DE RUOMS

Salle de lecture — Journaux du jour

Abonnements pour la saison

— DICTIONNAIRE BOTTIN —

Cet Etablissement se recommande à sa nombreuse clientèle

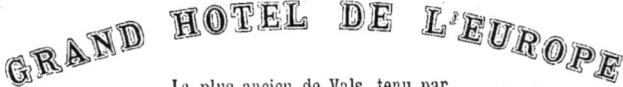

Le plus ancien de Vals, tenu par

M. ET MME BOUZIGE

à VALS-LES-BAINS (Ardèche)

TABLE D'HOTE — SERVICE PARTICULIER — JARDIN

Parc & Jardin attenant a l'Hôtel

Voiture dans l'hôtel à la disposition de MM. les Baigneurs

OMNIBUS DE L'HOTEL A TOUS LES TRAINS

SOCIÉTÉ GÉNÉRALE
des Produits aux sels extraits des Eaux Minérales
DE VALS-LES-BAINS & DU VIVARAIS

COMMISSION — EXPORTATION

USINE MODERNE A VAPEUR

FABRIQUE DE CHOCOLAT & DE PRODUITS AUX SELS DE VALS
MARRONS GLACÉS DU VIVARAIS

CASIMIR CROZE & Cie
VALS - LES - BAINS (Ardèche)

Bonbons digestifs Casimir Croze, dits Caramels ou Sucre d'Orge, aux sels extraits des Eaux minérales de Vals. Prix de la boîte, franco par la poste, 1 fr. 50.

Pastilles bicarbonatées et ferrugineuses, aux sels extraits des Eaux minérales de Vals. Par boîtes de 50 c.: 1, 2 et 3 francs; en vrac, 5 francs le kilo.

Pralines Vivaraises, toniques et ferrugineuses. Prix de la boîte : 2 francs; 30 centimes en plus par la poste.

Chocolat digestif et ferrugineux, en livre, croquette, napolitain, pastilles, chocolat ferrugineux, qualité spéciale. Prix de la boîte : 1 fr. 50 ; 20 centimes en plus par la poste.

Nougat et Nougatine, fabrication spéciale, avec pistache, vanille et au miel du Vivarais.

Bonbons d'agrément, dits Berlingots de Vals, aux parfums menthe, citron, vanille, café, etc.

Pour avoir les véritables produits de CASIMIR CROZE, s'adresser dans ses magasins, situés : Grand-Rue de Vals et avenue Farincourt, maison Migno.

Il n'y a qu'un seul établissement, à Vals-les-Bains, où se fabriquent les produits aux sels naturels, extraits des eaux minérales ; Messieurs CASIMIR CROZE et Cie ne confient pas la fabrication de leurs spécialités à des usines éloignées de Vals, et dont, par suite, ils ne pourraient surveiller les procédés.

Fabriquant eux-mêmes, MM. CROZE et Cie sont les seuls qui puissent garantir la sincérité de leurs produits.

Toute personne peut, du reste, visiter les ateliers qui se trouvent à Vals-les-Bains, au-dessus de la manutention de la Société Générale des eaux minérales.

Dépôt. — Chez M. MAZAUDIER, confiseur, Maison Carrée, à AUBENAS.

VOITURES A VOLONTE

LANDAU, PANIER, MYLORD, VICTORIA, &c.

CHEVAUX DE SELLE

Longs Voyages — Confortable — Célérité

François HUGON

Vals-les-Bains. — Hôtel Robert. — Vals-les-Bains.

A l'honneur de prévenir Messieurs les Étrangers et Baigneurs qu'il se met à leur disposition pour faire des excursions en montagne, passant par Antraigues, Laviolle, Mézilhac, Lachamp-Raphaël, le Gerbier de Joncs, le Mézenc, les ruines du couvent de Bonnefoi, Sainte-Eulalie, Le Béage, la forêt et l'abbaye de Mazan, le lac d'Issarlès, le lac Ferrand (près la forêt de Bauzon), la Côte de Mayres, La Chavade, Lanarce, Peyrabeille, le lac du Bouchet (près Costaros), les ruines du château de Polignac (près Le Puy), les ruines du château de La Roche-Lambert; passant par Langogne, Labastide, Notre-Dame-des-Neiges, Villefort, Les Vans, Joyeuse, les grottes de Vallon, le pont d'Arc; le château de Boulogne, le château de Ventadour, celui de Pourcherolles, le cratère de Thueyts, l'Echelle-du-Roi, la Gueule-d'Enfer, Neyrac, Jaujac, les ruines du château de Clamouse, le volcan de Jaujac.

RETOUR A VALS

VOITURES A VOLONTÉ

Break — Landau — Phaëton
Pour Courses, Promenades et Excursions

DONAS

Demeurant toute l'année à Vals-les-Bains

Remises : Maison Régis
En face l'Hôtel des Colonies, à côté du Temple.

PRIX MODÉRÉS

Auguste FEZAY

CHAMBRES MEUBLÉES
Au centre de Vals

QUINCAILLERIE - MERCERIE

ARTICLES DE PÊCHE

Chambres Garnies

Victor SUCHON
Propriétaire

ON FAIT LA CUISINE

APPARTEMENTS INDÉPENDANTS POUR FAMILLES
Complètement Meublés à Neuf

CASINO DE VALS-LES-BAINS

Cet Établissement composé de la Salle de Spectacle, de la Salle de Café (désignée sous le nom de *Café de Paris*) et du *Cercle des Étrangers*, vient de subir, sous la nouvelle Direction, diverses transformations et aménagements qui seront appréciés par MM. les Baigneurs.

Le *Théâtre d'Été*, transformé en une belle et vaste Salle verte, sera abrité de l'humidité des soirées. Du premier au cinq juillet, débutera la Troupe de concerts, comédies, vaudevilles et opérettes. Les artistes qui en font partie ont été choisis parmi les étoiles des grands établissements de Paris. Les affiches du jour donneront le tableau de la troupe et du répertoire qu'elle interprètera.

CAFE DU CASINO
OU CAFÉ DE PARIS

Ouvert depuis le 20 juin, aura dès le 1er juillet un service régulier de dépêches qui seront, dès leur arrivée, affichées dans la salle publique.

GRAND CERCLE DES ÉTRANGERS
ENTIÈREMENT RECONSTITUÉ

Offrira à MM. les Baigneurs tous les moyens de distraction qu'offrent les établissements similaires :

Salles de lecture, de conversation, de billards et jeux divers.

HOTEL DE FRANCE

Tenu par

M. & Mme MIRAUCOURT

VALS-LES-BAINS

MAISON ADMIRABLEMENT SITUÉE
Au centre de la Ville
EN FACE DE BEAUX PARCS ET JARDINS D'AGRÉMENT

Se recommande par sa bonne Cuisine bourgeoise
tous les jours variée

CONFORTABLE — PROPRETÉ
PRIX MODÉRÉS

VILLA MATHON, FILS

Maison Meublée à neuf

LA MIEUX SITUÉE DE VALS, AU CENTRE DU QUARTIER DES EAUX
EN FACE DE L'ÉTABLISSEMENT THERMAL

FRAIS OMBRAGES
APPARTEMENTS POUR FAMILLES

CONFORTABLE & PROPRETÉ
PRIX MODÉRÉS

IMPRIMERIE COMMERCIALE
INDUSTRIELLE ET ADMINISTRATIVE

de

Mme A. ROBERT

Imprimeur breveté

Faubourg L. Gambetta, en face les Postes & Télégraphes

A AUBENAS, ARDÈCHE

Le Directeur

ANCIEN HOTEL DE LA POSTE
A VALS - LES - BAINS

Cet Hôtel, complètement remis à neuf, est aujourd'hui transformé en Appartements pour Familles et Chambres Garnies.

Terrasse et Jardin sur le derrière

ÉCURIE — REMISE — EAU — GAZ

Les Propriétaires exploiteront eux-mêmes pendant cette saison, après laquelle ils sont disposés à VENDRE ou à LOUER, soit comme Hôtel, soit comme Maison Garnie.

S'adresser aux Propriétaires de l'Hôtel de la Poste,
— A VALS - LES - BAINS —

A VENDRE

Emplacements avec Source Minérale, la meilleure des eaux de table, au plus beau quartier de la Station.

Grandes facilités de paiement.

S'adresser à M. Gaston GIRAUD, négociant à Vals-les-Bains.

G^d HOTEL du NORD
Au centre de la ville
A VALS-LES-BAINS

 TENU PAR VERNET

Réparé et Meublé à neuf. Vue splendide

TABLE D'HOTE
DINERS PARTICULIERS
ON PORTE EN VILLE

ÉCURIE & REMISE
DÉPART DE TOUTES LES VOITURES
Dictionnaire Bottin

SOURCE DU BOSC
Eau minérale naturelle
de VALS (Ardèche)

Approuvée par l'Académie de médecine.
Autorisée par l'État.

La source du BOSC, très gazeuse, est une excellente eau de table. — Elle est souveraine dans les maladies de l'estomac et des intestins, du foie, de la rate, des reins et de la vessie.

Elle combat efficacement les coliques hépatiques et néphrétiques, la gravelle, la goutte, le diabète et le rhumatisme.

S'adresser à M. Paul LAGARDE, *propriétaire au Bosc, près Vals*, ou à M. CHAULET, *café de la Favorite, quartier des Eaux*.

M. E. CHAMPETIER
Pharmacien-Chimiste, près le Pont-de-Fer

est le seul préparateur depuis 20 ans, des

SOUS PRODUITS DE VALS

Tels que : **Pastilles** et **Bonbons Digestifs,**
aux Sels de Vals

Sels naturels, pour bains et boissons artificielles, de VALS.

AINSI QUE DE

L'ARNICA DES CÉVENNES

Contre Plaies, Blessures, Contusions, Entorses, Foulures, etc., etc.

Se méfier des produits similaires, qui ne sont que des imitations

LABORATOIRE D'ANALYSES DIVERSES

LES SOURCES
LA REINE & 3 ETOILES
Débitant 3.000.000 de bouteilles

Sont la propriété exclusive de M. E. CHAMPETIER.

S'adresser à la pharmacie pour achats d'eau et renseignements.

VALS-LES-BAINS

SAISON DE 1885

du 15 Mai au 1er Octobre

Liste Officielle

DES ÉTRANGERS

Publiée par M. SERRE, *secrétaire de la Mairie*

L'éditeur de cette liste est seul autorisé à publier la *Liste officielle*.

PRIX : 10 CENTIMES

AUBENAS

IMPRIMERIE BREVETÉE DE Mme A. ROBERT

Maison non Recommandée

GRAND CAFÉ DE LA FAVORITE

TENU PAR A. CHAULET

Avenue Farincourt

A VALS-LES-BAINS (Ardèche)

CONSOMMATIONS DE 1er CHOIX

Salle de Billard, Grandes Terrasses, Vue splendide.	Chambres Garnies confortables, meublées à neuf.

Au centre de la Station thermale et des principaux hôtels.

VALS-LES-BAINS

GRAND HOTEL DE LYON

ÉTABLISSEMENT DE 1er ORDRE

Avenue Farincourt, au centre de la Station thermale, limitant le Grand Établissement des Bains.

TENU PAR

Mme Vve LOUIS PEYROUSE

PROPRIÉTAIRE DE L'HOTEL

TABLE D'HOTE – SERVICE A LA CARTE

Cet Établissement se recommande à Messieurs les Baigneurs par son grand Confortable et son Service irréprochable.

A LOUER

PENDANT LA SAISON

en tout ou en partie

1 REMISE & ÉCURIE

SITUÉE AU PONT DE VALS

S'adresser à M. LACROTTE Arsène, *Café National*, à Vals.

LISTE OFFICIELLE DES ÉTRANGERS

Arrivés à VALS-LES-BAINS du 1ᵉʳ au 4 Juillet 1885

NOMS, QUALITÉS, DOMICILES, LOGEMENTS

Grand Hôtel Durand

M. Giraud, nég., Pertuis.
M. Morel, m. paveur, Le Vigan.
Mme Crampton, rent., Lyon.
M. Crampton fils, Lyon
    (une bonne).
M. Ricard, rent., Marseille.
Mlle Ricard Eugénie, Marseille.
Mlle Ricard Alix, Marseille.
Mlle Ricard Claire, Marseille.

Hôtel du Nord

M. Saussac, cap., Antraigues.
M. Prieur, inst., Antraigues.
Mlle Barrau, rent., Nimes.
M. Castanier, rent., Nimes.
Mme Castanier, Nimes.
M. Rolland, voyageur, Salon.
M. Bloch, nég., Boulogne.
M. Boiron, rent., Privas.

Café Deschandol, *Hôtel de Marseille*

M. Colombier, maître-d'hôtel, Château-Double.
M. Bourgezon, nég., Alais.
M. Benoît, prop., St-Just.

Grand Hôtel des Bains

Mme Abausit, rent., Nimes.
Mlle Abausit, rent., Nimes.
M. Siès, nég., Marseille.
Mme Siès, nég., Marseille.
Mlle Joséphine, Marseille.
Mlle Ernestine, Marseille.
M. Lariu, capitaine, Valence.

NOMS, QUALITÉS, DOMICILES, LOGEMENTS

Grand Hôtel de Lyon

Mlle Séverin, rent., Lyon.
Mme Ville, rent., St-Saturnin.
Mlle Ville, rent., St-Saturnin.
Mme Vétrines, rent., Montfrin.
Mlle Vétrines, rent., Montfrin.
Mlle Vétrines, rent., Montfrin.
M. Lamouroux, rent., Nimes.

Grand Hôtel de Paris

M. Bouearut, notaire, Saint-Laurent-d'Aygouse.
Mme Bouearut, St-Laurent-d'Aygouse.
M. Bar, rent., Gap.

Grand Hôtel du Louvre

M. Gazal, docteur, Pont-St-Esprit.
M. Boisson, architecte, Pont-St-Esprit.
Mme de Marestant, rent., Lyon.
M. Delaville, nég., Avignon.
Mlle Malignon, rent., Avignon.
Mlle Beyle, rent., Le Péage.
M. Beyle, horloger, Le Péage.
Mme Guillon, rent., Poussiloir.
Mme Doucieux, rent., Le Péage.
Mme Bravet, rent., Pont-St-Esprit.

Grand Hôtel de l'Europe

M. Mittre, rent., La Roque-d'Anthéron.
M. Maillot, rent., Lyon.
Mme Cérale, rent., Pont-St-Esprit.
Mme Evesque, rent., Alais.
Mlle Pontier, rent., Courthézon.

NOMS, QUALITÉS, DOMICILES, LOGEMENTS

Hôtel des Délicieuses

M. Coussinet-Marmonier, nég., Nice.

Hôtel Robert

M. Coustan, pharmacien, Vienne.

Restaurant Chalabreysse

M. Desmazes, cap. en retraite, Dieulefit.
M. Dusol, rent., St-Martin.
M. Luville, rent., St-Pons.
M. Fuvand, rent., Chamborigaud.
M. Riotard, prop., Banne.

Maison Giraud

M. Espérandieu, p., Serviers-Labeaume.
Mme Espérandieu, Serviers-Labeaume.
Mlle Espérandieu, Serviers-Labeaume.
Mme Mauberna, rent., Vauvert.
M. Mathieu, rent., Vauvert.
Mme Mathieu, rent., Vauvert.
M. Margarat-Picard, rent., Calvisson.
Mme Margarat-Picard, r., Calvisson.

Maison Peyrouse

M. Serre, prop., Montélimar.
M. Cabanio-Fabre, prop., Calvisson.
Mme Cabanio-Fabre, Calvisson.
M. Rey, nég., La Roche-de-Glun.

Maison Baylon

M. Durand, rent., Marseille.
Mme Durand, rent., Marseille.
Mme Boullet, rent., Lyon.
Mlle Alique, rent., Marseille.
M. Jaussand, rent., Marseille.
Mme Vaillant, rent., Marseille.
Mme Donadieu, rent., Marseille.

Villa Chabanis

M. Chosson, marbrier, Valence.

NOMS, QUALITÉS, DOMICILES, LOGEMENTS

Maison Suchon

M. Verdier, artiste, Paris.
Mme Verdier, artiste, Paris.
M. Favard, artiste, Paris.
Mme Favard, artiste, Paris.

Maison Ribeyrin

M. Bouquet, rent., Langogne.
Mme Bouquet, rent., Langogne.
M. Chareire, greffier, Langogne.
Mme Chareire, Langogne.
M. Chareire fils, Langogne.

Villa Bard

Mme Damas, boulangère, à la Jasse.

Villa Delubac

M. Rochette, nég., Portes.
Mme Rochette, Portes.
Mme Madeleine-Elisabeth, religieuse de l'Assomption, Nîmes.
Mme Marie-Rose, religieuse de l'Assomption, Nîmes.

Villa Mathon fils

Mme Allègre, rent., Tain.
M. Coste, rent., Tain.
Mme Coste, Tain.
M. Gisberto Jerretti, docteur, Venise.
Mme Louise Jeretti, rent., Venise.
M. Lascombe, rent., Bessèges.
Mme Lascombe, Bessèges.
Mme Salel, Bessèges.
Mme Pibet, Bessèges.

Villa Vincent

Mme Robanet, librairie, Cannes.
M. Boucarut, n., St-Laurent-d'Aigouse.
Mme Boucarut, St-Laurent-d'Aigouse.
Mlle Vedel, rent., Lunel.

NOMS, QUALITÉS, DOMICILES, LOGEMENTS	NOMS, QUALITÉS, DOMICILES, LOGEMENTS
Maison Casimir Croze	**Maison Veuve Cros**
Mlle Jeanne Falconet, rent., Lyon.	M. Boisson, architecte, Pont-St-Esprit.
Villa Margaritora	M. Colombier, prop., Pont-Saint-Esprit.
M. Séveyrac, rent., Nimes.	Mme Colombier, Pont-Saint-Esprit.
Mme Séveyrac, Nimes.	**Maison Régis Combe**
Maison Martin Victor	M. Armand, nég., Aiguevives.
M. Melon, prop., Codognan.	Mme Armand, Aiguevives.
Mme Melon, prop., Codognan.	Mme Chartron, rent., St-Vallier.
M. Mathieu, rent., Codognan.	Mme Lacot, rent., Annonay.
M. Clavel, prop., Codognan.	Mme Mélina Dorel, rent., Sarras.
Maison Félix Lagarde	**Maison Philippe Nogier**
M. Peleuze, cordonnier, St-Martin.	M. Boissier, prop., Vauvert.
	Mme Nolhac, Vauvert.
	M. Vergne, Vauvert.

AVIS AUX CONSOMMATEURS

Vous n'aurez plus de mauvaises digestions, si vous sucez les **Bonbons digestifs Casimir Croze, aux sels extraits des eaux minérales de Vals-les-Bains**; agréables à la bouche; arrêtent immédiatement la toux. Présentés sous forme de Bonbons, rien ne peut leur être comparé. — Exiger, sur chaque boîte, le nom de l'inventeur et seul préparateur, à Vals-les-Bains. Le nom est en toutes lettres même sur chaque Bonbon : C^{ir} CROZE, et au verso : VALS.

Adresser toutes demandes à Casimir CROZE et Cie, à Vals-les-Bains.

NOTA. — Des boîtes sont disposées pour être expédiées franco contre mandat poste de 1 fr. 50.

A LA BOTTE SANS COUTURE

VICTORIN BRUN

Maison Hôtel de la Poste

Grande-Rue et place Saint-Jean — VALS-LES-BAINS

GRAND ASSORTIMENT DE CHAUSSURES
CHAUSSURES SUR COMMANDE
SPÉCIALITÉ DE CHAUSSURES CONFECTIONNÉES

RÉPARATIONS EN TOUS GENRES

— PRIX TRÈS MODÉRÉS —

CROZE Arsène

A VALS-LES-BAINS (LE PONT)

VINS ORDINAIRES & VINS FINS

GARANTIS PURS DE TOUT MÉLANGE

Récoltés chez le propriétaire et provenant uniquement du raisin

EAU-DE-VIE & RHUM

PRIX TRÈS MODÉRÉS

BRESSON

Entrepreneur

Place Saint-Jean, — à Vals-les-Bains

MAISON GARNIE — MEUBLÉE A NEUF

Située au centre de VALS

Cuisine à la disposition de Messieurs les Baigneurs

TERRASSE

PRIX MODÉRÉS

AUTORISATION DE L'ÉTAT

VALS AU COMPLET

SOURCE DES PRINCES

Eau de Table, surnommée la Délicate, par M. le Docteur Bonnal.

Recommandée dans toutes les affections des voies digestives : dyspepsie, gastralgie, gastrite, etc.

SOURCE PRÉFÉRÉE, MOYENNE

Employée avec le plus grand succès, dans toutes les affections biliaires et de la vessie, elle rend surtout de grands services dans la goutte, les rhumatismes, les fièvres intermittentes des pays chauds et les épidémies cholériques.

SOURCE DUCHESSE, FORTE

Souveraine dans l'anémie, chlorose, appareil sexuel, elle agit très efficacement dans les cas où, à cause de leur minéralisation plus faible, les eaux bicarbonatées sodiques demeurent impuissantes.

N.-B. — Les eaux minérales de ces sources, situées au centre du bassin des Eaux, sont d'une conservation parfaite et peuvent supporter les plus longs voyages.

Pour les demandes, s'adresser à M. PEYROUSE AÎNÉ, *prop., à Vals.*

ANALYSES	DES PRINCES	PRÉFÉRÉE	DUCHESSE
Acide carbonique libre	1.5590	1.3910	1.4510
Bicarbonate de soude	1.8700	4.2820	7.1370
— de potasse	0.0373	0.1360	0.1430
— de chaux	0.0500	0.2000	0.2140
— de magnésie	0.0470	0.1130	0.1180
— de lithine	traces	0.0157	0.0059
Chlorure de sodium	0.0288	0.1630	0.1710
— de potassium	0.0305	traces	traces
Sulfate de soude	0.2326	0.0350	0.0360
— de potasse	0.0387	indices	indices
Silice	0.0550	0.0670	0.0720
Alumine	indices	0.0031	0.0035
Oxyde de fer	0.0140	0.0125	0.0045
TOTAUX	2.4239	5.0293	9.3499

VILLA VEUVE LADET

Maison Meublée à neuf

APPARTEMENTS POUR FAMILLES

Une des mieux situées de Vals

EN FACE DU GRAND CASINO

Terrasse sur le devant ainsi que sur le derrière.

On FAIT LA CUISINE

Casimir Croze

CHAMBRES MEUBLÉES

ET CUISINE POUR FAMILLE

AU CENTRE DE VALS

Villa Casimir Croze

JARDINS -- BEAUX OMBRAGES

Chambres garnies & Appartements pour familles

ANCIEN HOTEL DU PARC

TENU PAR

CHALABREYSSE

Grand'Rue, près la Passerelle

A VALS - LES - BAINS (ARDÈCHE)

RESTAURANT — PENSION — CHAMBRES GARNIES

— PRIX TRÈS MODÉRÉS —

GRAND CAFÉ DE VALS
ET
GRAND CERCLE DES BAIGNEURS

Tenus par

MME BOULLE

AU CENTRE DES GRANDS HOTELS

TERRASSES MAGNIFIQUES

Au-dessus du Cercle et devant le Café

FRAIS OMBRAGES

CONSOMMATIONS DE PREMIER CHOIX

BIÈRE DE LYON & DE RUOMS

Salle de lecture — Journaux du jour

Abonnements pour la saison

— DICTIONNAIRE BOTTIN —

Cet Etablissement se recommande à sa nombreuse clientèle

Le plus ancien de Vals, tenu par

M. ET Mme BOUZIGE

à VALS-LES-BAINS (Ardèche)

TABLE D'HOTE — SERVICE PARTICULIER — JARDIN

PARC & JARDIN ATTENANT A L'HÔTEL

Voiture dans l'hôtel à la disposition de MM. les Baigneurs

OMNIBUS DE L'HOTEL A TOUS LES TRAINS

SOCIÉTÉ GÉNÉRALE
des Produits aux sels extraits des Eaux Minérales
DE VALS-LES-BAINS & DU VIVARAIS

Médaille d'or — Expos. Intern. de Nice

Médaille d'argent Conc. rég. d'Aubenas

Médaille de bronze Exposition de Blois

1883-1884

1885

Grand diplôme d'honneur et Médaille d'or exposition de Lyon

1882

1883

COMMISSION – EXPORTATION

USINE MODERNE A VAPEUR
FABRIQUE DE CHOCOLAT & DE PRODUITS AUX SELS DE VALS
MARRONS GLACÉS DU VIVARAIS

CASIMIR CROZE & Cie

VALS - LES - BAINS (Ardèche)

Bonbons digestifs Casimir Croze, dits Caramels ou Sucre d'Orge, aux sels extraits des Eaux minérales de Vals. Prix de la boîte, franco par la poste, 1 fr. 50.

Pastilles bicarbonatées et ferrugineuses, aux sels extraits des Eaux minérales de Vals. Par boîtes de 50 c.: 1, 2 et 3 francs; en vrac, 5 francs le kilo.

Pralines Vivaraises, toniques et ferrugineuses. Prix de la boîte : 2 francs; 30 centimes en plus par la poste.

Chocolat digestif et ferrugineux, en livre, croquette, napolitain, pastilles, chocolat ferrugineux, qualité spéciale. Prix de la boîte : 1 fr. 50 ; 20 centimes en plus par la poste.

Nougat et Nougatine, fabrication spéciale, avec pistache, vanille et au miel du Vivarais.

Bonbons d'agrément, dits Berlingots de Vals, aux parfums menthe, citron, vanille, café, etc.

Pour avoir les véritables produits de CASIMIR CROZE, s'adresser dans ses magasins, situés : Grand-Rue de Vals et avenue Farincourt, maison Migno.

Il n'y a qu'un seul établissement, à Vals-les-Bains, où se fabriquent les produits aux sels naturels, extraits des eaux minérales ; Messieurs CASIMIR CROZE et Cie ne confient pas la fabrication de leurs spécialités à des usines éloignées de Vals, et dont, par suite, ils ne pourraient surveiller les procédés.

Fabriquant eux-mêmes, MM. CROZE et Cie sont les seuls qui puissent garantir la sincérité de leurs produits.

Toute personne peut, du reste, visiter les ateliers qui se trouvent à Vals-les-Bains, au-dessus de la manutention de la Société Générale des eaux minérales.

Dépôt. — Chez M. MAZAUDIER, confiseur, Maison Carrée, à AUBENAS.

VOITURES A VOLONTE

LANDAU, PANIER, MYLORD, VICTORIA, &c.

CHEVAUX DE SELLE

Longs Voyages — Confortable — Célérité

François HUGON
Vals-les-Bains. — Hôtel Robert. — Vals-les-Bains.

A l'honneur de prévenir Messieurs les Étrangers et Baigneurs qu'il se met à leur disposition pour faire des excursions en montagne, passant par Antraigues, Laviolle, Mézilhac, Lachamp-Raphaël, le Gerbier de Joncs, le Mézenc, les ruines du couvent de Bonnefoi, Sainte-Eulalie, Le Béage, la forêt et l'abbaye de Mazan, le lac d'Issarlès, le lac Ferrand (près la forêt de Bauzon), la Côte de Mayres, La Chavade, Lanarce, Peyrabeille, le lac du Bouchet (près Costaros), les ruines du château de Polignac (près Le Puy), les ruines du château de La Roche-Lambert; passant par Langogne, Labastide, Notre-Dame-des-Neiges, Villefort, Les Vans, Joyeuse, les grottes de Vallon, le pont d'Arc; le château de Boulogne, le château de Ventadour, celui de Pourcherolles, le cratère de Thueyts, l'Echelle-du-Roi, la Gueule-d'Enfer, Neyrac, Jaujac, les ruines du château de Clamouse, le volcan de Jaujac.

RETOUR A VALS

VOITURES A VOLONTÉ

Break — Landau — Phaëton
Pour Courses, Promenades et Excursions

DONAS

Demeurant toute l'année à Vals-les-Bains

Remises : Maison Régis
En face l'Hôtel des Colonies, à côté du Temple.

PRIX MODÉRÉS

Auguste FEZAY

CHAMBRES MEUBLÉES

Au centre de Vals

QUINCAILLERIE - MERCERIE

ARTICLES DE PÊCHE

Chambres Garnies

Victor SUCHON
Propriétaire
VALS-LES-BAINS

ON FAIT LA CUISINE

APPARTEMENTS INDÉPENDANTS POUR FAMILLES
Complètement Meublés à Neuf

GRAND CAFÉ EUROPÉEN

ANCIEN CAFÉ DE L'EUROPE

Réparé & Meublé à neuf

Tenu par Alphonse CROS

Au centre de VALS, donnant sur la place St-Jean

CONSOMMATIONS DE PREMIER CHOIX
Bière de Lyon, de Ruoms. — Glace.

BOTTIN

CHAMBRES GARNIES INDÉPENDANTES

VALS-LES-BAINS

GRAND HOTEL DU LOUVRE

TENU PAR

LÉON BAYLON

Propriétaire

— Cet Hôtel vient de s'agrandir d'une magnifique ANNEXE —

VASTE SALLE A MANGER & SALON DE COMPAGNIE

TABLE D'HOTE --- SERVICE PARTICULIER

BELLE SALLE D'OMBRAGE ATTENANTE A L'HOTEL

Voitures à la disposition de Messieurs les Baigneurs

OMNIBUS DE L'HOTEL A TOUS LES TRAINS

PENSION, 2 REPAS PAR JOUR

Chambre et Service compris

HOTEL DU LOUVRE		ANNEXE	
1er Étage	7 fr. 50	1er Étage	9 fr.
2me Étage	7 fr. »	2me Étage	8 fr.

Service irréprochable

CASINO DE VALS-LES-BAINS

Cet Établissement composé de la Salle de Spectacle, de la Salle de Café (désignée sous le nom de *Café de Paris*) et du *Cercle des Étrangers,* vient de subir, sous la nouvelle Direction, diverses transformations et aménagements qui seront appréciés par MM. les Baigneurs.

Le *Théâtre d'Été,* transformé en une belle et vaste Salle verte, sera abrité de l'humidité des soirées. Du premier au cinq juillet, débutera la Troupe de concerts, comédies, vaudevilles et opérettes. Les artistes qui en font partie ont été choisis parmi les étoiles des grands établissements de Paris. Les affiches du jour donneront le tableau de la troupe et du répertoire qu'elle interprètera.

CAFE DU CASINO
OU CAFÉ DE PARIS

Ouvert depuis le 20 juin, aura dès le 1er juillet un service régulier de dépêches qui seront, dès leur arrivée, affichées dans la salle publique.

GRAND CERCLE DES ÉTRANGERS
ENTIÈREMENT RECONSTITUÉ

Offrira à MM. les Baigneurs tous les moyens de distraction qu'offrent les établissements similaires :

Salles de lecture, de conversation, de billards et jeux divers.

HOTEL DE FRANCE

Tenu par

M. & Mme MIRECOURT

VALS-LES-BAINS

MAISON ADMIRABLEMENT SITUÉE
Au centre de la Ville
EN FACE DE BEAUX PARCS ET JARDINS D'AGRÉMENT

Se recommande par sa bonne Cuisine bourgeoise
tous les jours variée

CONFORTABLE — PROPRETÉ
PRIX MODÉRÉS

VILLA MATHON, FILS

Maison Meublée à neuf

LA MIEUX SITUÉE DE VALS, AU CENTRE DU QUARTIER DES EAUX
EN FACE DE L'ÉTABLISSEMENT THERMAL

FRAIS OMBRAGES
APPARTEMENTS POUR FAMILLES

CONFORTABLE & PROPRETÉ
PRIX MODÉRÉS

IMPRIMERIE COMMERCIALE
INDUSTRIELLE ET ADMINISTRATIVE
de
Mme A. ROBERT
Imprimeur breveté

Faubourg L. Gambetta, en face les Postes & Télégraphes

A AUBENAS, ARDÈCHE

Le Directeur,

ANCIEN HOTEL DE LA POSTE
A VALS - LES - BAINS

Cet Hôtel, complètement remis à neuf, est aujourd'hui transformé en Appartements pour Familles et Chambres Garnies.

Terrasse et Jardin sur le derrière

ÉCURIE — REMISE — EAU — GAZ

Les Propriétaires exploiteront eux-mêmes pendant cette saison, après laquelle ils sont disposés à VENDRE ou à LOUER, soit comme Hôtel, soit comme Maison Garnie.

S'adresser aux Propriétaires de l'Hôtel de la Poste,
— A VALS - LES - BAINS —

A VENDRE

Emplacements avec Source Minérale, la meilleure des eaux de table, au plus beau quartier de la Station.

Grandes facilités de paiement.

S'adresser à M. Gaston GIRAUD, négociant à Vals-les-Bains.

G^D HOTEL DU NORD
Au centre de la ville
A VALS-LES-BAINS

 TENU PAR VERNET

Réparé et Meublé à neuf. Vue splendide

TABLE D'HOTE
DINERS PARTICULIERS
ON PORTE EN VILLE

ÉCURIE & REMISE

DÉPART DE TOUTES LES VOITURES
Dictionnaire Bottin

SOURCE DU BOSC
Eau minérale naturelle
de VALS (Ardèche)
Approuvée par l'Académie de médecine.
Autorisée par l'État.

La source du BOSC, très gazeuse, est une excellente eau de table. — Elle est souveraine dans les maladies de l'estomac et des intestins, du foie, de la rate, des reins et de la vessie.

Elle combat efficacement les coliques hépatiques et néphrétiques, la gravelle, la goutte, le diabète et le rhumatisme.

S'adresser à M. Paul LAGARDE, *propriétaire de la source du Bosc*, ou à M. CHAULET, *café de la Favorite, quartier des Eaux.*

M. E. CHAMPETIER
Pharmacien-Chimiste, près le Pont-de-Fer

est le seul préparateur depuis 20 ans, des

SOUS PRODUITS DE VALS

Tels que : **Pastilles** et **Bonbons Digestifs**,

aux Sels de Vals

Sels naturels, pour bains et boissons artificielles, de VALS.

AINSI QUE DE

L'ARNICA DES CÉVENNES

Contre Plaies, Blessures, Contusions, Entorses, Foulures, etc., etc.

Se méfier des produits similaires, qui ne sont que des imitations

LABORATOIRE D'ANALYSES DIVERSES

LES SOURCES
LA REINE & 3 ETOILES
Débitant 3.000.000 de bouteilles

Sont la propriété exclusive de M. E. CHAMPETIER.

S'adresser à la pharmacie pour achats d'eau et renseignements.

N° 6

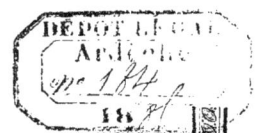

VALS-LES-BAINS

SAISON DE 1885

du 15 Mai au 1er Octobre

Liste Officielle

DES ÉTRANGERS

Publiée par M. SERRE, secrétaire de la Mairie

L'éditeur de cette liste est seul autorisé à publier la *Liste officielle*.

PRIX : 10 CENTIMES

AUBENAS

IMPRIMERIE BREVETÉE DE Mme A. ROBERT

Maison non Recommandée

GRAND CAFÉ DE LA FAVORITE
TENU PAR A. CHAULET
Avenue Farincourt

A VALS-LES-BAINS (Ardèche)

CONSOMMATIONS DE 1er CHOIX

Salle de Billard,	Chambres Garnies
Grandes Terrasses,	confortables,
Vue splendide.	meublées à neuf.

Au centre de la Station thermale et des principaux hôtels.

VALS-LES-BAINS
GRAND HOTEL DE LYON
ÉTABLISSEMENT DE 1er ORDRE

Avenue Farincourt, au centre de la Station thermale,
limitant le Grand Établissement des Bains.

TENU PAR

Mme Vve LOUIS PEYROUSE
PROPRIÉTAIRE DE L'HOTEL

TABLE D'HOTE - SERVICE A LA CARTE

Cet Établissement se recommande à Messieurs les Baigneurs par son
grand Confortable et son Service irréprochable.

A LOUER
PENDANT LA SAISON
en tout ou en partie
1 REMISE & ÉCURIE
SITUÉE AU PONT DE VALS

S'adresser à M. LACROTTE Arsène, *Café National*, à Vals.

N° 6

LISTE OFFICIELLE DES ÉTRANGERS

Arrivés à VALS-LES-BAINS du 4 au 8 Juillet 1885

NOMS, QUALITÉS, DOMICILES, LOGEMENTS

Grand Hôtel des Bains

M. Trémois, rent., Paris.
Mme Trémois, Paris
  (une femme de chambre).
Mme Vagliano, rent., Marseille.
Mlle Vagliano, Marseille.
Mlle Béccarud, rent., Marseille.
M. Estrine, rent., Marseille.
M. Mourrin, ingénieur, Nice.

Grand Hôtel de Lyon

M. Duffour, rent., Bordeaux.
Mme Duffour, rent., Bordeaux.
Mlle Duffour, rent., Bordeaux
  (une femme de chambre).
M. Carrière, entrepreneur, St-André-de-Cruzières.
M. Pelon, président du tribunal, Privas.
Mme Pelon, Privas.
Mlle Pelon, Privas.
M. Santet, nég., Montpellier.
M. Vicat, nég., Lyon.
M. Fondère, nég., Cette.
M. Protat, cons. de préfecture, Privas.
Mme Protat, Privas.

Grand Hôtel de l'Europe

M. Moyne, nég., Pignan.
M. Salter, rent., Pignan.
Mme Salter, Pignan.
M. Peyrolles, rent., Pignan.
Mme Peyrolles, rent., Pignan.
M. Peyrolles, Polidore, rent., Pignan.
M. Vidal, rent., Pertuis.
M. Bourgeois, prop., Pertuis.
Mme Bourgeois, rent., Mornas.
M. Valéry, prop., Nimes.
M. Laracine, rent., Nimes.
Mme Laracine, rent., Nimes.
Mme Milan, nég., Montélimar.
M. Milan fils, nég., Montélimar.
Mlle Milan, nég., Montélimar.
M. Favel, nég., Tarare.
M. Créange, nég., Cavaillon.
M. Nugnet, prop., Alais.

NOMS, QUALITÉS, DOMICILES, LOGEMENTS

Mlle Nugnet, rent., Alais.
M. Deroch, fabricant de tuiles plates, Largentière.
M. Borrelly, conducteur des Ponts et chaussées, Montélimar.
Mme Borrely, rent., Montélimar.
M. Paradis, conseiller d'arrondissement, La Touche (Drôme).

Grand Hôtel de Paris

M. Laplace, rent., Lyon.
M. de Lacheisserie, prop., Cruas.
M. de Lacheisserie, Cruas.
Mlle de Lacheisserie, Cruas.
Mme de Lacheisserie, Cruas.
M. Grand, rent., Privas.
Mme Grand, rent., Privas.
M. Noiyer, nég., Dieulefit.
M. Soubeyrand, Dieulefit.
M. Barneron, rent., Valence.
M. Moiraud, nég., St-Laurent.
Mme Moiraud, St-Laurent.
M. Mahistre, notaire, Sauve.
M. Légat, rent., Aoust.
Mme Légat, Aoust.
Mme Cayal, rent., Alais.
Mlle Granier, rent., Alais.
M. Deveze, rent., Sauve.
M. Armand, nég., Paris.
M. Giraud, docteur, Veynes.

Grand Hôtel du Louvre

M. Blanc, rent., Villefranche.
Mme Blanc, Villefranche.
M. Soulier, rent., Montpellier.
M. Delhoste, nég., Montélimar.
Mme Hygonet, rent., Montélimar.
Mme Lethorel, rent., Paris.
M. Lethorel, rent., Paris.
Mme Harambourg, rent., Panissières.
Mme Loire, rent., Panissières.
Mme Ravoux, prop., Carpentras.
M. Ravoux, prop., Carpentras.
Mme Berton, rent., Constantine.
M. Berton, rent., Constantine.
M. Peytier, chanoine, Avignon.

NOMS, QUALITÉS, DOMICILES, LOGEMENTS	NOMS, QUALITÉS, DOMICILES, LOGEMENTS

M. Pinatel, chanoine, Avignon.
M. Garcin, rent., Gap.

Hotel du Nord

M. Maniel, voyageur, Besançon.
M. Martinenche, voyageur, Mages,
M. Vermale, ajusteur, Bessèges.
Mme Vermale, Bessèges.
M. Valluit, nég., Vienne.
M. Gauzay, entrepreneur, Bourg-St-Andéol.
M. Tavernier, voyageur, Lyon.

Grand Hôtel Durand

M. Sauzet, rent., Le Cheylard.
Mme Sauzet, rent., Le Cheylard.
Mlle Amélie Valencier, rent., Valence.
Mlle Alice Valencier, rent., Valence.
M. Voley Boze, rent., Marseille.
M. Pellier, avocat, Perpignan.
M. Brémond, voyageur, Marseille.
M. Mouret, nég., Villefranche.
Mme Mouret, nég., Villefranche.
M. Savigni, prop., Cogny.
Mme Savigni, prop., Cogny.
M. Sacreste, nég., Le Puy.
M. Sacreste Louis, nég., Le Puy.
M. Froment, rent., Libourne.
M. Roudil, nég., Marseille.

Hôtel des Délicieuses

M. Guérin, rent., Aiguevive.
Mme Guérin, Aiguevive.
M. Jouve, nég., Nîmes.
Mme Jouve, Nîmes.
M. Jouve fils, Nîmes.
M. Roux, nég., Nîmes.

Hotel Robert

M. Larrivé, nég., Vienne.
M. Couston, pharmacien, Vienne.
Mme Martin, rent., Valence.

Maison Peyrouse

M. Chazalon, rent., Nîmes.
Mme Chazalon, rent., Nîmes.
M. Privat, prop., Vauvert.
Mme Chrétien, rent., Villefranche.
Mlle Chrétien, Villefranche.
M. Roure, boulanger, Ruoms.

Hotel des Colonies

M. Ducos, pharmacien, Aigues-Mortes.
Mme Ducos, Aigues-Mortes.
M. Ducos, Aigues-Mortes.

Restaurant Séroul

M. Hahoust, doucheur, Alger.
M. Eymard, voiturier, Cannes.
M. Plantin, nég., Le Puy.
M. Rieu Eugène, Bessèges.
M. Ricaud, prop., Barcelonnette.

Restaurant Chalabreysse

M. Laupie, m.-mineur, Grand'Combe.
Mme Laupie, Grand'Combe.
Mlle Laupie, Grand'Combe.

Chalet Martin

M. Boisson, rent., Alais.
Mme Boisson, Alais.
M. Derbuel, nég., Montélimar.
Mme Ducoulombier, rent., Aubenas.

Villa de Bernardy

Mme Broc, rent., Nîmes.
M. Bossuet, nég., Nîmes.
Mme Bossuet, nég., Nîmes.
Mlle Bossuet, Nîmes.

Villa du Boulevard, maison Abrial

M. le R. P. Anselme.
M. le R. P. Rouin Delandre.
M. l'abbé Chaix, vicaire, Salon.

Villa Vincent

M. Varillon, nég., Lyon.
Mme Varillon, Lyon.

Hotel de France

M. Mazzoni, rent., Nice.
M. Collarery, empl., Marseille.
M. Rasori, prop., Italie.
M. Pantet, maître-min., Grand'Combe.
Mme Pantet, Grand'Combe.

NOMS, QUALITÉS, DOMICILES, LOGEMENTS

Villa Bard

Mme Brunet, rent., Moussac.
Mme Petit, rent., Moussac.

Villa Délubac

Mme Rose Emilie, relig. de St-Joseph, Lyon.
Mme Chabanon, rent., Uzès
(une femme de chambre).

Maison Giraud

M. Vermeil, nég., Congéniès.
Mme Vermeil, nég., Congéniès.
M. Fauchat, fondé de pouv, Avignon.
Mme Fauchat, rent., Avignon.
Mme Reboul, rent., Avignon.

Maison Suchon

M. Metges, Conducteur, Pont-St-Esprit.
Mlle Metges, Pont-Saint-Esprit.
M. Dolle, dessinateur, Nîmes.
Mlle Dolle, Nîmes.

Maison Baylon

M. Lajint, vic. général, Lyon.
M. Destieux, rent., Trévoux.
Mme Fier, rent., Alissan.

NOMS, QUALITÉS, DOMICILES, LOGEMENTS

Maison Poultier.

Mme Vigne, nég., Nîmes.
Mlle Vigne, nég., Nîmes.
M. Bousquet, rég. Casino, Marseille.
Mme Bousquet, Marseille.
M. Duval, Marseille.
Mme Daffaud, Marseille.
M. Loury, artiste, Paris.
Mme Loury, Paris.
M. Sirvin, Plagnol
(Une cuisinière).

Maison Pommier

Mme Bauret, rent., Valence
(Une domestique).

Maison Régis Combe

M. Lacot, employé, Annonay.

Maison Martin Victor

M. Fabre, nég., Aigues-Mortes.
Mme Fabre, nég., Aigues-Mortes.

Maison Lacrotte Arsène

M. Diès, artiste lyrique, Béziers.
Mme Diès, Béziers.

AVIS AUX CONSOMMATEURS

Vous n'aurez plus de mauvaises digestions, si vous sucez les **Bonbons digestifs Casimir Croze, aux sels extraits des eaux minérales de Vals-les-Bains**; agréables à la bouche; arrêtent immédiatement la toux. Présentés sous forme de Bonbons, rien ne peut leur être comparé. — Exiger, sur chaque boîte, le nom de l'inventeur et seul préparateur, à Vals-les-Bains. Le nom est en toutes lettres même sur chaque Bonbon : C^{ir} CROZE, et au verso : VALS.

Adresser toutes demandes à Casimir CROZE et Cie, à Vals-les-Bains.

NOTA. — Des boîtes sont disposées pour être expédiées franco contre mandat poste de 1 fr. 50.

VILLA DU COTEAU
LOUIS PETIT, PROPRIÉTAIRE

Appartements de premier ordre, séparés, pour Familles
BELLE SITUATION
VUE SPLENDIDE — TERRASSES OMBRAGÉES

VÉRITABLES PASTILLES DE VALS
AUX SELS NATURELS
de l'Établissement de CASIMIR CROZE, situé à
VALS-LES-BAINS (Ardèche)

Les véritables Pastilles de l'Établissement de Casimir Croze sont préparés, à Vals, avec les sels minéraux extraits des Sources ; elles sont employées journellement pour combattre les affections des voies digestives, telles que : digestion lente, Dyspepsie, gastralgie, vomissements, aigreurs, etc.

D'un goût très agréable et digérées par les estomacs les plus délicats, elles sont recommandées et même nécessaires aux estomacs affaiblis, qui retrouvent, par leur usage, une grande puissance digestive.

La dose recommandée par les sommités médicales est de 8 à 12 Pastilles par jour.

Exiger sur chaque boîte le nom du seul et unique préparateur à Vals-les-Bains

CASIMIR CROZE & CIE

CAFÉ-RESTAURANT DES BAINS
Avenue Farincourt
En face de l'Établissement thermal

| Chambres meublées très confortables | | Service à la Carte Célérité |

MENU
du Jeudi 9 Juillet 1885

Beurre — Olives — Thon	Tomates farcies
Truites	Aubergines frites
Andouillette grillée	Sole au gratin
Civet de Lièvre	Volaille rôtie
Cervelle au beurre	Gigot cresson
Légumes	Entremets

VINS DES PREMIERS CRUS

A LA BOTTE SANS COUTURE

VICTORIN BRUN

Maison Hôtel de la Poste

Grande-Rue et place Saint-Jean — VALS-LES-BAINS

GRAND ASSORTIMENT DE CHAUSSURES
CHAUSSURES SUR COMMANDE
SPÉCIALITÉ DE CHAUSSURES CONFECTIONNÉES

RÉPARATIONS EN TOUS GENRES

— PRIX TRÈS MODÉRÉS —

CROZE Arsène

A VALS-LES-BAINS (Le Pont)

VINS ORDINAIRES & VINS FINS

GARANTIS PURS DE TOUT MÉLANGE

Récoltés chez le propriétaire et provenant uniquement du raisin

EAU-DE-VIE & RHUM

PRIX TRÈS MODÉRÉS

BRESSON

Entrepreneur

Place Saint-Jean, — à Vals-les-Bains

MAISON GARNIE — MEUBLÉE A NEUF

Située au centre de VALS

Cuisine à la disposition de Messieurs les Baigneurs

TERRASSE

PRIX MODÉRÉS

AUTORISATION DE L'ÉTAT

VALS AU COMPLET

SOURCE DES PRINCES

Eau de Table, surnommée la Délicate, par M. le Docteur Bonnal.
Recommandée dans toutes les affections des voies digestives : dyspepsie, gastralgie, gastrite, etc.

SOURCE PRÉFÉRÉE, MOYENNE

Employée avec le plus grand succès, dans toutes les affections biliaires et de la vessie, elle rend surtout de grands services dans la goutte, les rhumatismes, les fièvres intermittentes des pays chauds et les épidémies cholériques.

SOURCE DUCHESSE, FORTE

Souveraine dans l'anémie, chlorose, appareil sexuel, elle agit très efficacement dans les cas où, à cause de leur minéralisation plus faible, les eaux bicarbonatées sodiques demeurent impuissantes.

N.-B. — Les eaux minérales de ces sources, situées au centre du bassin des Eaux, sont d'une conservation parfaite et peuvent supporter les plus longs voyages.

Pour les demandes, s'adresser à M. PEYROUSE AÎNÉ, *prop., à Vals.*

ANALYSES	DES PRINCES	PRÉFÉRÉE	DUCHESSE
Acide carbonique libre	1.5590	1.3910	1.4510
Bicarbonate de soude	1.8700	4.2820	7.1370
— de potasse	0.0373	0.1360	0.1430
— de chaux	0.0500	0.2000	0.2110
— de magnésie	0.0470	0.1130	0.1180
— de lithine	traces	0.0157	0.0059
Chlorure de sodium	0.0288	0.1630	0.1710
— de potassium	0.0305	traces	traces
Sulfate de soude	0.2526	0.0350	0.0360
— de potasse	0.0387	indices	indices
Silice	0.0550	0.0670	0.0720
Alumine	indices	0.0031	0.0035
Oxyde de fer	0.0140	0.0125	0.0015
TOTAUX	2.4239	5.0293	9.3499

VILLA VEUVE LADET

Maison Meublée à neuf

APPARTEMENTS POUR FAMILLES

Une des mieux situées de Vals

EN FACE DU GRAND CASINO

Terrasse sur le devant ainsi que sur le derrière.

On FAIT LA CUISINE

Casimir Croze

CHAMBRES MEUBLÉES

ET CUISINE POUR FAMILLE

AU CENTRE DE VALS

Villa Casimir Croze

JARDINS -- BEAUX OMBRAGES

Chambres garnies & Appartements pour familles

ANCIEN HOTEL DU PARC

TENU PAR

CHALABREYSSE

Grand'Rue, près la Passerelle

A VALS - LES - BAINS (ARDÈCHE)

RESTAURANT — PENSION — CHAMBRES GARNIES

— PRIX TRÈS MODÉRÉS —

GRAND CAFÉ DE VALS
ET
GRAND CERCLE DES BAIGNEURS

Tenus par

Mme BOULLE

AU CENTRE DES GRANDS HOTELS

TERRASSES MAGNIFIQUES

Au-dessus du Cercle et devant le Café

FRAIS OMBRAGES

CONSOMMATIONS DE PREMIER CHOIX

BIÈRE DE LYON & DE RUOMS

Salle de lecture — Journaux du jour

Abonnements pour la saison

— DICTIONNAIRE BOTTIN —

Cet Etablissement se recommande à sa nombreuse clientèle

GRAND HOTEL DE L'EUROPE

Le plus ancien de Vals, tenu par

M. ET Mme BOUZIGE

à VALS-LES-BAINS (Ardèche)

TABLE D'HOTE — SERVICE PARTICULIER — JARDIN

Parc & Jardin attenant a l'Hôtel

Voiture dans l'hôtel à la disposition de MM. les Baigneurs

OMNIBUS DE L'HOTEL A TOUS LES TRAINS

SOCIETE GENERALE
des Produits aux sels extraits des Eaux Minérales
DE VALS-LES-BAINS & DU VIVARAIS

Médaille d'or, Expos. Intern. de Nice

 1883-1884

Médaille d'argent
Conc. rég. d'Aubenas

 1882

Médaille de bronze
Exposition de Blois

 1883

 1885

Grand diplôme d'honneur et Médaille d'or exposition de Lyon

COMMISSION — EXPORTATION

USINE MODERNE A VAPEUR

FABRIQUE DE CHOCOLAT & DE PRODUITS AUX SELS DE VALS
MARRONS GLACÉS DU VIVARAIS

CASIMIR CROZE & Cie
VALS - LES - BAINS (Ardèche)

Bonbons digestifs Casimir Croze, dits Caramels ou Sucre d'Orge, aux sels extraits des Eaux minérales de Vals. Prix de la boîte, franco par la poste, 1 fr. 50.

Pastilles bicarbonatées et ferrugineuses, aux sels extraits des Eaux minérales de Vals. Par boîtes de 50 c.: 1, 2 et 3 francs; en vrac, 5 francs le kilo.

Pralines Vivaraises, toniques et ferrugineuses. Prix de la boîte : 2 francs; 30 centimes en plus par la poste.

Chocolat digestif et ferrugineux, en livre, croquette, napolitain, pastilles, chocolat ferrugineux, qualité spéciale. Prix de la boîte : 1 fr. 50 ; 20 centimes en plus par la poste.

Nougat et Nougatine, fabrication spéciale, avec pistache, vanille et au miel du Vivarais.

Bonbons d'agrément, dits Berlingots de Vals, aux parfums menthe, citron, vanille, café, etc.

Pour avoir les véritables produits de CASIMIR CROZE, s'adresser dans ses magasins, situés : Grand-Rue de Vals et avenue Farincourt, maison Migno.

Il n'y a qu'un seul établissement, à Vals-les-Bains, où se fabriquent les produits aux sels naturels, extraits des eaux minérales ; Messieurs CASIMIR CROZE et Cie ne confient pas la fabrication de leurs spécialités à des usines éloignées de Vals, et dont, par suite, ils ne pourraient surveiller les procédés.

Fabriquant eux-mêmes, MM. CROZE et Cie sont les seuls qui puissent garantir la sincérité de leurs produits.

Toute personne peut, du reste, visiter les ateliers qui se trouvent à Vals-les-Bains, au-dessus de la manutention de la Société Générale des eaux minérales.

Dépôt. — Chez M. MAZAUDIER, confiseur, Maison Carrée, à AUBENAS.

VOITURES A VOLONTE

LANDAU, PANIER, MYLORD, VICTORIA, &c.

CHEVAUX DE SELLE

Longs Voyages — Confortable — Célérité

François HUGON
Vals-les-Bains. — Hôtel Robert. — Vals-les-Bains.

A l'honneur de prévenir Messieurs les Étrangers et Baigneurs qu'il se met à leur disposition pour faire des excursions en montagne, passant par Antraigues, Laviolle, Mézilhac, Lachamp-Raphaël, le Gerbier de Joncs, le Mézenc, les ruines du couvent de Bonnefoi, Sainte-Eulalie, Le Béage, la forêt et l'abbaye de Mazan, le lac d'Issarlès, le lac Ferrand (près la forêt de Bauzon), la Côte de Mayres, La Chavade, Lanarce, Peyrabeille, le lac du Bouchet (près Costaros), les ruines du château de Polignac (près Le Puy), les ruines du château de La Roche-Lambert; passant par Langogne, Labastide, Notre-Dame-des-Neiges, Villefort, Les Vans, Joyeuse, les grottes de Vallon, le pont d'Arc; le château de Boulogne, le château de Ventadour, celui de Pourcherolles, le cratère de Thueyts, l'Echelle-du-Roi, la Gueule-d'Enfer, Neyrac, Jaujac, les ruines du château de Clamouse, le volcan de Jaujac.

RETOUR A VALS

VOITURES A VOLONTÉ

Break — Landau — Phaëton
Pour Courses, Promenades et Excursions

DONAS

Demeurant toute l'année à VALS-LES-BAINS

Remises : Maison Régis
En face l'Hôtel des Colonies, à côté du Temple.

PRIX MODÉRÉS

AUGUSTE FEZAY

CHAMBRES MEUBLÉES
Au centre de Vals

QUINCAILLERIE - MERCERIE

ARTICLES DE PÊCHE

Chambres Garnies

VICTOR SUCHON
Propriétaire
VALS-LES-BAINS

ON FAIT LA CUISINE

APPARTEMENTS INDÉPENDANTS POUR FAMILLES
Complètement Meublés à Neuf

GRAND CAFÉ EUROPÉEN

ANCIEN CAFÉ DE L'EUROPE

Réparé & Meublé à neuf

Tenu par Alphonse CROS

Au centre de VALS, donnant sur la place St-Jean

CONSOMMATIONS DE PREMIER CHOIX
Bière de Lyon, de Ruoms. — Glace.

BOTTIN

CHAMBRES GARNIES INDÉPENDANTES

VALS-LES-BAINS

GRAND HOTEL DU LOUVRE

TENU PAR
LÉON BAYLON
Propriétaire

— Cet Hôtel vient de s'agrandir d'une magnifique ANNEXE —

VASTE SALLE A MANGER & SALON DE COMPAGNIE

TABLE D'HOTE --- SERVICE PARTICULIER

BELLE SALLE D'OMBRAGE ATTENANTE A L'HOTEL

Voitures à la disposition de Messieurs les Baigneurs

Omnibus de l'Hôtel a tous les trains

PENSION, 2 REPAS PAR JOUR

Chambre et Service compris

HOTEL DU LOUVRE		ANNEXE	
1er Étage........	7 fr. 50	1er Étage	9 fr.
2me Étage	7 fr. »	2me Rtage..-......	8 fr.

Service irréprochable

CASINO DE VALS-LES-BAINS

Cet Établissement composé de la Salle de Spectacle, de la Salle de Café (désignée sous le nom de *Café de Paris*) et du *Cercle des Étrangers*, vient de subir, sous la nouvelle Direction, diverses transformations et aménagements qui seront appréciés par MM. les Baigneurs.

Le *Théâtre d'Été*, transformé en une belle et vaste Salle verte, sera abrité de l'humidité des soirées. Du premier au cinq juillet, débutera la Troupe de concerts, comédies, vaudevilles et opérettes. Les artistes qui en font partie ont été choisis parmi les étoiles des grands établissements de Paris. Les affiches du jour donneront le tableau de la troupe et du répertoire qu'elle interprètera.

CAFE DU CASINO
OU CAFÉ DE PARIS

Ouvert depuis le 20 juin, aura dès le 1ᵉʳ juillet un service régulier de dépêches qui seront, dès leur arrivée, affichées dans la salle publique.

GRAND CERCLE DES ÉTRANGERS
ENTIÈREMENT RECONSTITUÉ

Offrira à MM. les Baigneurs tous les moyens de distraction qu'offrent les établissements similaires :

Salles de lecture, de conversation, de billards et jeux divers.

HOTEL DE FRANCE

Tenu par

M. & Mme MIRECOURT

VALS-LES-BAINS

MAISON ADMIRABLEMENT SITUÉE
Au centre de la Ville
EN FACE DE BEAUX PARCS ET JARDINS D'AGRÉMENT

Se recommande par sa bonne Cuisine bourgeoise
tous les jours variée

CONFORTABLE — PROPRETÉ

PRIX MODÉRÉS

VILLA MATHON, FILS

Maison Meublée à neuf

LA MIEUX SITUÉE DE VALS, AU CENTRE DU QUARTIER DES EAUX
EN FACE DE L'ÉTABLISSEMENT THERMAL

FRAIS OMBRAGES

APPARTEMENTS POUR FAMILLES

CONFORTABLE & PROPRETÉ
PRIX MODÉRÉS

IMPRIMERIE COMMERCIALE

INDUSTRIELLE ET ADMINISTRATIVE

de

Mme A. ROBERT

Imprimeur breveté

Faubourg L. Gambetta, en face les Postes & Télégraphes

A AUBENAS, ARDÈCHE

ANCIEN HOTEL DE LA POSTE
A VALS - LES - BAINS

Cet Hôtel, complètement remis à neuf, est aujourd'hui transformé en Appartements pour Familles et Chambres Garnies.

Terrasse et Jardin sur le derrière

ÉCURIE — REMISE — EAU — GAZ

Les Propriétaires exploiteront eux-mêmes pendant cette saison, après laquelle ils sont disposés à VENDRE ou à LOUER, soit comme Hôtel, soit comme Maison Garnie.

S'adresser aux Propriétaires de l'Hôtel de la Poste,
— A VALS - LES - BAINS —

A VENDRE

Emplacements avec Source Minérale, la meilleure des eaux de **table**, au plus beau quartier de la Station.

Grandes facilités de paiement.

S'adresser à M. Gaston GIRAUD, *négociant à Vals-les-Bains.*

G^d HOTEL du NORD
Au centre de la ville
A VALS-LES-BAINS

 TENU PAR VERNET

Réparé et Meublé à neuf. Vue splendide

TABLE D'HOTE
DINERS PARTICULIERS
ON PORTE EN VILLE

ÉCURIE & REMISE
DÉPART DE TOUTES LES VOITURES
Dictionnaire Bottin

SOURCE DU BOSC
Eau minérale naturelle
de VALS (Ardèche)
Approuvée par l'Académie de médecine.
Autorisée par l'État.

La source du BOSC, très gazeuse, est une excellente eau de table. — Elle est souveraine dans les maladies de l'estomac et des intestins, du foie, de la rate, des reins et de la vessie.

Elle combat efficacement les coliques hépatiques et néphrétiques, la gravelle, la goutte, le diabète et le rhumatisme.

S'adresser à M. Paul LAGARDE, *propriétaire de la source du Bosc*, ou à M. CHAULET, *café de la Favorite, quartier des Eaux*.

M. E. CHAMPETIER
Pharmacien-Chimiste, près le Pont-de-Fer
est le seul préparateur depuis 20 ans, des

SOUS PRODUITS DE VALS
Tels que : **Pastilles** et **Bonbons Digestifs**,
aux Sels de Vals

Sels naturels, pour bains et boissons artificielles, de VALS.

AINSI QUE DE
L'ARNICA DES CÉVENNES
Contre Plaies, Blessures, Contusions, Entorses, Foulures, etc., etc.

Se méfier des produits similaires, qui ne sont que des imitations

---

LABORATOIRE D'ANALYSES DIVERSES

LES SOURCES
LA REINE & 3 ETOILES
Débitant 3.000.000 de bouteilles

Sont la propriété exclusive de M. E. CHAMPETIER.

S'adresser à la pharmacie pour achats d'eau et renseignements.

Le Gérant,

VALS-LES-BAINS

SAISON DE 1885

du 15 Mai au 1er Octobre

Liste Officielle

DES ÉTRANGERS

Publiée par M. SERRE, secrétaire de la Mairie

L'éditeur de cette liste est seul autorisé à publier la *Liste officielle*.

PRIX : 10 CENTIMES

AUBENAS
IMPRIMERIE BREVETÉE DE Mme A. ROBERT

Maison non Recommandée

GRAND CAFÉ DE LA FAVORITE
TENU PAR A. CHAULET
Avenue Farincourt

A VALS-LES-BAINS (Ardèche)

CONSOMMATIONS DE 1er CHOIX

Salle de Billard, Grandes Terrasses, Vue splendide.	Chambres Garnies confortables, meublées à neuf.

Au centre de la Station thermale et des principaux hôtels.

VALS-LES-BAINS

GRAND HOTEL DE LYON
ÉTABLISSEMENT DE 1er ORDRE

Avenue Farincourt, au centre de la Station thermale,
limitant le Grand Établissement des Bains.

TENU PAR

Mme Vve LOUIS PEYROUSE
PROPRIÉTAIRE DE L'HOTEL

TABLE D'HOTE - SERVICE A LA CARTE

Cet Établissement se recommande à Messieurs les Baigneurs par son
grand Confortable et son Service irréprochable.

A LOUER
PENDANT LA SAISON
en tout ou en partie

1 REMISE & ÉCURIE
SITUÉE AU PONT DE VALS

S'adresser à M. LACROTTE Arsène, *Café National*, à Vals.

N° 7
LISTE OFFICIELLE DES ÉTRANGERS

Arrivés à VALS-LES-BAINS du 8 au 11 Juillet 1885

| NOMS, QUALITÉS, DOMICILES, LOGEMENTS | NOMS, QUALITÉS, DOMICILES, LOGEMENTS |

Grand Hôtel de Paris

M. Chazelle, rent., Bessèges.
Mme Dumas, rent., Paris.
Mlle Dumas, Paris.
M. Chevalar, rent., Lyon.
Mme Chevalar, Lyon.
Mme Boitrassier, rent., Châtillon.
M. de Plagniol, prop., Chomérac.
Mme Huguet, nég., Bernis.
Mlle Huguet, Bernis.
Mme Denis, nég., Nimes.
Mme Denis, nég., Nimes.
M. Massolay, médecin en chef de l'hôpital, Perpignan.
M. l'abbé Gordioux, curé, Lyon.
M. Bonnefons, ministre, Alais.
M. Crouzat, insp. gén. des assurances.
Mme Blatière, nég., Codognan.

Grand Hôtel des Bains

M. Grandpierre, nég., Montpellier.
M. Bujard, rent., Aix.
M. Picard, rent., Nancy.
Mme Picard, rent., Nancy.
M. Suchard, nég., Cette.
M. Jean, nég., Fabrezan.

Hôtel des Délicieuses

M. Rainaud, rent., Monteux.
M. Pagès, rent., Nimes.
M. Bruget, nég., Pierrelatte.
M. Rey, nég., Romans.

Hôtel du Nord

M. Bouchot, ventriloque, Châteley.
M. Jullian, sculpteur, Avignon.
M. Matheux, comptable, Nimes.
M. Jullin, rent., Romans.
Mlle Valette, rent., Annonay.
Mme Besset, nég., Annonay.
M. Thouet, rent., Annonay.
M. Miruel, voyageur, Le Puy.
M. Pellerin, nég., Mirabel.
M. Alléon, prop., St-Cyr.
Mme Zimmermann, rent., Annonay.

Grand Hôtel de Lyon

M. Espiald, nég., Le Teil.
Mme Espiald, nég., Le Teil.
M. Bourelly, rent., Montélimar.
Mme Bourelly, rent., Montélimar.
M. Paradis, rent., Montélimar.
M. Gauthier L^d, rent., Bourg-de-Péage.
M. Allier, nég., Perpignan.
M. Benoit, docteur, Privas.

Grand Hôtel du Louvre

M. Beynet, ingénieur, Gap.
Mme Beynet, Gap.
Mlle Beynet, Gap.
M. Caire, rent., Barcelonnette.
M. Doncieux, pharmacien, Péage.
M. Delarbre, rent., Annonay.
Mme Charmant, rent., Annonay.

Grand Hôtel Durand

M. Moulin, prop., Pélussin.
M. Lafforty, voyageur, Valence.
M. Croze Magnan, rent., Marseille.
Mme Croze Magnan, Marseille
  (une caméristc).
M. Venant, inspec. des contributions directes.
M. Eymery, rent., Crest.
Mme Eymery, rent., Crest.
Mme Fabre, rent., Sisteron.
Mlle Marguerite, rent., Sisteron.
M. Paul, rent., Sisteron.

Grand Hôtel de l'Europe

M. Giraud, rent., Monteux.
Mme Tracol, rent., Tournon.
M. Barre, nég., Carombe.
M. Chautard, nég., Narbonne.
M. Chabannes, horloger, Lamastre.
Mme Chabannes, rent., Lamastre.
Mme Buisson, rent., Lamastre.
M. Bret, rent., Charaville.

| NOMS, QUALITÉS, DOMICILES, LOGEMENTS | NOMS, QUALITÉS, DOMICILES, LOGEMENTS |

Hotel des Colonies

M. Bonivant, chanoine, Lyon.
Mme Hérail, rent., Vinassan.

Café Deschandol, *Hôtel de Marseille*

Mme Bourdin, prop., Rhône.
Mme Devay, prop., Genay.
M. Clozel, prop., St-Jean.
M. Peitier, rent., Cavaillon.
M. Ceil, prop., Cavaillon.
Mme Aubert, prop., Avignon.
Mme Domergue, prop., Meyrames.

Hotel Robert

M. Genestre, horloger, Vienne.

Villa de Bernardy

M. Broche, prop., Cavillargues.
Mlle Broche, prop., Cavillargues.
Mlle Marie Broche, Cavillargues.
Mlle Labertrande, Cavillargues.
M. Michel, nég., Nîmes.
Mme Michel, Nîmes.
Mlle Louise, Nîmes.
Mlle Paule, Nîmes
 (une bonne).
M. Roboul, chanoine, Nîmes
 (une domestique).
Mme Vaxein, rent., Nîmes.

Villa Ernest Mouline

M. Laracine, rent., Nîmes.
Mme Laracine, Nîmes.

Villa Délubac

M. Soyère, prop., Tain.

Villa Margaritora

Mme Malachane, rent., La Brugière.

Villa du Bâteau

M. le R. P. Brunel, prêtre, Alais.
Mme Ste Rose, religieuse, Alais.
Mme St Augustin, religieuse, Alais.
M. Bruno, prêtre, Alais.

Maison Casimir Croze

M. Raselo, mécanicien, St-Etienne.

Maison Giraud

Mme Pize, rent., Nîmes.
M. Arlaud Pize, nég., Nîmes.
Mlle Louise Arlaud, Nîmes.
M. Liégeard, inspecteur des forêts en retraite, Valence.
Mme Liégeard, rent., Valence.
Mlle Boulinet, rent., Valence.

Maison Baylon

M. Chabaud, prêtre, Arlebose.
M. Giraud, rent., Oullins.

Maison Peyrouse

Mme veuve Comte, rent., Valréas.
Mme Chabas, rent., Cavaillon.
Mme Porte, rent., Cavaillon.

Maison Fezay

Mme Gallès, rent., Marcols.
Mlle Giraud, rent., Marcols.
Mme Gonnet, épicière, Camarès.
Mme Bèque, Camarès.
M. Volle, chef de gare, Aimargues.
Mme Volle, Aimargues.

Maison Philippe Nogier

Mme Malesance, jardinière, Alais.

Maison Régis Combe

M. Alexis Pansier, abbé, Nîmes.

Maison Veuve Lagarde

M. Lachet, prop., Nîmes.
Mme Lauze, nég., Nîmes.
Mlle Lauze, Nîmes.

Restaurant Chalabreysse

M. Saugne, prop., Châteauneuf.
Mme Saugne, Châteauneuf.

Villa Mathon fils

Mme Carayon, rent., Autun.
M. Carayon, maître-d'hôtel, Autun.

CAFÉ-RESTAURANT DES BAINS

| Chambres meublées très confortables | Avenue Farincourt
En face de l'Établissement thermal
———
MENU | Service à la Carte Célérité |

du Dimanche 12 Juillet 1885

Potage
Beurre, Olives, Saucisson de Lyon
Tripes à la mode de Caen
Quenelles financières
Tête de veau tortue
Filet aux truffes
Poissons de mer
Caneton rôti
Volaille Cresson
Légumes frais
Ecrevisses
Glace
Fruits, Fromage, Pâtisserie
Vins des premiers crûs

SOUPER FROID A LA SORTIE DU CASINO

AVIS AUX CONSOMMATEURS

Vous n'aurez plus de mauvaises digestions, si vous sucez les **Bonbons digestifs Casimir Croze, aux sels extraits des eaux minérales de Vals-les-Bains**; agréables à la bouche; arrêtent immédiatement la toux. Présentés sous forme de Bonbons, rien ne peut leur être comparé. — Exiger, sur chaque boîte, le nom de l'inventeur et seul préparateur, à Vals-les-Bains. Le nom est en toutes lettres même sur chaque Bonbon : C^{ir} CROZE, et au verso : **VALS**.

Adresser toutes demandes à Casimir CROZE et Cie, à Vals-les-Bains.

NOTA. — Des boîtes sont disposées pour être expédiées franco contre mandat poste de 1 fr. 50.

VILLA DU COTEAU

LOUIS PETIT, PROPRIÉTAIRE

Appartements de premier ordre, séparés, pour Familles
BELLE SITUATION
VUE SPLENDIDE — TERRASSES OMBRAGÉES

VÉRITABLES PASTILLES DE VALS
AUX SELS NATURELS
de l'Établissement de CASIMIR CROZE, situé à
VALS-LES-BAINS (Ardèche)

Les véritables Pastilles de l'Établissement de Casimir Croze sont préparées, à Vals, avec les sels minéraux extraits des Sources; elles sont employées journellement pour combattre les affections des voies digestives, telles que : digestion lente, Dyspepsie, gastralgie, vomissements, aigreurs, etc.

D'un goût très agréable et digérées par les estomacs les plus délicats, elles sont recommandées et même nécessaires aux estomacs affaiblis, qui retrouvent, par leur usage, une grande puissance digestive.

La dose recommandée par les sommités médicales est de 8 à 12 Pastilles par jour.

Exiger sur chaque boîte le nom du seul et unique préparateur à Vals-les-Bains

CASIMIR CROZE & Cie

VILLA ERNEST MOULINE
Sur le Boulevard

APPARTEMENTS POUR FAMILLES
Jardin, Terrasse

DANS LA VILLA SE TROUVE :

LA SOURCE GAULOISE
Eau minérale naturelle

La Source **Gauloise**, très gazeuse, ne troublant ni le vin, ni aucune autre liqueur, forme une Eau de table excellente.

A LA BOTTE SANS COUTURE

VICTORIN BRUN

Maison Hôtel de la Poste

Grande-Rue et place Saint-Jean — VALS-LES-BAINS

GRAND ASSORTIMENT DE CHAUSSURES
CHAUSSURES SUR COMMANDE
SPÉCIALITÉ DE CHAUSSURES CONFECTIONNÉES
RÉPARATIONS EN TOUS GENRES

— PRIX TRÈS MODÉRÉS —

CROZE Arsène

A VALS-LES-BAINS (Le Pont)

VINS ORDINAIRES & VINS FINS
GARANTIS PURS DE TOUT MÉLANGE

Récoltés chez le propriétaire et provenant uniquement du raisin

EAU-DE-VIE & RHUM

PRIX TRÈS MODÉRÉS

BRESSON
Entrepreneur

Place Saint-Jean, — à Vals-les-Bains

MAISON GARNIE — MEUBLÉE A NEUF
Située au centre de VALS

Cuisine à la disposition de Messieurs les Baigneurs

TERRASSE

PRIX MODÉRÉS

AUTORISATION DE L'ÉTAT

VALS AU COMPLET

SOURCE DES PRINCES

Eau de Table, surnommée la Délicate, par M. le Docteur Bonnal.

Recommandée dans toutes les affections des voies digestives : dyspepsie, gastralgie, gastrite, etc.

SOURCE PRÉFÉRÉE, MOYENNE

Employée avec le plus grand succès, dans toutes les affections biliaires et de la vessie, elle rend surtout de grands services dans la goutte, les rhumatismes, les fièvres intermittentes des pays chauds et les épidémies cholériques.

SOURCE DUCHESSE, FORTE

Souveraine dans l'anémie, chlorose, appareil sexuel, elle agit très efficacement dans les cas où, à cause de leur minéralisation plus faible, les eaux bicarbonatées sodiques demeurent impuissantes.

N.-B. — Les eaux minérales de ces sources, situées au centre du bassin des Eaux, sont d'une conservation parfaite et peuvent supporter les plus longs voyages.

Pour les demandes, s'adresser à M. PEYROUSE AÎNÉ, *prop., à Vals.*

ANALYSES	DES PRINCES	PRÉFÉRÉE	DUCHESSE
Acide carbonique libre	1.5590	1.3910	1.4510
Bicarbonate de soude.....................	1.8700	4.2820	7.1370
— de potasse	0.0373	0.1360	0.1430
— de chaux	0.0500	0.2000	0.2110
— de magnésie	0.0470	0.1150	0.1180
— de lithine	traces	0.0157	0.0059
Chlorure de sodium	0.0288	0.1630	0.1710
— de potassium	0.0305	traces	traces
Sulfate de soude	0.2026	0.0350	0.0360
— de potasse	0.0387	indices	indices
Silice	0.0550	0.0670	0.0720
Alumine................................	indices	0.0031	0.0035
Oxyde de fer	0.0140	0.0125	0.0015
TOTAUX	2.4239	5.0293	9.3499

VILLA VEUVE LADET

Maison Meublée à neuf

APPARTEMENTS POUR FAMILLES

Une des mieux situées de Vals

EN FACE DU GRAND CASINO

Terrasse sur le devant ainsi que sur le derrière.

On FAIT LA CUISINE

Casimir Croze

CHAMBRES MEUBLÉES
ET CUISINE POUR FAMILLE
AU CENTRE DE VALS

Villa Casimir Croze

JARDINS -- BEAUX OMBRAGES

Chambres garnies & Appartements pour familles

ANCIEN HOTEL DU PARC

TENU PAR

CHALABREYSSE

Grand'Rue, près la Passerelle

A VALS - LES - BAINS (ARDÈCHE)

RESTAURANT — PENSION — CHAMBRES GARNIES

— PRIX TRÈS MODÉRÉS —

GRAND CAFÉ DE VALS
ET
GRAND CERCLE DES BAIGNEURS

Tenus par

Mme BOULLE

AU CENTRE DES GRANDS HOTELS

TERRASSES MAGNIFIQUES

Au - dessus du Cercle et devant le Café

FRAIS OMBRAGES

CONSOMMATIONS DE PREMIER CHOIX

BIÈRE DE LYON & DE RUOMS

Salle de lecture — Journaux du jour

Abonnements pour la saison

— DICTIONNAIRE BOTTIN —

Cet Etablissement se recommande à sa nombreuse clientèle

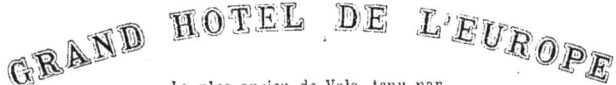

Le plus ancien de Vals, tenu par

M. ET Mme BOUZIGE

à VALS-LES-BAINS (Ardèche)

TABLE D'HOTE — SERVICE PARTICULIER — JARDIN

PARC & JARDIN ATTENANT A L'HÔTEL

Voiture dans l'hôtel à la disposition de MM. les Baigneurs

OMNIBUS DE L'HOTEL A TOUS LES TRAINS

SOCIÉTÉ GÉNÉRALE
des Produits aux sels extraits des Eaux Minérales
DE VALS-LES-BAINS & DU VIVARAIS

COMMISSION — EXPORTATION

USINE MODERNE A VAPEUR
FABRIQUE DE CHOCOLAT & DE PRODUITS AUX SELS DE VALS
MARRONS GLACÉS DU VIVARAIS

Casimir CROZE & Cie
VALS - LES - BAINS (Ardèche)

Bonbons digestifs Casimir Croze, dits Caramels ou Sucre d'Orge, aux sels extraits des Eaux minérales de Vals. Prix de la boîte, franco par la poste, 1 fr. 50.

Pastilles bicarbonatées et ferrugineuses, aux sels extraits des Eaux minérales de Vals. Par boîtes de 50 c. : 1, 2 et 3 francs; en vrac, 5 francs le kilo.

Pralines Vivaraises, toniques et ferrugineuses. Prix de la boîte : 2 francs; 30 centimes en plus par la poste.

Chocolat digestif et ferrugineux, en livre, croquette, napolitain, pastilles, chocolat ferrugineux, qualité spéciale. Prix de la boîte : 1 fr. 50; 20 centimes en plus par la poste.

Nougat et Nougatine, fabrication spéciale, avec pistache, vanille et au miel du Vivarais.

Bonbons d'agrément, dits Berlingots de Vals, aux parfums menthe, citron, vanille, café, etc.

Pour avoir les véritables produits de Casimir CROZE, s'adresser dans ses magasins, situés : Grand-Rue de Vals et avenue Farincourt, maison Migno.

Il n'y a qu'un seul établissement, à Vals-les-Bains, où se fabriquent les produits aux sels naturels, extraits des eaux minérales; Messieurs Casimir CROZE et Cie ne confient pas la fabrication de leurs spécialités à des usines éloignées de Vals, et dont, par suite, ils ne pourraient surveiller les procédés.

Fabriquant eux-mêmes, MM. CROZE et Cie sont les seuls qui puissent garantir la sincérité de leurs produits.

Toute personne peut, du reste, visiter les ateliers qui se trouvent à Vals-les-Bains, au-dessus de la manutention de la Société Générale des eaux minérales.

Dépôt. — Chez M. MAZAUDIER, confiseur, Maison Carrée, à Aubenas.

VOITURES A VOLONTE

LANDAU, PANIER, MYLORD, VICTORIA, &c.

CHEVAUX DE SELLE

Longs Voyages — Confortable — Célérité

François HUGON

Vals-les-Bains. — Hôtel Robert. — Vals-les-Bains.

A l'honneur de prévenir Messieurs les Étrangers et Baigneurs qu'il se met à leur disposition pour faire des excursions en montagne, passant par Antraigues, Laviolle, Mézilhac, Lachamp-Raphaël, le Gerbier de Joncs, le Mézenc, les ruines du couvent de Bonnefoi, Sainte-Eulalie, Le Béage, la forêt et l'abbaye de Mazan, le lac d'Issarlès, le lac Ferrand (près la forêt de Bauzon), la Côte de Mayres, La Chavade, Lanarce, Peyrabeille, le lac du Bouchet (près Costaros), les ruines du château de Polignac (près Le Puy), les ruines du château de La Roche-Lambert ; passant par Langogne, Labastide, Notre-Dame-des-Neiges, Villefort, Les Vans, Joyeuse, les grottes de Vallon, le pont d'Arc ; le château de Boulogne, le château de Ventadour, celui de Pourcherolles, le cratère de Thueyts, l'Echelle-du-Roi, la Gueule-d'Enfer, Neyrac, Jaujac, les ruines du château de Clamouse, le volcan de Jaujac.

RETOUR A VALS

VOITURES A VOLONTÉ

Break — Landau — Phaëton
Pour Courses, Promenades et Excursions

DONAS

Demeurant toute l'année à VALS-LES-BAINS

Remises : Maison Régis
En face l'Hôtel des Colonies, à côté du Temple.

PRIX MODÉRÉS

Auguste FEZAY

CHAMBRES MEUBLÉES

Au centre de Vals

QUINCAILLERIE — MERCERIE

ARTICLES DE PÊCHE

Chambres Garnies

Victor SUCHON
Propriétaire

VALS-LES-BAINS

ON FAIT LA CUISINE

APPARTEMENTS INDÉPENDANTS POUR FAMILLES
Complètement Meublés à Neuf

GRAND CAFÉ EUROPÉEN

ANCIEN CAFÉ DE L'EUROPE

Réparé & Meublé à neuf

Tenu par Alphonse CROS

Au centre de VALS, donnant sur la place St-Jean

CONSOMMATIONS DE PREMIER CHOIX
Bière de Lyon, de Ruoms. — Glace.

BOTTIN

CHAMBRES GARNIES INDÉPENDANTES

VALS-LES-BAINS

GRAND HOTEL DU LOUVRE

TENU PAR
LÉON BAYLON

Propriétaire

— Cet Hôtel vient de s'agrandir d'une magnifique ANNEXE —

VASTE SALLE A MANGER & SALON DE COMPAGNIE

TABLE D'HOTE --- SERVICE PARTICULIER

BELLE SALLE D'OMBRAGE ATTENANTE A L'HOTEL

Voitures à la disposition de Messieurs les Baigneurs

OMNIBUS DE L'HOTEL A TOUS LES TRAINS

PENSION, 2 REPAS PAR JOUR

Chambre et Service compris

HOTEL DU LOUVRE		ANNEXE	
1er Étage........	7 fr. 50	1er Étage.........	9 fr.
2me Étage.......	7 fr. »	2me Étage.........	8 fr.

Service irréprochable

CASINO DE VALS-LES-BAINS

Cet Établissement composé de la Salle de Spectacle, de la Salle de Café (désignée sous le nom de *Café de Paris*) et du *Cercle des Étrangers*, vient de subir, sous la nouvelle Direction, diverses transformations et aménagements qui seront appréciés par MM. les Baigneurs.

Le *Théâtre d'Été*, transformé en une belle et vaste Salle verte, sera abrité de l'humidité des soirées. Du premier au cinq juillet, débutera la Troupe de concerts, comédies, vaudevilles et opérettes. Les artistes qui en font partie ont été choisis parmi les étoiles des grands établissements de Paris. Les affiches du jour donneront le tableau de la troupe et du répertoire qu'elle interprètera.

CAFE DU CASINO
OU CAFÉ DE PARIS

Ouvert depuis le 20 juin, aura dès le 1er juillet un service régulier de dépêches qui seront, dès leur arrivée, affichées dans la salle publique.

GRAND CERCLE DES ÉTRANGERS
ENTIÈREMENT RECONSTITUÉ

Offrira à MM. les Baigneurs tous les moyens de distraction qu'offrent les établissements similaires :

Salles de lecture, de conversation, de billards et jeux divers.

HOTEL DE FRANCE

Tenu par

M. & Mme MIRECOURT

VALS-LES-BAINS

MAISON ADMIRABLEMENT SITUÉE
Au centre de la Ville
EN FACE DE BEAUX PARCS ET JARDINS D'AGREMENT

Se recommande par sa bonne Cuisine bourgeoise
tous les jours variée

CONFORTABLE — PROPRETÉ
PRIX MODÉRÉS

VILLA MATHON, FILS

Maison Meublée à neuf

LA MIEUX SITUÉE DE VALS, AU CENTRE DU QUARTIER DES EAUX
EN FACE DE L'ÉTABLISSEMENT THERMAL

FRAIS OMBRAGES
APPARTEMENTS POUR FAMILLES

CONFORTABLE & PROPRETÉ
PRIX MODÉRÉS

IMPRIMERIE COMMERCIALE
INDUSTRIELLE ET ADMINISTRATIVE

de

Mme A. ROBERT

Imprimeur breveté

Faubourg L. Gambetta, en face les Postes & Télégraphes

A AUBENAS, ARDÈCHE

ANCIEN HOTEL DE LA POSTE
A VALS - LES - BAINS

Cet Hôtel, complètement remis à neuf, est aujourd'hui transformé en Appartements pour Familles et Chambres Garnies.

Terrasse et Jardin sur le derrière

ÉCURIE — REMISE — EAU — GAZ

Les Propriétaires exploiteront eux-mêmes pendant cette saison, après laquelle ils sont disposés à VENDRE ou à LOUER, soit comme Hôtel, soit comme Maison Garnie.

S'adresser aux Propriétaires de l'Hôtel de la Poste,
— A VALS - LES - BAINS —

A VENDRE

Emplacements avec Source Minérale, la meilleure des eaux de table, au plus beau quartier de la Station.

Grandes facilités de paiement.

S'adresser à M. Gaston GIRAUD, négociant à Vals-les-Bains.

G^D HOTEL DU NORD
Au centre de la ville
A VALS-LES-BAINS

 **TENU PAR VERNET**

Réparé et Meublé à neuf. Vue splendide

TABLE D'HOTE

DINERS PARTICULIERS
ON PORTE EN VILLE

ÉCURIE & REMISE

DÉPART DE TOUTES LES VOITURES

Dictionnaire Bottin

SOURCE DU BOSC
Eau minérale naturelle
de VALS (Ardèche)
Approuvée par l'Académie de médecine.
Autorisée par l'État.

La source du BOSC, très gazeuse, est une excellente eau de table. — Elle est souveraine dans les maladies de l'estomac et des intestins, du foie, de la rate, des reins et de la vessie.

Elle combat efficacement les coliques hépatiques et néphrétiques, la gravelle, la goutte, le diabète et le rhumatisme.

S'adresser à M. Paul LAGARDE, *propriétaire de la source du Bosc, ou à* M. CHAULET, *café de la Favorite, quartier des Eaux.*

M. E. CHAMPETIER
Pharmacien-Chimiste, près le Pont - de - Fer

est le seul préparateur depuis 20 ans, des

SOUS PRODUITS DE VALS

Tels que : **Pastilles** et **Bonbons Digestifs**,

aux Sels de Vals

Sels naturels, pour bains et boissons artificielles, de VALS.

AINSI QUE DE

L'ARNICA DES CÉVENNES

Contre Plaies, Blessures, Contusions, Entorses, Foulures, etc., etc.

Se méfier des produits similaires, qui ne sont que des imitations

LABORATOIRE D'ANALYSES DIVERSES

LES SOURCES
LA REINE & 3 ETOILES
Débitant 3.000.000 de bouteilles

Sont la propriété exclusive de M. E. CHAMPETIER.

S'adresser à la pharmacie pour achats d'eau et renseignements.

Le Gérant

VALS-LES-BAINS

SAISON DE 1885

du 15 Mai au 1er Octobre

Liste Officielle

DES ÉTRANGERS

Publiée par M. SERRE, *secrétaire de la Mairie*

L'éditeur de cette liste est seul autorisé à publier la *Liste officielle*.

— PRIX : 10 CENTIMES —

AUBENAS
IMPRIMERIE BREVETÉE DE Mme A. ROBERT

Maison non Recommandée

GRAND CAFÉ DE LA FAVORITE
TENU PAR A. CHAULET
Avenue Farincourt

A VALS-LES-BAINS (Ardèche)

CONSOMMATIONS DE 1ᵉʳ CHOIX

Salle de Billard, Grandes Terrasses, Vue splendide.	Chambres Garnies confortables, meublées à neuf.

Au centre de la Station thermale et des principaux hôtels.

VALS-LES-BAINS
GRAND HOTEL DE LYON
ÉTABLISSEMENT DE 1ᵉʳ ORDRE

Avenue Farincourt, au centre de la Station thermale,
limitant le Grand Établissement des Bains.

TENU PAR
Mᵐᵉ Vᵛᵉ LOUIS PEYROUSE
PROPRIÉTAIRE DE L'HOTEL

TABLE D'HOTE - SERVICE A LA CARTE

Cet Établissement se recommande à Messieurs les Baigneurs par son grand Confortable et son Service irréprochable.

A LOUER
PENDANT LA SAISON
en tout ou en partie

1 REMISE & ÉCURIE
SITUÉE AU PONT DE VALS

S'adresser à M. LACROTTE Arsène, *Café National*, à Vals.

N° 8
LISTE OFFICIELLE DES ÉTRANGERS
Arrivés à VALS-LES-BAINS du 11 au 15 Juillet 1885

NOMS, QUALITÉS, DOMICILES, LOGEMENTS

Grand Hôtel des Bains
M. Favre de Thierrens, rent., Nîmes.
M. Jean, rent., Fabrezan.
M. Nugues, nég., Marseille.
M. Ollier de Marichard, rent., Vallon.
M. Roume, rent., Vallon.
M. Vabre, maire, Labastide-Rouvairoux.
M. Benoit, nég., Labastide-Rouvairoux.
M. le R.P. Garnier, sup. des Oblats, Aix.
M. le M. de Forbin d'Opède, rent., Aix.
M. le Comte de Forbin d'Opède, r., Aix.
M. Champin, cons. gén., Montélimar.
M. Trapier, nég., Chomérac.
M. Reumers, nég., Indes.
Mme Bérraud, rent., Sorgues.
M. Courchet, nég., Lagarde-Freinet.
Mme Courchet, Lagarde-Freinet.
Mme Blanc, rent., Marseille.
M. Guinard, architecte, Marseille.
Mme Guinard, rent., Marseille.
M. Vicary, rent., Marseille.
Mme Vicary, rent., Marseille.
M. Flich, ing. de la marine, Toulon.
M. Talentin, rent., Lunel.
Mme Talentin, rent., Lunel.
M. Burdinat, nég., Lyon.
M. Sunsy, rent., Bayonne.
M. Bocanny, rent., Bayonne.
M. Beccarud, rent., Marseille.
M. Boularan, docteur, Philippeville.
Mme Boularan, rent., Philippeville.

Grand Hôtel de l'Europe
Mlle Bodet, rent., Oullins.
Mme Lac, rent., Oullins.
M. Goumare, nég., Courthézon.
M. Massal, rent., Lyon.
Mme Massal, rent., Lyon.
M. Claron, nég., Nîmes.
M. Marusilla, rent., Montélimar.
M. Guerguin, rent., Montélimar.
M. Costadau, rent., Montélimar.
M. Léouzon, rent., Montélimar.
Mme Léouzon, rent., Montélimar.
Mlle Debos, rent., Montélimar.
M. Reynaud, rent., Montélimar.
M. Chausy, rent., Lyon.
M. Brunet, artificier, Monteux.
M. Plasse, Saint-Etienne.
Mlle Tavan, rent., Montélimar.

Mme Guerguin, rent., Montélimar.
M. Guerguin fils, rent., Montélimar.
M. Brunet, rent., Monteux.
M. Lafond, prop., Cornillon.
Mme Lafond, rent., Cornillon.

Grand Hôtel de Lyon
M. Vétrines, rent., Saint-Saturnin.
Mme Papin, rent., Marseille.
Mlle Papin, rent., Marseille.
M. Cardinoux, nég., Nîmes.
M. Defreche, rent., Beaucaire.
Mme Defreche, rent., Beaucaire
 (une demoiselle de compagnie).
M. Ganières, nég., Annonay.
M. le substitut du procureur de la
 République, Privas.

Grand Hôtel Durand
M. Larmande, industriel, Viviers.
Mme Larmande, Viviers.
Mme Larmande, rent., Satillieu.
M. Pepond, nég., Béthune.
M. Daniel, nég., Philippeville.
Mme Daniel, rent., Philippeville.
Mlle Daniel, Philippeville.

Grand Hôtel du Louvre
Mme Gonod, rent., St-Chamond.
Mme Figuière, rent., Marseille.
Mlle Figuière, rent., Marseille.
Mme Pignatel, rent., Marseille.
Mlle Riboulet, rent., Marseille.
M. Defaudon, rent., Marseille.
M. Gaillard, rent., Lyon.
Mme Gaillard, rent., Lyon.
Mlle Chenivesse, nég., Bourg-St-Andéol.
M. Chenivesse, nég., Bourg-St-Andéol.
M. Granjon, aumônier, Loriol.
Mme Biosse-Duplan, rent., Valence.
M. Biosse-Duplan, banquier, Valence.
Mlle Biosse-Duplan, Valence.
Mme Fayol, rent., Charmes.
M. Fayol, manufacturier, Charmes.
Mlle Fayol, Charmes.
Mme Boubet, rent., Nicey.
M. Sethorel, architecte, Paris.
M. Riboulon, rent., Annonay.

Hôtel des Colonies
M. Ulysse Grégoire, rent., Nîmes.
Mme Chazelette, Alais.

NOMS, QUALITÉS, DOMICILES, LOGEMENTS	NOMS, QUALITÉS, DOMICILES, LOGEMENTS

Hôtel de Paris

M. Garnier, rent., Alais.
Mme Garnier, Alais.
Mme Dupoux, rent., Vallon.
Mme Auzière, rent., Valence.
M. Gontier, greffier du tribun. de commerce, Alais.
M. de Coursac, rent., Lafarge.
M. Morin, ancien magistrat, Lafarge.
M. Baron, rent., Lafarge.
M. de la Farge, nég., Lafarge.
M. Chardes, nég., Villaure.
M. Bourguet, nég., Annonay.
M. Teissonnière, comm. priseur, Alger.
Mme Teissonnière, rent., Alger.

Hôtel de la Délicieuse

M. Mourlon, nég., Cognac.
Mme Fournel, rent., Marseille.
M. Teillard, rent., Roche-de-Condrieu.
M. David, rent., Marseille.
M. Petit, prop., Moussac.
M. Andrevet, prop., Bourg-du-Péage.

Hôtel de France

M. Croze, rent., Bagnols.
M. Duplan, maitre-mineur, G^d'Combe.
Mme Duplan, Grand'Combe.

Maison Philippe Nogier

Mme Philippe Hack, nég., Montpellier.
Mlle Marguerite, nég., Montpellier.
Mme Couchoud Marie, n., St-Chamond.
M. Fougedoire, prop., St-Chamond.

Maison Baylon

M. Derbin, nég., Lyon.
Mme Derbin, Lyon.
Mlle Derbin, Lyon.
M. Roullet, nég., Lyon.
Mme Morier, rent., St-Marcel.

Maison Peyrouse

M. Schmitt, rent., Philippeville.
Mme Schmitt, Philippeville.
M. Eyssantier, prop., Jausiers.
Mme Le Gros, rent., Sommières.
Mlle Le Gros, Sommières.
Mme Rey, rent., La Roche-de-Glun

Maison Veuve Cros

M. Blanc, prop., Rocher.
M. Chabour, tailleur, Rocher.
M. Paliès, rent., Montpellier.

Villa Bard

M. Gaufrès, nég., Vergèze.
Mme Gaufrès, Vergèze.
Mlle Gaufrès, Vergèze.

Villa Eugène Mouline

Mme Blatière, rent., Codognan.
Mme Grégoire, rent., Nîmes.
Mme Chazalette, rent., Montpellier.
M. Rieu, rent., Constantine.
M. A. Rieu, rent., Constantine.

Villa Margaritora

M. Soubeyran, rent., Nîmes.
M. Challier, rent., Nîmes.

Villa Vincent

M. Mouret, prop., Aigues-Mortes.
M. Mouret fils, Aigues-Mortes.
M. Lombard, prop., Aigues-Mortes.
M. Chabert, nég., Vauvert.
Mme Chabert, Vauvert.

Villa du Boulevard, maison Abrial

Mme Raspail, rent., Alais.
Mlle Michel, rent., Alais.

Villa Délubac

Mme Audouard, rent., Valence.
Mme Magnanon, rent., Montélimar.
Mme Haulon, rent., Montélimar.
  (une femme de chambre).
M. Rousset, curé, Ste-Colombe.
M. Dauberté, prop., Ste-Colombe.

Maison Giraud

M. Algir, pasteur, Vauvert.
Mme Algir, Vauvert.
Mme Barde, rent., Valence.
Mlle Barde, rent., Valence.
Mme Fert, rent., Valence.

Maison Suchon

M. Blot, rent., Montpellier.
M. Gentil, rent., Toulouse.
Mme Gentil, Toulouse.

Maison Ribeyrin

M. Etienne, nég., Béziers.
Mme Etienne, Béziers.
M. B. Etienne, commandant en retr., Béziers (une domestique).

Maison Borie

M. Constant, rent., Sommières.
Mme Constant, rent., Sommières.

Hôtel de Marseille

Mme Rimond, rent., Roussillon
  (une domestique).
Mme Gauthier, rent., Ste-Cécile.

NOMS, QUALITÉS, DOMICILES, LOGEMENTS	NOMS, QUALITÉS, DOMICILES, LOGEMENTS
Maison Casimir Croze	M. Passebois, nég., Collet-de-Dèze.
M. Clairin, rent., Alger.	M. Bernon, agriculteur, Castanet.
Mme Clairin, rent., Alger.	M. Foto, garçon de salle, Dijon.
M. Eynard, direct. du Crédit lyonnais, Perpignan.	M. Japavaire, prop., Nîmes.
	M. Maistre, professeur, Valence.
M. Breynat, rent., Loriol.	Mme Rieux, rent., Teil.
Hôtel du Nord	M. Boyer, professeur, Ajoux.
M. Serre, nég., Vallon.	M. Palliès, nég., Sauve.
M. Simon, horloger, Nîmes.	M. Coiraton, moulinier, Privas.
M. Petit, rent., Viviers.	Mlle Coiraton, Privas.
	M. Petit, entrepreneur, Viviers.

BONBONS DIGESTIFS CASIMIR CROZE

Vous n'aurez plus de mauvaises digestions, si vous sucez les véritables **Bonbons digestifs Casimir Croze, aux sels extraits des eaux minérales de l'Établissement de Vals** ; agréables à la bouche ; ils fondent de suite, et l'air que l'on respire agit aussitôt sur les poumons ; les vapeurs bienfaisantes des sels qui sont employés arrêtent immédiatement la toux. Présentés sous forme de Dragées, avec inscription : C^{ir} CROZE, et au verso : VALS, rien ne peut leur être comparé. Les Bonbons digestifs Casimir Croze sont les seuls qui se fabriquent à Vals.— Se méfier des nombreuses imitations ; exiger la signature de Casimir CROZE & Cie sur chaque boîte.

Vente dans ses magasins, Grande-Rue de Vals, en face de la passerelle, et à l'avenue Farincourt, maison Migno.

CAFÉ-RESTAURANT DES BAINS

Avenue Farincourt

En face de l'Établissement thermal

Chambres meublées très confortables		Service à la Carte Célérité

MENU

Du Jeudi 16 Juillet 1885

Potage Julienne
Saucisson de Lyon, Beurre, Olives
Escargots à la parisienne
Escaloppe sautée minute
Foie de Veau à l'italienne
Poulet chasseur
Poissons
Haricots verts, Aubergines
Volaille, Gigot
Salade
Fruits, Fromage, Pâtisserie

VINS DES PREMIERS CRUS
SOUPER FROID A LA SORTIE DU CASINO

VÉRITABLES PASTILLES DE VALS
AUX SELS NATURELS
de l'Établissement de CASIMIR CROZE, situé à
VALS-LES-BAINS (Ardèche)

Les véritables Pastilles de l'Établissement de Casimir Croze sont préparées, à Vals, avec les sels minéraux extraits des Sources; elles sont employées journellement pour combattre les affections des voies digestives, telles que : digestion lente, Dyspepsie, gastralgie, vomissements, aigreurs, etc.

D'un goût très agréable et digérées par les estomacs les plus délicats, elles sont recommandées et même nécessaires aux estomacs affaiblis, qui retrouvent, par leur usage, une grande puissance digestive.

La dose recommandée par les sommités médicales est de 8 à 12 Pastilles par jour.

Exiger sur chaque boîte le nom du seul et unique préparateur à Vals-les-Bains

CASIMIR CROZE & Cie

VILLA DU COTEAU
LOUIS PETIT, PROPRIÉTAIRE

Appartements de premier ordre, séparés, pour Familles
BELLE SITUATION
VUE SPLENDIDE — TERRASSES OMBRAGÉES

VILLA ERNEST MOULINE
Sur le Boulevard

APPARTEMENTS POUR FAMILLES
Jardin, Terrasse

DANS LA VILLA SE TROUVE :
LA SOURCE GAULOISE
Eau minérale naturelle

La Source **Gauloise**, très gazeuse, ne troublant ni le vin, ni aucune autre liqueur, forme une Eau de table excellente.

A LA BOTTE SANS COUTURE

VICTORIN BRUN

Maison Hôtel de la Poste

Grande-Rue et place Saint-Jean — VALS-LES-BAINS

GRAND ASSORTIMENT DE CHAUSSURES
CHAUSSURES SUR COMMANDE
SPÉCIALITÉ DE CHAUSSURES CONFECTIONNÉES
RÉPARATIONS EN TOUS GENRES
— PRIX TRÈS MODÉRÉS —

CROZE Arsène

A VALS-LES-BAINS (Le Pont)

VINS ORDINAIRES & VINS FINS
GARANTIS PURS DE TOUT MÉLANGE
Récoltés chez le propriétaire et provenant uniquement du raisin

EAU-DE-VIE & RHUM

PRIX TRÈS MODÉRÉS

BRESSON
Entrepreneur

Place Saint-Jean, — à Vals-les-Bains

MAISON GARNIE — MEUBLÉE A NEUF
Située au centre de VALS

Cuisine à la disposition de Messieurs les Baigneurs

TERRASSE

PRIX MODÉRÉS

AUTORISATION DE L'ÉTAT

VALS AU COMPLET

SOURCE DES PRINCES

Eau de Table, surnommée la Délicate, par M. le Docteur Bonnal.
Recommandée dans toutes les affections des voies digestives : dyspepsie, gastralgie, gastrite, etc.

SOURCE PRÉFÉRÉE, MOYENNE

Employée avec le plus grand succès, dans toutes les affections biliaires et de la vessie, elle rend surtout de grands services dans la goutte, les rhumatismes, les fièvres intermittentes des pays chauds et les épidémies cholériques.

SOURCE DUCHESSE, FORTE

Souveraine dans l'anémie, chlorose, appareil sexuel, elle agit très efficacement dans les cas où, à cause de leur minéralisation plus faible, les eaux bicarbonatées sodiques demeurent impuissantes.

N.-B. — Les eaux minérales de ces sources, situées au centre du bassin des Eaux, sont d'une conservation parfaite et peuvent supporter les plus longs voyages.

Pour les demandes, s'adresser à M. Peyrouse aîné, *prop., à Vals.*

ANALYSES	DES PRINCES	PRÉFÉRÉE	DUCHESSE
Acide carbonique libre	1.5590	1.3910	1.4510
Bicarbonate de soude	1.8700	4.2820	7.1370
— de potasse	0.0373	0.1360	0.1430
— de chaux	0.0500	0.2000	0.2110
— de magnésie	0.0470	0.1150	0.1180
— de lithine	traces	0.0157	0.0059
Chlorure de sodium	0.0288	0.1630	0.1710
— de potassium	0.0005	traces	traces
Sulfate de soude	0.2426	0.0350	0.0360
— de potasse	0.0387	indices	indices
Silice	0.0550	0.0670	0.0720
Alumine	indices	0.0031	0.0035
Oxyde de fer	0.0140	0.0125	0.0045
Totaux	2.4239	5.0293	9.3499

VILLA VEUVE LADET

Maison Meublée à neuf

APPARTEMENTS POUR FAMILLES

Une des mieux situées de Vals

EN FACE DU GRAND CASINO

Terrasse sur le devant ainsi que sur le derrière.

On FAIT LA CUISINE

Casimir Croze

CHAMBRES MEUBLÉES
ET CUISINE POUR FAMILLE
AU CENTRE DE VALS

Villa Casimir Croze

JARDINS -- BEAUX OMBRAGES

Chambres garnies & Appartements pour familles

ANCIEN HOTEL DU PARC

TENU PAR

CHALABREYSSE

Grand'Rue, près la Passerelle

A VALS - LES - BAINS (ARDÈCHE)

RESTAURANT — PENSION — CHAMBRES GARNIES

— PRIX TRÈS MODÉRÉS —

GRAND CAFÉ DE VALS
ET
GRAND CERCLE DES BAIGNEURS

Tenus par

Mme BOULLE

AU CENTRE DES GRANDS HOTELS

TERRASSES MAGNIFIQUES

Au-dessus du Cercle et devant le Café

FRAIS OMBRAGES

CONSOMMATIONS DE PREMIER CHOIX

BIÈRE DE LYON & DE RUOMS

Salle de lecture — Journaux du jour

Abonnements pour la saison

— DICTIONNAIRE BOTTIN —

Cet Etablissement se recommande à sa nombreuse clientèle

GRAND HOTEL DE L'EUROPE

Le plus ancien de Vals, tenu par

M. ET Mme BOUZIGE

à VALS-LES-BAINS (Ardèche)

TABLE D'HOTE — SERVICE PARTICULIER — JARDIN

Parc & Jardin attenant a l'Hôtel

Voiture dans l'hôtel à la disposition de MM. les Baigneurs

OMNIBUS DE L'HOTEL A TOUS LES TRAINS

SOCIETE GENERALE
des Produits aux sels extraits des Eaux Minérales
DE VALS-LES-BAINS & DU VIVARAIS

COMMISSION — EXPORTATION

USINE MODERNE A VAPEUR

FABRIQUE DE CHOCOLAT & DE PRODUITS AUX SELS DE VALS
MARRONS GLACÉS DU VIVARAIS

CASIMIR CROZE & Cie
VALS - LES - BAINS (Ardèche)

Bonbons digestifs Casimir Croze, dits Caramels ou Sucre d'Orge, aux sels extraits des Eaux minérales de Vals. Prix de la boîte, franco par la poste, 1 fr. 50.

Pastilles bicarbonatées et ferrugineuses, aux sels extraits des Eaux minérales de Vals. Par boîtes de 50 c. : 1, 2 et 3 francs ; en vrac, 5 francs le kilo.

Pralines Vivaraises, toniques et ferrugineuses. Prix de la boîte : 2 francs ; 30 centimes en plus par la poste.

Chocolat digestif et ferrugineux, en livre, croquette, napolitain, pastilles, chocolat ferrugineux, qualité spéciale. Prix de la boîte : 1 fr. 50 ; 20 centimes en plus par la poste.

Nougat et Nougatine, fabrication spéciale, avec pistache, vanille et au miel du Vivarais.

Bonbons d'agrément, dits Berlingots de Vals, aux parfums menthe, citron, vanille, café, etc.

Pour avoir les véritables produits de Casimir CROZE, s'adresser dans ses magasins, situés : Grand-Rue de Vals et avenue Farincourt, maison Migno.

Il n'y a qu'un seul établissement, à Vals-les-Bains, où se fabriquent les produits aux sels naturels, extraits des eaux minérales ; Messieurs Casimir CROZE et Cie ne confient pas la fabrication de leurs spécialités à des usines éloignées de Vals, et dont, par suite, ils ne pourraient surveiller les procédés.

Fabriquant eux-mêmes, MM. CROZE et Cie sont les seuls qui puissent garantir la sincérité de leurs produits.

Toute personne peut, du reste, visiter les ateliers qui se trouvent à Vals-les-Bains, au-dessus de la manutention de la Société Générale des eaux minérales.

Dépôt. — Chez M. MAZAUDIER, confiseur, Maison Carrée, à AUBENAS.

VOITURES A VOLONTE

LANDAU, PANIER, MYLORD, VICTORIA, &c.

CHEVAUX DE SELLE

Longs Voyages — Confortable — Célérité

François HUGON
Vals-les-Bains. — Hôtel Robert. — Vals-les-Bains.

A l'honneur de prévenir Messieurs les Étrangers et Baigneurs qu'il se met à leur disposition pour faire des excursions en montagne, passant par Antraigues, Laviolle, Mézilhac, Lachamp-Raphaël, le Gerbier de Joncs, le Mézenc, les ruines du couvent de Bonnefoi, Sainte-Eulalie, Le Béage, la forêt et l'abbaye de Mazan, le lac d'Issarlès, le lac Ferrand (près la forêt de Bauzon), la Côte de Mayres, La Chavade, Lanarce, Peyrabeille, le lac du Bouchet (près Costaros), les ruines du château de Polignac (près Le Puy), les ruines du château de La Roche-Lambert; passant par Langogne, Labastide, Notre-Dame-des-Neiges, Villefort, Les Vans, Joyeuse, les grottes de Vallon, le pont d'Arc; le château de Boulogne, le château de Ventadour, celui de Pourcherolles, le cratère de Thueyts, l'Echelle-du-Roi, la Gueule-d'Enfer, Neyrac, Jaujac, les ruines du château de Clamouse, le volcan de Jaujac.

RETOUR A VALS

VOITURES A VOLONTÉ

Break — Landau — Phaëton
Pour Courses, Promenades et Excursions

DONAS

Demeurant toute l'année à VALS-LES-BAINS

Remises : Maison Régis
En face l'Hôtel des Colonies, à côté du Temple.

PRIX MODÉRÉS

Auguste FEZAY

CHAMBRES MEUBLÉES

Au centre de Vals

QUINCAILLERIE - MERCERIE

ARTICLES DE PÊCHE

Chambres Garnies

Victor SUCHON
Propriétaire

ON FAIT LA CUISINE

APPARTEMENTS INDÉPENDANTS POUR FAMILLES
Complètement Meublés à Neuf

GRAND CAFÉ EUROPÉEN

ANCIEN CAFÉ DE L'EUROPE

Réparé & Meublé à neuf

Tenu par Alphonse CROS

Au centre de VALS, donnant sur la place St-Jean

CONSOMMATIONS DE PREMIER CHOIX

Bière de Lyon, de Ruoms. — Glace.

BOTTIN

CHAMBRES GARNIES INDÉPENDANTES

VALS-LES-BAINS

GRAND HOTEL DU LOUVRE

TENU PAR

LÉON BAYLON

Propriétaire

— Cet Hôtel vient de s'agrandir d'une magnifique ANNEXE —

VASTE SALLE A MANGER & SALON DE COMPAGNIE

TABLE D'HOTE --- SERVICE PARTICULIER

BELLE SALLE D'OMBRAGE ATTENANTE A L'HOTEL

Voitures à la disposition de Messieurs les Baigneurs

OMNIBUS DE L'HOTEL A TOUS LES TRAINS

PENSION, 2 REPAS PAR JOUR

Chambre et Service compris

HOTEL DU LOUVRE		ANNEXE	
1er Étage........	7 fr. 50	1er Étage.........	9 fr.
2me Étage.......	7 fr. »	2me Étage........	8 fr.

Service irréprochable

CASINO DE VALS-LES-BAINS

Cet Établissement composé de la Salle de Spectacle, de la Salle de Café (désignée sous le nom de *Café de Paris*) et du *Cercle des Étrangers*, vient de subir, sous la nouvelle Direction, diverses transformations et aménagements qui seront appréciés par MM. les Baigneurs.

Le *Théâtre d'Été*, transformé en une belle et vaste Salle verte, sera abrité de l'humidité des soirées. Du premier au cinq juillet, débutera la Troupe de concerts, comédies, vaudevilles et opérettes. Les artistes qui en font partie ont été choisis parmi les étoiles des grands établissements de Paris. Les affiches du jour donneront le tableau de la troupe et du répertoire qu'elle interprètera.

CAFE DU CASINO
OU CAFÉ DE PARIS

Ouvert depuis le 20 juin, aura dès le 1ᵉʳ juillet un service régulier de dépêches qui seront, dès leur arrivée, affichées dans la salle publique.

GRAND CERCLE DES ÉTRANGERS
ENTIÈREMENT RECONSTITUÉ

Offrira à MM. les Baigneurs tous les moyens de distraction qu'offrent les établissements similaires :
Salles de lecture, de conversation, de billards et jeux divers.

HOTEL DE FRANCE

Tenu par

M. & Mme MIRECOURT

VALS-LES-BAINS

MAISON ADMIRABLEMENT SITUÉE
Au centre de la Ville
EN FACE DE BEAUX PARCS ET JARDINS D'AGRÉMENT

Se recommande par sa bonne Cuisine bourgeoise
tous les jours variée

CONFORTABLE — PROPRETÉ
PRIX MODÉRÉS

VILLA MATHON, FILS

Maison Meublée à neuf

La mieux située de VALS, au centre du Quartier des Eaux

EN FACE DE L'ÉTABLISSEMENT THERMAL

FRAIS OMBRAGES
APPARTEMENTS POUR FAMILLES

CONFORTABLE & PROPRETÉ
PRIX MODÉRÉS

IMPRIMERIE COMMERCIALE
Industrielle et Administrative

de

Mme A. ROBERT

Imprimeur breveté

Faubourg L. Gambetta, en face les Postes & Télégraphes

A AUBENAS, ARDÈCHE

ANCIEN HOTEL DE LA POSTE
A VALS - LES - BAINS

Cet Hôtel, complètement remis à neuf, est aujourd'hui transformé en Appartements pour Familles et Chambres Garnies.

Terrasse et Jardin sur le derrière

ÉCURIE — REMISE — EAU — GAZ

Les Propriétaires exploiteront eux-mêmes pendant cette saison, après laquelle ils sont disposés à VENDRE ou à LOUER, soit comme Hôtel, soit comme Maison Garnie.

S'adresser aux Propriétaires de l'Hôtel de la Poste,
— A VALS - LES - BAINS —

A VENDRE

Emplacements avec Source Minérale, la meilleure des eaux de table, au plus beau quartier de la Station.

Grandes facilités de paiement.

S'adresser à M. Gaston GIRAUD, négociant à Vals-les-Bains.

G^d HOTEL du NORD
Au centre de la ville
A VALS-LES-BAINS

 TENU PAR VERNET

Réparé et Meublé à neuf. Vue splendide

TABLE D'HOTE
DINERS PARTICULIERS
ON PORTE EN VILLE

ÉCURIE & REMISE

DÉPART DE TOUTES LES VOITURES

Dictionnaire Bottin

SOURCE DU BOSC
Eau minérale naturelle
de VALS (Ardèche)
Approuvée par l'Académie de médecine.
Autorisée par l'État.

La source du BOSC, très gazeuse, est une excellente eau de table. — Elle est souveraine dans les maladies de l'estomac et des intestins, du foie, de la rate, des reins et de la vessie.

Elle combat efficacement les coliques hépatiques et néphrétiques, la gravelle, la goutte, le diabète et le rhumatisme.

S'adresser à M. Paul LAGARDE, *propriétaire de la source du Bosc, ou à* M. CHAULET, *café de la Favorite, quartier des Eaux.*

M. E. CHAMPETIER
Pharmacien-Chimiste, près le Pont-de-Fer

est le seul préparateur depuis 20 ans, des

SOUS PRODUITS DE VALS

Tels que : **Pastilles** et **Bonbons Digestifs**,

aux Sels de Vals

Sels naturels, pour bains et boissons artificielles, de VALS.

AINSI QUE DE

L'ARNICA DES CÉVENNES

Contre Plaies, Blessures, Contusions, Entorses, Foulures, etc., etc.

Se méfier des produits similaires, qui ne sont que des imitations

LABORATOIRE D'ANALYSES DIVERSES

LES SOURCES
LA REINE & 3 ETOILES
Débitant 3.000.000 de bouteilles

Sont la propriété exclusive de M. E. CHAMPETIER.

S'adresser à la pharmacie pour achats d'eau et renseignements.

Le Gérant

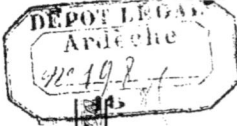

VALS-LES-BAINS

SAISON DE 1885

du 15 Mai au 1er Octobre

Liste Officielle

DES ÉTRANGERS

Publiée par M. SERRE, secrétaire de la Mairie

L'éditeur de cette liste est seul autorisé à publier la *Liste officielle*.

PRIX : 10 CENTIMES

AUBENAS

IMPRIMERIE BREVETÉE DE Mme A. ROBERT

Maison non Recommandée

GRAND CAFÉ DE LA FAVORITE
TENU PAR A. CHAULET
Avenue Farincourt

A VALS-LES-BAINS (Ardèche)

CONSOMMATIONS DE 1er CHOIX

Salle de Billard,	Chambres Garnies
Grandes Terrasses,	confortables,
Vue splendide.	meublées à neuf.

Au centre de la Station thermale et des principaux hôtels.

VALS-LES-BAINS
GRAND HOTEL DE LYON
ÉTABLISSEMENT DE 1er ORDRE
Avenue Farincourt, au centre de la Station thermale,
limitant le Grand Établissement des Bains.

TENU PAR
Mme Vve LOUIS PEYROUSE
PROPRIÉTAIRE DE L'HOTEL

TABLE D'HOTE - SERVICE A LA CARTE
Cet Établissement se recommande à Messieurs les Baigneurs par son grand Confortable et son Service irréprochable.

A LOUER
PENDANT LA SAISON
en tout ou en partie
1 REMISE & ÉCURIE
SITUÉE AU PONT DE VALS

S'adresser à M. LACROTTE Arsène, *Café National*, à Vals.

N° 9
LISTE OFFICIELLE DES ÉTRANGERS

Arrivés à VALS-LES-BAINS du 15 au 18 Juillet 1885

NOMS, QUALITÉS, DOMICILES, LOGEMENTS

Grand Hôtel des Bains
M. le marquis de Forbin, Le Barbau.
M. le vicomte de Forbin, Le Barbau.
M. le marquis de Villeneuve, L'Estaque.
M. Burdinat, nég., Lyon.
M. Caudières, commandant des ports, Marseille.
M. Aubrespy, banquier, Uzès.
Mme Aubrespy, Uzès.
Mlle Aubrespy Marthe, Uzès.
Mlle Aubrespy Mathilde, Uzès.
Mlle Aubrespy Henriette, Uzès (une femme de chambre).
M. Morellet, juge, Privas.

Grand Hôtel de Paris
M. Ducros, nég., Valence.
M. Auzépy, banquier, Pont-St-Esprit.
Mme Auzépy, Pont-St-Esprit.
Mme Morel, rent., Pont-St-Esprit.
M. Denis, professeur, Nîmes.
Mme de Lasleroy, rent., Largentière.
M. Chauvet, maître d'hôtel, Montélimar.
M. Michaut, rent., St-Luze.
Mme Dumaine, m.-d'hôtel, Bourg-du-Péage.
M. Girodet, nég., Valence.
M. Reverdier, suppléant du juge d'instruction, Marseille.
M. Bertrand, notaire, Dieulefit.
M. Lionnet, rent., St-Etienne.
Mme Wild, rent., St-Etienne.
Mme Moser, nég., Loriol.
M. Moser, nég., St-Julien.
Mme Bardon, rent., Alais.
Mme Isouard, rent., Marseille.
M. Privat, nég., Mèze.

Grand Hôtel de l'Europe
M. Lions, rent., Barcelonnette.
Mme Lions, Barcelonnette.
M. Boudon, nég., Calvisson.
Mme Meyssin, rent., Lyon.
M. Courrias, nég., Caromb.
M. l'abbé Groffier, Caromb.
M. Dalmier, entrepreneur, Bessèges.
M. Vignon, voyageur, Le Puy.
M. Sacerdon, frère des écoles chrétiennes, Avignon.
M. Salomet, f. des éc. chrét., Avignon.
M. Théoctène, f. des éc. chr., Avignon.
M. Viguier, rent., Gap.
M. Viguier, rent., Gap.

NOMS, QUALITÉS, DOMICILES, LOGEMENTS

Hôtel des Délicieuses
Mme Viallet, serr., Roche-de-Condrieu.
M. Moulon, nég., Roche-de-Condrieu.
M. Watton, pharm., Philippeville.
Mme Watton, rent., Philippeville.
M. Bonnald, nég., Nîmes.
M. Flontier, nég., Nîmes.
Mme Flontier, Nîmes.
M. Pane, rent., Nîmes.
Mme Pane, Nîmes.
M. Laurent, rent., Roche-de-Condrieu.
M. Rémond, rent., Marseille.
Mme Rémond, Marseille.
M. Deylaud, rent., Nîmes.

Grand Hôtel du Louvre
M. Pontal, nég., Bourg-St-Andéol.
M. Strofforello, prêtre, Marseille.
M. Richard, prop., Marseille.
M. Charay, prop., Barjac.

Grand Hôtel Durand
M. Jeantin, prêtre, Lyon.
M. de Verna, prêtre, Lyon.
M. Salel, secrétaire, Cette.
Mme Veuve Salel, rent., Cette.
M. Maurice, commis-voyageur, Mèze.
M. Peylaud, nég., Avignon.
Mme Peylaud, rent., Avignon.
M. Jerrari, rent., Florence.
M. Corbelli, rent., Florence.
M. Trivelli, rent., Modène.
M. Joly, épicier, Lyon.
M. Beiher, banquier, Lyon.
M. Goni, entrepreneur, Alais.

Maison Fezay
M. Pradier, prop., Labastide-de-Virac.
Mme Pradier, Labastide-de-Virac.
Mme veuve Puech, r., Pont-St-Esprit (une femme de chambre).
Mme Sœur Régis, Loriol.

Hôtel du Nord
M. Alquier, rent., Fleury.
Mme Alquier, rent., Fleury.
M. Ducros, nég., Vienne.
M. Collas, nég., Vienne.
M. Allignol, nég., Lyon.
Mlle Castan, rent., Nîmes.
Mlle Castan, rent., Nîmes.
Mme Almas, rent., Sommières.
M. Lambert, voyageur, Valence.
M. Toureille, n., St-Hippolyte-du-Fort.
M. Blanc, n., St-Hippolyte-du-Fort.

NOMS, QUALITÉS, DOMICILES, LOGEMENTS	NOMS, QUALITÉS, DOMICILES, LOGEMENTS

Grand Hotel de Lyon
M. Vigouroux, nég., Nîmes.
Mme Vigouroux, Nîmes.
M. Pape, nég., Avignon.
M. Sugier, rent., St-Paul-le-Jeune.

Maison Veuve Lagarde
M. Jeannon, emp. du Ch. de f., Jonquières.
Mme Jeannon, Jonquières.
Mlle Jeannon, Jonquières.

Maison Régis Combe
Mme Rath, rent., Alais.
M. Cazet, nég., Ganges.
M. Coulomb, chef de bureau à la préfecture, Nîmes.
Mme Coulomb, Nîmes.
Mme Sugiet, rent., St-Florent.
Mme Louis Fleurison, rent., Avignon.
M. Roux, rent., Nîmes.
Mme Roux, rent., Nîmes.
M. Bertrand, employé, Bessèges.
M. Reboul, employé, Alais.

Maison Victor Martin
M. Mathieu, comptable, Nîmes.
M. Mathieu, étudiant, Codognan.

Café de la Favorite
M. Vigouroux, rent., Nîmes.
Mme Vigouroux, rent., Nîmes.
M. Michel, rent., Lunel.
Mme Michel, rent., Lunel.

Villa de Bernardy
Mme Domergue, prop., Meyranne.
Mme Aubert, prop., Avignon.
M. Perrache, prop., Moulins.
Mme Perrache, Moulins.
Mlle Perrache, Moulins.
(une femme de chambre).

Hotel des Colonies
M. le docteur L'Hermier des Plantes (père), Directeur de l'Institut homéopathique de Lyon.
Mme Vve Barthélemy, prop., Sablet.
M. Bayle, prop., Aiguemorte.

Hotel de France
M. Bastide, rent., Bagnols.
M. Tarbouriech, rent., Nîmes.
M. Lacroix, rent., Pradelles.
M. Privat, rent., Bessèges.

Restaurant Chalabreysse
Mme Vve Coulon, rent., Grand'Combe.
Mme Cannes, rent., Grand'Combe.
M. Debroas, apprêteur, Lyon.
M. Blaise, empl. St-Paul-trois-Château.
M. Privat Garilhe, notaire, Gravières.

Villa Mathon fils
Mlle Angleviel, rent., Le Vigan.
Mme Angleviel, rent., Le Vigan.
Mme Farmantal, rent., Alais.
Mme Domergue, rent., Alais.

Restaurant Séroul
Mme Sarget, nég., St-Etienn.
Mlle Sarget, nég., St-Etienne.

Maison Suchon
M. Théron, représent. de com. Nîmes.
Mme Vidal, prop., Nîmes.
Mme Roux, rent., Nîmes.
Mme Marinet, prop., Nîmes.
Mlle Marinet, rent., Nîmes.
Mme Baude, nég., Nîmes.
M. Sarle, rent., Mercurol.
M. Jocobin, prop., Oran.
M. Jacobin, rent., Oran.
M. Marmés, empl. Nîmes.

Maison Peyrouse
M. Bégot, nég., La-Roche-de-Glun.
Mme Bégot, nég., La-Roche-de-Glun.
M. Rochegude, nég., La-Roche-de-Glun.
Mlle Seroy, rent., La-Roche-de-Glun.
M. Bonnafoux, nég., La-Roche-de-Glun.
M. Bousige, commis, La-Roche-de-Glun.

Maison Casimir Croze
M. Janets, percepteur, Sérignan.
Mlle Janets, rent., Sérignan.
M. Castanier, rent., Nîmes.
M. Castanier, rent., Nîmes.
M. Durand, rent., Uchaud.
Mme Durand, rent., Uchaud.

Maison Giraud
Mme Guilhot, rent., Valence.
Mlle Guilhot, Valence.
M. Guilhot, Valence.
(une femme de chambre).
M. Jac, nég., Narbonne.
M. Deleuze, juge de paix, Viviers.
Mme Deleuze, Viviers.

Villa Délubac
M. Penel, nég., St-Etienne.
Mme Penel, St-Etienne.
M. Penel Aimé, St-Etienne.
M. Penel St-Ange, St-Etienne.
M. Langlois, rent., Nice.
Mme Langlois, rent., Nice.
M. Pirmin, cocher, Nice.
M. Magnanon, rent., Valence.
Mme Magnanon, Valence.

Villa Bard
M. Delfieu, prof. de télégraphie, Nîmes.
Mme Delfieu, Nîmes.
M. Issarte, coiffeur, Alais.

Villa veuve Ladet
Mme veuve Faure, r., Chalons-s-Saône.
Mme Aguettant, rent., Lyon.
M. Tourniveire, rent., Sommières.
M. Barafort, industriel, Montpellier.
Mme Barafort, Montpellier.
Mme Mazaurie, rent., Montpellier.
Mme Vve Fournel, prop., Marseille.

NOMS, QUALITÉS, DOMICILES, LOGEMENTS	NOMS, QUALITÉS, DOMICILES, LOGEMENTS
Villa Ernest Mouline	M. Laurent, prop., St-Sorlin.
M. le docteur Lauzet, Marseille.	M. Andrevet, prop., Bourg-de-Péage.
Mme Lauzet, rent., Marseille.	M. Vial, prop., St-Sorlin.
Villa Eugène Mouline	M. Serve, rent., Annonay.
M. Abric, juge de paix, Avignon.	M. Robert, rent., Charmes.
Mme Abric, Avignon.	Mme Robert, Charmes.
Maison Robert	**Hôtel de Marseille**
M. Salles, ind. de toile, Fagarol.	M. Dupuy, md. de chaux, Lézignan.
M. Virons, nég., Nîmes.	M. Rigaud, limonadier, Carcassonne.
Hôtel Robert	M. Duboucher, serrurier, Alais.
M. Rogier, expert-géom., Largentière.	

BONBONS DIGESTIFS CASIMIR CROZE

Vous n'aurez plus de mauvaises digestions, si vous sucez les véritables **Bonbons digestifs Casimir Croze, aux sels extraits des eaux minérales de l'Établissement de Vals**; agréables à la bouche; ils fondent de suite, et l'air que l'on respire agit aussitôt sur les poumons; les vapeurs bienfaisantes des sels qui sont employés arrêtent immédiatement la toux. Présentés sous forme de Dragées, avec inscription : Cir CROZE, et au verso : VALS, rien ne peut leur être comparé. Les Bonbons digestifs Casimir Croze sont les seuls qui se fabriquent à Vals. — Se méfier des nombreuses imitations ; exiger la signature de Casimir CROZE & Cie sur chaque boite.

Vente dans ses magasins, Grande-Rue de Vals, en face de la passerelle, et à l'avenue Farincourt, maison Migno.

CAFÉ-RESTAURANT DES BAINS

Chambres meublées très confortables	**Avenue Farincourt** *En face de l'Établissement thermal*	Service à la Carte Célérité

MENU
du Dimanche 19 Juillet 1885

Potage printanier
Beurre, Jambon, Thon
Tripes à la mode de Caen
Pieds de mouton poulette
Filet maître-d'hôtel
Canetons aux olives
Légumes frais
Poulet de grain
Poissons de mer
Écrevisses. — Glace
Pêches, Abricots, Poires

**VINS DES PREMIERS CRUS
SOUPER FROID A LA SORTIE DU CASINO**

VÉRITABLES PASTILLES DE VALS
AUX SELS NATURELS
de l'Établissement de CASIMIR CROZE, situé à
VALS-LES-BAINS (Ardèche)

Les véritables Pastilles de l'Établissement de Casimir Croze sont préparées, à Vals, avec les sels minéraux extraits des Sources; elles sont employées journellement pour combattre les affections des voies digestives, telles que : digestion lente, Dyspepsie, gastralgie, vomissements, aigreurs, etc.

D'un goût très agréable et digérées par les estomacs les plus délicats, elles sont recommandées et même nécessaires aux estomacs affaiblis, qui retrouvent, par leur usage, une grande puissance digestive.

La dose recommandée par les sommités médicales est de 8 à 12 Pastilles par jour.

Exiger sur chaque boîte le nom du seul et unique préparateur à Vals-les-Bains

CASIMIR CROZE & Cie

VILLA DU COTEAU

LOUIS PETIT, PROPRIÉTAIRE

Appartements de premier ordre, séparés, pour Familles
BELLE SITUATION
VUE SPLENDIDE — TERRASSES OMBRAGÉES

VILLA ERNEST MOULINE
Sur le Boulevard

APPARTEMENTS POUR FAMILLES
Jardin, Terrasse

DANS LA VILLA SE TROUVE :

LA SOURCE GAULOISE
Eau minérale naturelle

La Source **Gauloise**, très gazeuse, ne troublant ni le vin, ni aucune autre liqueur, forme une Eau de table excellente.

A LA BOTTE SANS COUTURE

VICTORIN BRUN

Maison Hôtel de la Poste

Grande-Rue et place Saint-Jean — VALS-LES-BAINS

GRAND ASSORTIMENT DE CHAUSSURES
CHAUSSURES SUR COMMANDE
SPÉCIALITÉ DE CHAUSSURES CONFECTIONNÉES
RÉPARATIONS EN TOUS GENRES
— PRIX TRÈS MODÉRÉS —

CROZE Arsène

A VALS-LES-BAINS (LE PONT)

VINS ORDINAIRES & VINS FINS
GARANTIS PURS DE TOUT MÉLANGE
Récoltés chez le propriétaire et provenant uniquement du raisin

EAU-DE-VIE & RHUM

PRIX TRÈS MODÉRÉS

BRESSON
Entrepreneur

Place Saint-Jean, — à Vals-les-Bains

MAISON GARNIE — MEUBLÉE A NEUF
Située au centre de VALS

Cuisine à la disposition de Messieurs les Baigneurs

TERRASSE

PRIX MODÉRÉS

AUTORISATION DE L'ÉTAT

VALS AU COMPLET

SOURCE DES PRINCES

Eau de Table, surnommée la Délicate, par M. le Docteur Bonnal.

Recommandée dans toutes les affections des voies digestives : dyspepsie, gastralgie, gastrite, etc.

SOURCE PRÉFÉRÉE, MOYENNE

Employée avec le plus grand succès, dans toutes les affections biliaires et de la vessie, elle rend surtout de grands services dans la goutte, les rhumatismes, les fièvres intermittentes des pays chauds et les épidémies cholériques.

SOURCE DUCHESSE, FORTE

Souveraine dans l'anémie, chlorose, appareil sexuel, elle agit très efficacement dans les cas où, à cause de leur minéralisation plus faible, les eaux bicarbonatées sodiques demeurent impuissantes.

N.-B. — Les eaux minérales de ces sources, situées au centre du bassin des Eaux, sont d'une conservation parfaite et peuvent supporter les plus longs voyages.

Pour les demandes, s'adresser à M. PEYROUSE AÎNÉ, *prop., à Vals.*

ANALYSES	DES PRINCES	PRÉFÉRÉE	DUCHESSE
Acide carbonique libre	1.5590	1.3910	1.4510
Bicarbonate de soude	1.8700	4.2820	7.1370
— de potasse	0.0373	0.1360	0.1430
— de chaux	0.0500	0.2000	0.2110
— de magnésie	0.0470	0.1150	0.1180
— de lithine	traces	0.0157	0.0059
Chlorure de sodium	0.0288	0.1630	0.1710
— de potassium	0.0305	traces	traces
Sulfate de soude	0.2326	0.0350	0.0360
— de potasse	0.0387	indices	indices
Silice	0.0550	0.0670	0.0720
Alumine	indices	0.0031	0.0035
Oxyde de fer	0.0140	0.0125	0.0015
TOTAUX	2.4239	5.0293	9.3499

VILLA VEUVE LADET

Maison Meublée à neuf

APPARTEMENTS POUR FAMILLES

Une des mieux situées de Vals

EN FACE DU GRAND CASINO

Terrasse sur le devant ainsi que sur le derrière.

On FAIT LA CUISINE

Casimir Croze

CHAMBRES MEUBLÉES

ET CUISINE POUR FAMILLE

AU CENTRE DE VALS

Villa Casimir Croze

JARDINS -- BEAUX OMBRAGES

Chambres garnies & Appartements pour familles

ANCIEN HOTEL DU PARC

TENU PAR

CHALABREYSSE

Grand'Rue, près la Passerelle

A VALS - LES - BAINS (ARDÈCHE)

RESTAURANT — PENSION — CHAMBRES GARNIES

— *PRIX TRÈS MODÉRÉS* —

GRAND CAFÉ DE VALS
ET
GRAND CERCLE DES BAIGNEURS

Tenus par

Mme BOULLE

AU CENTRE DES GRANDS HOTELS

TERRASSES MAGNIFIQUES

Au-dessus du Cercle et devant le Café

FRAIS OMBRAGES

CONSOMMATIONS DE PREMIER CHOIX

BIÈRE DE LYON & DE RUOMS

Salle de lecture — Journaux du jour

Abonnements pour la saison

— DICTIONNAIRE BOTTIN —

Cet Etablissement se recommande à sa nombreuse clientèle

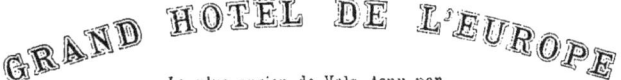

Le plus ancien de Vals, tenu par

M. ET Mme BOUZIGE

à VALS-LES-BAINS (Ardèche)

TABLE D'HOTE — SERVICE PARTICULIER — JARDIN

Parc & Jardin attenant a l'Hôtel

Voiture dans l'hôtel à la disposition de MM. les Baigneurs

OMNIBUS DE L'HOTEL A TOUS LES TRAINS

SOCIETE GENERALE
des Produits aux sels extraits des Eaux Minérales
DE VALS-LES-BAINS & DU VIVARAIS

Médaille d'or — Expos. Intern. de Nice
1883-1884
Médaille d'argent Conc. rég. d'Aubenas — 1882
Médaille de bronze Exposition de Blois — 1883
1885
Grand diplôme d'honneur et Médaille d'or exposition de Lyon

COMMISSION — EXPORTATION

USINE MODERNE A VAPEUR
FABRIQUE DE CHOCOLAT & DE PRODUITS AUX SELS DE VALS
MARRONS GLACÉS DU VIVARAIS

CASIMIR CROZE & Cie
VALS - LES - BAINS (Ardèche)

Bonbons digestifs Casimir Croze, dits Caramels ou Sucre d'Orge, aux sels extraits des Eaux minérales de Vals. Prix de la boîte, franco par la poste, 1 fr. 50.

Pastilles bicarbonatées et ferrugineuses, aux sels extraits des Eaux minérales de Vals. Par boîtes de 50 c.: 1, 2 et 3 francs; en vrac, 5 francs le kilo.

Pralines Vivaraises, toniques et ferrugineuses. Prix de la boîte : 2 francs; 30 centimes en plus par la poste.

Chocolat digestif et ferrugineux, en livre, croquette, napolitain, pastilles, chocolat ferrugineux, qualité spéciale. Prix de la boîte : 1 fr. 50 ; 20 centimes en plus par la poste.

Nougat et Nougatine, fabrication spéciale, avec pistache, vanille et au miel du Vivarais.

Bonbons d'agrément, dits Berlingots de Vals, aux parfums menthe, citron, vanille, café, etc.

Pour avoir les véritables produits de CASIMIR CROZE, s'adresser dans ses magasins, situés : Grand-Rue de Vals et avenue Farincourt, maison Migno.

Il n'y a qu'un seul établissement, à Vals-les-Bains, où se fabriquent les produits aux sels naturels, extraits des eaux minérales ; Messieurs CASIMIR CROZE et Cie ne confient pas la fabrication de leurs spécialités à des usines éloignées de Vals, et dont, par suite, ils ne pourraient surveiller les procédés.

Fabriquant eux-mêmes, MM. CROZE et Cie sont les seuls qui puissent garantir la sincérité de leurs produits.

Toute personne peut, du reste, visiter les ateliers qui se trouvent à Vals-les-Bains, au-dessus de la manutention de la Société Générale des eaux minérales.

Dépôt. — Chez M. MAZAUDIER, confiseur, Maison Carrée, à AUBENAS.

VOITURES A VOLONTE

LANDAU, PANIER, MYLORD, VICTORIA, &c.

CHEVAUX DE SELLE

Longs Voyages — Confortable — Célérité

François HUGON

Vals-les-Bains. — Hôtel Robert. — Vals-les-Bains.

A l'honneur de prévenir Messieurs les Étrangers et Baigneurs qu'il se met à leur disposition pour faire des excursions en montagne, passant par Antraigues, Laviolle, Mézilhac, Lachamp-Raphaël, le Gerbier de Joncs, le Mézenc, les ruines du couvent de Bonnefoi, Sainte-Eulalie, Le Béage, la forêt et l'abbaye de Mazan, le lac d'Issarlès, le lac Ferrand (près la forêt de Bauzon), la Côte de Mayres, La Chavade, Lanarce, Peyrabeille, le lac du Bouchet (près Costaros), les ruines du château de Polignac (près Le Puy), les ruines du château de La Roche-Lambert; passant par Langogne, Labastide, Notre-Dame-des-Neiges, Villefort, Les Vans, Joyeuse, les grottes de Vallon, le pont d'Arc; le château de Boulogne, le château de Ventadour, celui de Pourcherolles, le cratère de Thueyts, l'Echelle-du-Roi, la Gueule-d'Enfer, Neyrac, Jaujac, les ruines du château de Clamouse, le volcan de Jaujac.

RETOUR A VALS

VOITURES A VOLONTÉ

Break — Landau — Phaëton
Pour Courses, Promenades et Excursions

 DONAS

Demeurant toute l'année à Vals-les-Bains

Remises : Maison Régis
En face l'Hôtel des Colonies, à côté du Temple.

PRIX MODÉRÉS

Auguste FEZAY

CHAMBRES MEUBLÉES

Au centre de Vals

QUINCAILLERIE - MERCERIE

ARTICLES DE PÊCHE

Chambres Garnies

Victor SUCHON
Propriétaire
VALS-LES-BAINS

ON FAIT LA CUISINE

APPARTEMENTS INDÉPENDANTS POUR FAMILLES
Complètement Meublés à Neuf

GRAND CAFÉ EUROPÉEN

ANCIEN CAFÉ DE L'EUROPE

Réparé & Meublé à neuf

Tenu par Alphonse CROS

Au centre de VALS, donnant sur la place St-Jean

CONSOMMATIONS DE PREMIER CHOIX
Bière de Lyon, de Ruoms. — Glace.

BOTTIN

CHAMBRES GARNIES INDÉPENDANTES

VALS-LES-BAINS

GRAND HOTEL DU LOUVRE

TENU PAR

LÉON BAYLON

Propriétaire

— Cet Hôtel vient de s'agrandir d'une magnifique ANNEXE —

VASTE SALLE A MANGER & SALON DE COMPAGNIE

TABLE D'HOTE --- SERVICE PARTICULIER

BELLE SALLE D'OMBRAGE ATTENANTE A L'HOTEL

Voitures à la disposition de Messieurs les Baigneurs

OMNIBUS DE L'HOTEL A TOUS LES TRAINS

PENSION, 2 REPAS PAR JOUR

Chambre et Service compris

HOTEL DU LOUVRE		ANNEXE	
1er Étage........	7 fr. 50	1er Étage	9 fr.
2me Étage	7 fr. »	2me Étage.........	8 fr.

Service irréprochable

CASINO DE VALS-LES-BAINS

Cet Établissement composé de la Salle de Spectacle, de la Salle de Café (désignée sous le nom de *Café de Paris*) et du *Cercle des Étrangers*, vient de subir, sous la nouvelle Direction, diverses transformations et aménagements qui seront appréciés par MM. les Baigneurs.

Le *Théâtre d'Été*, transformé en une belle et vaste Salle verte, sera abrité de l'humidité des soirées. Du premier au cinq juillet, débutera la Troupe de concerts, comédies, vaudevilles et opérettes. Les artistes qui en font partie ont été choisis parmi les étoiles des grands établissements de Paris. Les affiches du jour donneront le tableau de la troupe et du répertoire qu'elle interprètera.

CAFE DU CASINO
OU CAFÉ DE PARIS

Ouvert depuis le 20 juin, aura dès le 1er juillet un service régulier de dépêches qui seront, dès leur arrivée, affichées dans la salle publique.

GRAND CERCLE DES ÉTRANGERS
ENTIÈREMENT RECONSTITUÉ

Offrira à MM. les Baigneurs tous les moyens de distraction qu'offrent les établissements similaires :

Salles de lecture, de conversation, de billards et jeux divers.

HOTEL DE FRANCE

Tenu par

M. & Mme MIRECOURT

VALS-LES-BAINS

MAISON ADMIRABLEMENT SITUÉE

Au centre de la Ville

EN FACE DE BEAUX PARCS ET JARDINS D'AGRÉMENT

Se recommande par sa bonne Cuisine bourgeoise

tous les jours variée

CONFORTABLE — PROPRETÉ

PRIX MODÉRÉS

VILLA MATHON, FILS

Maison Meublée à neuf

La mieux située de VALS, au centre du Quartier des Eaux

EN FACE DE L'ÉTABLISSEMENT THERMAL

FRAIS OMBRAGES

APPARTEMENTS POUR FAMILLES

CONFORTABLE & PROPRETÉ

PRIX MODÉRÉS

IMPRIMERIE COMMERCIALE

Industrielle et Administrative

de

Mme A. ROBERT

Imprimeur breveté

Faubourg L. Gambetta, en face les Postes & Télégraphes

A AUBENAS, ARDÈCHE

ANCIEN HOTEL DE LA POSTE
A VALS - LES - BAINS

Cet Hôtel, complètement remis à neuf, est aujourd'hui transformé en Appartements pour Familles et Chambres Garnies.

Terrasse et Jardin sur le derrière

ÉCURIE — REMISE — EAU — GAZ

Les Propriétaires exploiteront eux-mêmes pendant cette saison, après laquelle ils sont disposés à VENDRE ou à LOUER, soit comme Hôtel, soit comme Maison Garnie.

S'adresser aux Propriétaires de l'Hôtel de la Poste,
— A VALS - LES - BAINS —

A VENDRE

Emplacements avec Source Minérale, la meilleure des eaux de table, au plus beau quartier de la Station.

Grandes facilités de paiement.

S'adresser à M. Gaston GIRAUD, négociant à Vals-les-Bains.

G^d HOTEL du NORD
Au centre de la ville
A VALS-LES-BAINS

 **TENU PAR VERNET**

Réparé et Meublé à neuf. Vue splendide

TABLE D'HOTE
DINERS PARTICULIERS
ON PORTE EN VILLE

ÉCURIE & REMISE

DÉPART DE TOUTES LES VOITURES

Dictionnaire Bottin

SOURCE DU BOSC
Eau minérale naturelle
de VALS (Ardèche)

Approuvée par l'Académie de médecine.
Autorisée par l'État.

La source du BOSC, très gazeuse, est une excellente eau de table. — Elle est souveraine dans les maladies de l'estomac et des intestins, du foie, de la rate, des reins et de la vessie.
Elle combat efficacement les coliques hépatiques et néphrétiques, la gravelle, la goutte, le diabète et le rhumatisme.
S'adresser à M. Paul LAGARDE, *propriétaire de la source du Bosc, ou à* M. CHAULET, *café de la Favorite, quartier des Eaux.*

M. E. CHAMPETIER
Pharmacien-Chimiste, près le Pont-de-Fer

est le seul préparateur depuis 20 ans, des

SOUS PRODUITS DE VALS

Tels que : **Pastilles** et **Bonbons Digestifs,**
aux Sels de Vals
Sels naturels, pour bains et boissons artificielles, de VALS.

AINSI QUE DE
L'ARNICA DES CÉVENNES

Contre Plaies, Blessures, Contusions, Entorses, Foulures, etc., etc.

Se méfier des produits similaires, qui ne sont que des imitations

---

LABORATOIRE D'ANALYSES DIVERSES

LES SOURCES
LA REINE & 3 ETOILES
Débitant 3.000.000 de bouteilles

Sont la propriété exclusive de M. E. CHAMPETIER.

S'adresser à la pharmacie pour achats d'eau et renseignements.

Le Gérant,

VALS-LES-BAINS

SAISON DE 1885

du 15 Mai au 1er Octobre

Liste Officielle

DES ÉTRANGERS

Publiée par M. SERRE, secrétaire de la Mairie

L'éditeur de cette liste est seul autorisé à publier la *Liste officielle*.

PRIX : 10 CENTIMES

AUBENAS

IMPRIMERIE BREVETÉE DE Mme A. ROBERT

Maison non Recommandée

GRAND CAFÉ DE LA FAVORITE

TENU PAR A. CHAULET

Avenue Farincourt

A VALS-LES-BAINS (Ardèche)

CONSOMMATIONS DE 1er CHOIX

Salle de Billard,	Chambres Garnies
Grandes Terrasses,	confortables,
Vue splendide.	meublées à neuf.

Au centre de la Station thermale et des principaux hôtels.

VALS-LES-BAINS

GRAND HOTEL DE LYON

ÉTABLISSEMENT DE 1er ORDRE

Avenue Farincourt, au centre de la Station thermale,
limitant le Grand Établissement des Bains.

TENU PAR

Mme Vve LOUIS PEYROUSE

PROPRIÉTAIRE DE L'HOTEL

TABLE D'HOTE — SERVICE A LA CARTE

Cet Établissement se recommande à Messieurs les Baigneurs par son
grand Confortable et son Service irrréprochable.

A LOUER

PENDANT LA SAISON

en tout ou en partie

1 REMISE & ÉCURIE

SITUÉE AU PONT DE VALS

S'adresser à M. LACROTTE Arsène, *Café National*, à Vals.

N° 10

LISTE OFFICIELLE DES ÉTRANGERS

Arrivés à VALS-LES-BAINS du 18 au 22 Juillet 1885

NOMS, QUALITÉS, DOMICILES, LOGEMENTS	NOMS, QUALITÉS, DOMICILES, LOGEMENTS

Grand Hôtel du Louvre

M. Allègre, prop., Ganges.
M. Allègre, prop., Ganges.
M. Dumas, prop., Pont-St-Esprit.
M. Villesèche, nég., Alais.
Mme Boulet, rent., Sommières.
M. l'abbé Conrozier, Mèze.
M. Salager Edmond, Mèze.
M. Pairache, nég., Ganges.
Mme Gaillaud, rent., Marseille.
M. Gaillaud, rent., Marseille.

Grand Hôtel Durand

M. Marcellin, rent., Marseille.
M. Peylaud, nég., Avignon.
Mme Peylaud, nég., Avignon.
M. le Frè Agathonique, St-Genis-Laval.

Grand Hôtel des Bains

Mme Morellet, rent., Privas.
M. Morellet fils, Privas
    (une femme de chambre).
M. Colomer, direct. des contributions diractes, Avignon.
M. Gonteron, rent., Montélimar.
Mme Gonteron, rent., Montélimar.

Grand Hôtel de l'Europe

M. Béthouart, rent., Chartres.
Mme Béthouart, rent., Chartres.
M. E. Béthouart, receveur des finances, Abbeville.
M. Blain, ancien magistrat, Abbeville.
M. Barrué, colonel, Monteux.
Mme Dayme, rent., Montélimar.
Mlle Dayme, rent., Montélimar.
M. Giorgi, rent., Grenoble.
M. Tavan, rent., Montélimar.

Mlle Tavan, rent., Montélimar.
M. Sardou, rent., Pas-des-Lanciers.
M. Sardou, rent., Pas-des-Lanciers.
M. Claron, rent., Lyon.
Mme Claron, rent., Lyon.
M. Coste, rent., St-Julien.
M. Tavan, rent., Montélimar.
Mme Tavan, rent., Montélimar.
Mme Brossy, rent., Condrieu.
M. Brossy, rent., Condrieu
    (une femme de chambre).
M. Brunet, rent., Valence.
Mme Brunet, rent., Valence.
M. Peyradier, nég., Avignon.
M. Vicario, rent., Nice.
Mme Vicario, rent., Nice.
M. Bourrilla, rent., Montpellier.
Mme Bourrilla, rent., Montpellier.
M. Martin de Calameau, rent., Bourg-Saint-Andéol.
Mme Martin de Calameau, rent., Bourg-Saint-Andéol.
M. Martin de Calameau, rent., Bourg-Saint-Andéol.
M. Romestan, nég., Bessèges.

Hôtel de Paris

M. de Lisleroy, juge au tribunal de Largentière.
Mme Rimet, rent., Bourg-du-Péage.
M. Rimet, rent., Bourg-du-Péage.
M. Eyraud, empl. de commerce, Lyon.
Mme Eyraud, rent., Lyon.
M. Eyraud Auguste, Lyon.
M. Huguet, nég., Bernis.
Mme Huguet, nég., Bernis.
M. de St-Priest d'Urgel, r., Avignon.
Mme de St-Priest d'Urgel, r., Avignon.
M. de St-Priest d'Urgel fils, Avignon
    (une femme de chambre).
M. Barneron, rent., Valence.
Mme Barneron, rent., Valence.
Mlle Barneron, rent., Valence.
M. Barneron, rent., Valence.
M. Toulouse, nég., Joyeuse.

NOMS, QUALITÉS, DOMICILES, LOGEMENTS	NOMS, QUALITÉS, DOMICILES, LOGEMENTS

Mme Toulouse, nég., Joyeuse.
M. Jalès, percepteur, Montpezat.
Mme Jalès, rent., Montpezat.
M. Jalès, rent., Montpezat.
M. Jules Jalès, Montpezat.
M. Dupoux, nég., Valence.
M. Goubet, nég., Saint-Saturnin.
Mme Goubet, nég., Saint-Saturnin.
Mme Vialle de Soleyrol, r., Bessèges.
Mlle Vialle de Soleyrol, rent., Bessèges.
M. Bertrand de Turm, r., Dieu-le-Fit.

Café Deschandol, *Hôtel de Marseille*

Mme Dumonteil, rent., Nimes.
M. Chevalier, nég., les Vans.
M. Hérand, nég., Saint-Etienne.

Grand Hôtel de Lyon

M. Arnaud, nég.-distillateur, Valence.
M. Fourmon, rent., Pernes.
Mme Fourmon, rent., Pernes.
M. Fourmon fils, Pernes.
Mme Baculard, rent., Pernes.
Mme Ganiaires, rent., Annonay.
M. Ganiaires fils, rent., Annonay.
M. Durieux, nég., Marseille.

Grand Hôtel des Délicieuses

M. Vallot, nég., Carpentras.
Mme Vallot, nég., Carpentras.
M. Texier, dentiste, Annonay.
M. Guérin fils, rent., Sommières.
M. Rambaud, rent., Bagnols.
Mme Richer, rent., Bessèges.
M. Aubert, rent., Bagnols.
M. l'abbé Jonjon, Méjeanne-les-Alais.
M. Dumas, machiniste, Grand'Combe.
Mme Rédarès, rent., Sommières.
M. Isnard, docteur, Avignon.

Hôtel Robert

M. Cartou, nég., Valence.
M. Prat, nég., Valence.
M. Ponlat, rent., Grenoble.
Mme Ponlat, rent., Grenoble.

Restaurant Chalabreysse

M. Liouzon, Instituteur, Broussas.
Mme Durand, rent., Chomérac.
Mlle Fuzier, rent., Chomérac.
M. Sugier, rent., Saint-Ambroix.
Mme Chaba, rent., Peyraud.

Hôtel du Nord

M. Baceille, nég., Constantine.
M. Teissier, voyageur com., les Vans.
Mme Teissier, rent., les Vans.
M. Teissier fils, voy. com., les Vans.
M. Lebrat, prop., Valvignères.
M. Javol, rent., Ganges.
M. Blanc, nég., en vins, Châteauneuf.
M. Panzi, nég., Montélimar.
M. Delubac, nég., Nimes.
M. Millaud, nég., Alais.
Mme Millaud, rent., Alais.
M. Millaud, rent., Alais.
M. Revol, Représ. de commerce, Tain.
M. Massip, nég., Sauves.
M. Cannel, prop., Lapalud.
M. Cornet, rent., Paris.
Mme Cornet, rent., Paris.
Mlle Cornet, rent., le Teil.
M. Cler, voyageur, St-Etienne.
M. Vidal, rent., St-Ambroix.
Mme Vidal, rent., St-Ambroix.
Mme Combaluzier, nég., Viviers.
Mme Coiraton, nég., Privas.

Hôtel des Colonies

Mme Lafont, rent., Vinasson.
M. l'abbé Roque, Toulouse.
M. Teste nég., Congeniès.
Mme Teste, nég., Congeniès.

Maison Pommier

M. Roux, nég., Nimes.
Mme Roux, Nimes.
M. Roux fils, Nimes.
Mlle Roux, Nimes
(deux bonnes).

NOMS, QUALITÉS, DOMICILES, LOGEMENTS	NOMS, QUALITÉS, DOMICILES, LOGEMENTS

Hôtel de France

M. Brosse, rent., Bagnols.

Maison Bresson

M. Malzac, commis ch. de f. St-Bauzelly.
Mme Malzac, rent., St.-Bauzelly.

Maison Suchon

Mme Veuve Rance, prop., Nimes.
Mlle Cancel, rent., Nimes.
Mlle Sallel, prop., Marseille.
M. Gilibert, rent., L'Isle-s.-Sorgues.
Mme Gilibert, L'Isle-s.-Sorgues.
M. Chevalier cont.-maitre, Montpellier.
Mme Louise Riche, rent., Montpellier.
M. Nogier, marchand de bois, St-Léger, Gard.
M. Melon, employé, Quissac.

Villa Gaucherand

M. Dayriès Félix, avocat, Agen.
Mme Dayriès, Agen.

Villa de Bernardy

M. Sulpice Lapasse, méd.-v., Romans.
M. Périer, prop., Bessèges.
Mme Périer, prop., Bessèges.
Mme Arnoux, rent., Bessèges.
M. Arnoux, prop., Bessèges.
Mme Bertrand, rent., Sévignargue.

Villa des Prades

M. Rouveyrol, rent., Alais,
Mme Rouveyrol, rent., Alais.

Villa Ernest Mouline

M. Laracine fils, nég., Nimes.

Villa Vincent

M. Fromental, rent., Vauvert.
M. Mouret, prop., Aigues-Mortes.
M. Barbe, rent., Marcols.
M. Barthélemy, rent., Alais.
Mme Barthélemy, rent., Alais.
Mlle Barthélemy, rent., Alais.
Mme veuve Smit, rent., Alais.

Maison Robert

M. Benoit, prop., Chandolas.
M. Vidil, prop., Montarent (Gard).
Mme Vidil, prop., Montarent (Gard).

Maison Casimir Croze

M. Cammelerai, nég., Alger.
M. Combaluzier, rent., Viviers.
M. Tailhand, rent.
M. Clair, rent., Vernon.
M. Baptiste Marr, Clermont.
M. Corneillon, rent., Paris.
Mme Corneillon, rent., Paris.
Mme Cornet, rent., le Teil.

Maison Peyrouse

M. Clauzel, St-Jean-de-Nusières.
M. Pascal, employé, Quissac.
M. Chaurand, prop., Chassagnes.
Mme Chaurand, Chassagnes.
Mlle Chaurand, Chassagnes.
Mme Combaluzier, rent., Navaselle.

Maison Poultier

Mme Nicolas, rent., Nimes.
Mme Allègre, rent., Chambonas.
M. Broche, rent., Bagnols.

Maison Martin Victor

M. Dumas Barry, nég., Nimes.
Mme Dumas Barry, Nimes.
Mme Pignan, nég., Codognan.

NOMS, QUALITÉS, DOMICILES, LOGEMENTS

Maison Veuve Cros

M. Paliers, rent., Montpellier.
M. Perret, rent., St-Rambert.
M. Guillaumont, prop., Sauveterre.
M. Perrier, coupeur, Nimes.
M. Troullier, prop., Roche-de-Glun.
Mme Vve Blache, p., Roche-de-Glun.
Mme Valat, nég., Vezenobres.
Mlle Valat, Vezenobres.

Maison Fezay

M. Courtial, empl. chem. de fer, Arles.
M. Dupuy, empl. aux mines, Chamborigaud.
Mme Dupuy, rent., Chamborigaud.
M. Leyraud, nég., Vaison.
Mme Leyraud, Vaison.

Maison Giraud

M. Guilhot, conducteur des Ponts et Chaussées, Valence.

Maison Régis Combe

M. Castagner, rent., Bessèges.
M. Polze, rent., Bessèges.
M. Dumas, rent., Rivière.
M. Delaygue, employé, Bessèges.

Maison Veuve Lagarde

M. Reghem, employé au gaz, Nimes.
Mlle Reghem, couturière, Nimes.

Maison Philippe Nogier

M. Fages, boulanger, La Grand'Combe.
Mlle Fages Julie, La Grand'Combe.
M. Fages Jules, La Grand'Combe.
Mlle Fages Elise, La Grand'Combe.
M. Teyssèire, nég., au Bouchet, Drôme.
M. Dolympe, prop., Vagnas.

NOMS, QUALITÉS, DOMICILES, LOGEMENTS

M. Chandèze, prop., Clermont-Ferrant.
M. Accueillé, prop., Clermont-Ferrant.

Villa Delubac

M. Magnanon, docteur, Valence.
Mme Magnanon, rent., Valence.
M. Dutour, rent., Montélimar.
M. Dauberte, prop., Ste-Colombe.
M. Grandmaison, sculpteur, Marseille.
M. Boissant, employé, Tamarix.
Mme Boissant, rent., Tamarix.

Villa du Côteau, *maison Petit*

M. Bouzanquet, ancien nég., Vauvert.
(une femme de chambre)
M. Marchand, prop., Aiguemortes.
Mme Marchand, prop., Aiguemortes.
M. Pape, prop., au Thor, Vaucluse.
M. Fournier, nég., Salon.
Mme Vve Labauré, rent., Avignon.

Villa du Boulevard, maison Abrial

Mme Pécheral, rent., Nimes.
M. Pécheral, rent., Nimes.
Mme Blanchet, rent., Alais.
M. Blanchet, rent., Alais.

Villa Veuve Mathon

Mme Dehonges, rent., Orange.
Mlle Dehonges, rent., Orange
(une femme de chambre).
M. Pélaquié, rent., St-Victor-Lacoste.
Mme Pélaquié, rent., St-Victor-Lacoste.
Mlle Pélaquié, rent., St-Victor-Lacoste.

Chalet Martin

M. Marchand, rent., Aigues-Mortes.
M. Delhomme, peintre, Aigues-Mortes.

BONBONS DIGESTIFS CASIMIR CROZE

Vous n'aurez plus de mauvaises digestions, si vous sucez les véritables **Bonbons digestifs Casimir Croze, aux sels extraits des eaux minérales de l'Établissement de Vals**; agréables à la bouche; ils fondent de suite, et l'air que l'on respire agit aussitôt sur les poumons; les vapeurs bienfaisantes des sels qui sont employés arrêtent immédiatement la toux. Présentés sous forme de Dragées, avec inscription : C^{ir} CROZE, et au verso : VALS, rien ne peut leur être comparé. Les Bonbons digestifs Casimir Croze sont les seuls qui se fabriquent à Vals. — Se méfier des nombreuses imitations; exiger la signature de Casimir CROZE & Cie sur chaque boîte.

Vente dans ses magasins, Grande-Rue de Vals, en face de la passerelle, et à l'avenue Farincourt, maison Migno.

CAFÉ-RESTAURANT DES BAINS

| Chambres meublées très confortables | **Avenue Farincourt**
En face de l'Établissement thermal | Service à la Carte Célérité |

MENU
du Jeudi 25 Juillet 1885

Potage paysanne

Hors-d'œuvre

Rouelle de Mouton à l'oseille
Foie de Veau à l'italienne
Prés-Salés jardinière
Gigot froid mayonnaise

Haricots verts sautés
Aubergines frites
Pommes dauphine

Longe de Veau rôtie
Volaille au cresson

Crème au citron
Fruits — Fromage — Biscuits

VINS DES PREMIERS CRUS
SOUPER FROID A LA SORTIE DU CASINO

A LA BOTTE SANS COUTURE

VICTORIN BRUN

Maison Hôtel de la Poste

Grande-Rue et place Saint-Jean — VALS-LES-BAINS

GRAND ASSORTIMENT DE CHAUSSURES
CHAUSSURES SUR COMMANDE
SPÉCIALITÉ DE CHAUSSURES CONFECTIONNÉES
RÉPARATIONS EN TOUS GENRES
— PRIX TRÈS MODÉRÉS —

CROZE Arsène

A VALS-LES-BAINS (Le Pont)

VINS ORDINAIRES & VINS FINS
GARANTIS PURS DE TOUT MÉLANGE
Récoltés chez le propriétaire et provenant uniquement du raisin

EAU-DE-VIE & RHUM

PRIX TRÈS MODÉRÉS

BRESSON

Entrepreneur

Place Saint-Jean, — à Vals-les-Bains

MAISON GARNIE — MEUBLÉE A NEUF
Située au centre de VALS

Cuisine à la disposition de Messieurs les Baigneurs

TERRASSE

PRIX MODÉRÉS

AUTORISATION DE L'ÉTAT

VALS AU COMPLET

SOURCE DES PRINCES

Eau de Table, surnommée la Délicate, par M. le Docteur Bonnal.

Recommandée dans toutes les affections des voies digestives : dyspepsie, gastralgie, gastrite, etc.

SOURCE PRÉFÉRÉE, MOYENNE

Employée avec le plus grand succès, dans toutes les affections biliaires et de la vessie, elle rend surtout de grands services dans la goutte, les rhumatismes, les fièvres intermittentes des pays chauds et les épidémies cholériques.

SOURCE DUCHESSE, FORTE

Souveraine dans l'anémie, chlorose, appareil sexuel, elle agit très efficacement dans les cas où, à cause de leur minéralisation plus faible, les eaux bicarbonatées sodiques demeurent impuissantes.

N.-B. — Les eaux minérales de ces sources, situées au centre du bassin des Eaux, sont d'une conservation parfaite et peuvent supporter les plus longs voyages.

Pour les demandes, s'adresser à M. PEYROUSE AÎNÉ, prop., à Vals.

ANALYSES	DES PRINCES	PRÉFÉRÉE	DUCHESSE
Acide carbonique libre	1.5590	1.3910	1.4510
Bicarbonate de soude	1.8700	4.2820	7.1370
— de potasse	0.0373	0.1360	0.1430
— de chaux	0.0500	0.2000	0.2110
— de magnésie	0.0470	0.1150	0.1180
— de lithine	traces	0.0157	0.0059
Chlorure de sodium	0.0288	0.1630	0.1710
— de potassium	0.0305	traces	traces
Sulfate de soude	0.2326	0.0350	0.0360
— de potasse	0.0387	indices	indices
Silice	0.0550	0.0670	0.0720
Alumine	indices	0.0031	0.0035
Oxyde de fer	0.0140	0.0125	0.0045
TOTAUX	2.4239	5.0203	9.3409

VILLA VEUVE LADET

Maison Meublée à neuf

APPARTEMENTS POUR FAMILLES

Une des mieux situées de Vals

EN FACE DU GRAND CASINO

Terrasse sur le devant ainsi que sur le derrière.

On FAIT LA CUISINE

Casimir Croze

CHAMBRES MEUBLÉES
ET CUISINE POUR FAMILLE
AU CENTRE DE VALS

Villa Casimir Croze

JARDINS -- BEAUX OMBRAGES

Chambres garnies & Appartements pour familles

ANCIEN HOTEL DU PARC

TENU PAR

CHALABREYSSE

Grand'Rue, près la Passerelle

A VALS - LES - BAINS (ARDÈCHE)

RESTAURANT — PENSION — CHAMBRES GARNIES

— PRIX TRÈS MODÉRÉS —

GRAND CAFÉ DE VALS
ET
GRAND CERCLE DES BAIGNEURS

Tenus par

M.me BOULLE

AU CENTRE DES GRANDS HOTELS

TERRASSES MAGNIFIQUES

Au-dessus du Cercle et devant le Café

FRAIS OMBRAGES

CONSOMMATIONS DE PREMIER CHOIX
BIÈRE DE LYON & DE RUOMS

Salle de lecture — Journaux du jour

Abonnements pour la saison

— DICTIONNAIRE BOTTIN —

Cet Etablissement se recommande à sa nombreuse clientèle

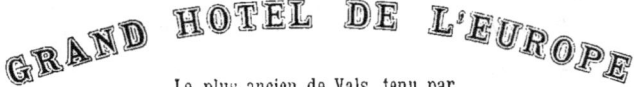

Le plus ancien de Vals, tenu par

M. ET M.me BOUZIGE

à VALS-LES-BAINS (Ardèche)

TABLE D'HOTE — SERVICE PARTICULIER — JARDIN

Parc & Jardin attenant a l'Hôtel

Voiture dans l'hôtel à la disposition de MM. les Baigneurs

OMNIBUS DE L'HOTEL A TOUS LES TRAINS

SOCIETE GENERALE
des Produits aux sels extraits des Eaux Minérales
DE VALS-LES-BAINS & DU VIVARAIS

Médaille d'argent
Conc. rég. d'Aubenas

Médaille de bronze
Exposition de Blois

Médaille d'or Expos. Intern. de Nice

1883-1884

1882

1883

1885

Grand diplôme d'honneur et Médaille d'or Exposition de Lyon

COMMISSION — EXPORTATION

USINE MODERNE A VAPEUR
FABRIQUE DE CHOCOLAT & DE PRODUITS AUX SELS DE VALS
MARRONS GLACÉS DU VIVARAIS

CASIMIR CROZE & Cie
VALS - LES - BAINS (Ardèche)

Bonbons digestifs Casimir Croze, dits Caramels ou Sucre d'Orge, aux sels extraits des Eaux minérales de Vals. Prix de la boîte, franco par la poste, 1 fr. 50.

Pastilles bicarbonatées et ferrugineuses, aux sels extraits des Eaux minérales de Vals. Par boîtes de 50 c.: 1, 2 et 3 francs; en vrac, 5 francs le kilo.

Pralines Vivaraises, toniques et ferrugineuses. Prix de la boîte : 2 francs; 30 centimes en plus par la poste.

Chocolat digestif et ferrugineux, en livre, croquette, napolitain, pastilles, chocolat ferrugineux, qualité spéciale. Prix de la boîte : 1 fr. 50; 20 centimes en plus par la poste.

Nougat et Nougatine, fabrication spéciale, avec pistache, vanille et au miel du Vivarais.

Bonbons d'agrément, dits Berlingots de Vals, aux parfums menthe, citron, vanille, café, etc.

Pour avoir les véritables produits de CASIMIR CROZE, s'adresser dans ses magasins, situés : Grand-Rue de Vals et avenue Farincourt, maison Migno.

Il n'y a qu'un seul établissement, à Vals-les-Bains, où se fabriquent les produits aux sels naturels, extraits des eaux minérales; Messieurs CASIMIR CROZE et Cie ne confient pas la fabrication de leurs spécialités à des usines éloignées de Vals, et dont, par suite, ils ne pourraient surveiller les procédés.

Fabriquant eux-mêmes, MM. CROZE et Cie sont les seuls qui puissent garantir la sincérité de leurs produits.

Toute personne peut, du reste, visiter les ateliers qui se trouvent à Vals-les-Bains, au-dessus de la manutention de la Société Générale des eaux minérales.

Dépôt. — Chez M. MAZAUDIER, confiseur, Maison Carrée, à AUBENAS.

VOITURES A VOLONTE

LANDAU, PANIER, MYLORD, VICTORIA, &c.

CHEVAUX DE SELLE

Longs Voyages — Confortable — Célérité

François HUGON
Vals-les-Bains. — Hôtel Robert. — Vals-les-Bains.

A l'honneur de prévenir Messieurs les Étrangers et Baigneurs qu'il se met à leur disposition pour faire des excursions en montagne, passant par Antraigues, Laviolle, Mézilhac, Lachamp-Raphaël, le Gerbier de Joncs, le Mézenc, les ruines du couvent de Bonnefoi, Sainte-Eulalie, Le Béage, la forêt et l'abbaye de Mazan, le lac d'Issarlès, le lac Ferrand (près la forêt de Bauzon), la Côte de Mayres, La Chavade, Lanarce, Peyrabeille, le lac du Bouchet (près Costaros), les ruines du château de Polignac (près Le Puy), les ruines du château de La Roche-Lambert; passant par Langogne, Labastide, Notre-Dame-des-Neiges, Villefort, Les Vans, Joyeuse, les grottes de Vallon, le pont d'Arc; le château de Boulogne, le château de Ventadour, celui de Pourcherolles, le cratère de Thueyts, l'Echelle-du-Roi, la Gueule-d'Enfer, Neyrac, Jaujac, les ruines du château de Clamouse, le volcan de Jaujac.

RETOUR A VALS

VOITURES A VOLONTÉ

Break — Landau — Phaëton
Pour Courses, Promenades et Excursions

 DONAS

Demeurant toute l'année à Vals-les-Bains

Remises : Maison Régis
En face l'Hôtel des Colonies, à côté du Temple.

PRIX MODÉRÉS

Auguste FEZAY

CHAMBRES MEUBLÉES

Au centre de Vals

QUINCAILLERIE - MERCERIE

ARTICLES DE PÊCHE

Chambres Garnies

Victor SUCHON
Propriétaire

VALS-LES-BAINS

ON FAIT LA CUISINE

APPARTEMENTS INDÉPENDANTS POUR FAMILLES
Complètement Meublés à Neuf

VÉRITABLES PASTILLES DE VALS
AUX SELS NATURELS
de l'Établissement de CASIMIR CROZE, situé à
VALS-LES-BAINS (Ardèche)

Les véritables Pastilles de l'Établissement de Casimir Croze sont préparées, à Vals, avec les sels minéraux extraits des Sources; elles sont employées journellement pour combattre les affections des voies digestives, telles que : digestion lente, Dyspepsie, gastralgie, vomissements, aigreurs, etc.

D'un goût très agréable et digérées par les estomacs les plus délicats, elles sont recommandées et même nécessaires aux estomacs affaiblis, qui retrouvent, par leur usage, une grande puissance digestive.

La dose recommandée par les sommités médicales est de 8 à 12 Pastilles par jour.

Exiger sur chaque boîte le nom du seul et unique préparateur à Vals-les-Bains

CASIMIR CROZE & Cie

VILLA DU COTEAU

LOUIS PETIT, PROPRIÉTAIRE

Appartements de premier ordre, séparés, pour Familles
BELLE SITUATION
VUE SPLENDIDE — TERRASSES OMBRAGÉES

VILLA ERNEST MOULINE
Sur le Boulevard

APPARTEMENTS POUR FAMILLES
Jardin, Terrasse

DANS LA VILLA SE TROUVE :
LA SOURCE GAULOISE
Eau minérale naturelle

La Source **Gauloise**, très gazeuse, ne troublant ni le vin, ni aucune autre liqueur, forme une Eau de table excellente.

CASINO DE VALS-LES-BAINS

Cet Établissement composé de la Salle de Spectacle, de la Salle de Café (désignée sous le nom de *Café de Paris*) et du *Cercle des Étrangers*, vient de subir, sous la nouvelle Direction, diverses transformations et aménagements qui seront appréciés par MM. les Baigneurs.

Le *Théâtre d'Été*, transformé en une belle et vaste Salle verte, sera abrité de l'humidité des soirées. Du premier au cinq juillet, débutera la Troupe de concerts, comédies, vaudevilles et opérettes. Les artistes qui en font partie ont été choisis parmi les étoiles des grands établissements de Paris. Les affiches du jour donneront le tableau de la troupe et du répertoire qu'elle interprètera.

CAFE DU CASINO
OU CAFÉ DE PARIS

Ouvert depuis le 20 juin, aura dès le 1er juillet un service régulier de dépêches qui seront, dès leur arrivée, affichées dans la salle publique.

GRAND CERCLE DES ÉTRANGERS
ENTIÈREMENT RECONSTITUÉ

Offrira à MM. les Baigneurs tous les moyens de distraction qu'offrent les établissements similaires :

Salles de lecture, de conversation, de billards et jeux divers.

GRAND CAFÉ EUROPÉEN

ANCIEN CAFÉ DE L'EUROPE

Réparé & Meublé à neuf

Tenu par Alphonse CROS

Au centre de VALS, donnant sur la place St-Jean

CONSOMMATIONS DE PREMIER CHOIX
Bière de Lyon, de Ruoms. — Glace.

BOTTIN

CHAMBRES GARNIES INDÉPENDANTES

VALS-LES-BAINS

GRAND HOTEL DU LOUVRE

TENU PAR
LÉON BAYLON
Propriétaire

— Cet Hôtel vient de s'agrandir d'une magnifique ANNEXE —

VASTE SALLE A MANGER & SALON DE COMPAGNIE

TABLE D'HOTE --- SERVICE PARTICULIER

BELLE SALLE D'OMBRAGE ATTENANTE A L'HOTEL

Voitures à la disposition de Messieurs les Baigneurs

OMNIBUS DE L'HOTEL A TOUS LES TRAINS

PENSION, 2 REPAS PAR JOUR
Chambre et Service compris

HOTEL DU LOUVRE		ANNEXE	
1er Étage........	7 fr. 50	1er Étage........	9 fr.
2me Étage........	7 fr. »	2me Étage........	8 fr.

Service irréprochable

HOTEL DE FRANCE

Tenu par

M. & Mme MIRECOURT

VALS-LES-BAINS

MAISON ADMIRABLEMENT SITUÉE

Au centre de la Ville

EN FACE DE BEAUX PARCS ET JARDINS D'AGRÉMENT

Se recommande par sa bonne Cuisine bourgeoise

tous les jours variée

CONFORTABLE — PROPRETÉ

PRIX MODÉRÉS

VILLA MATHON, FILS

Maison Meublée à neuf

La mieux située de VALS, au centre du Quartier des Eaux

EN FACE DE L'ÉTABLISSEMENT THERMAL

FRAIS OMBRAGES

APPARTEMENTS POUR FAMILLES

CONFORTABLE & PROPRETÉ

PRIX MODÉRÉS

IMPRIMERIE COMMERCIALE

Industrielle et Administrative

de

Mme A. ROBERT

Imprimeur breveté

Faubourg L. Gambetta, en face les Postes & Télégraphes

A AUBENAS, ARDÈCHE

ANCIEN HOTEL DE LA POSTE
A VALS - LES - BAINS

Cet Hôtel, complètement remis à neuf, est aujourd'hui transformé en Appartements pour Familles et Chambres Garnies.

Terrasse et Jardin sur le derrière

ÉCURIE — REMISE — EAU — GAZ

Les Propriétaires exploiteront eux-mêmes pendant cette saison, après laquelle ils sont disposés à VENDRE ou à LOUER, soit comme Hôtel, soit comme Maison Garnie.

S'adresser aux Propriétaires de l'Hôtel de la Poste,
— A VALS - LES - BAINS —

A VENDRE

Emplacements avec Source Minérale, la meilleure des eaux de table, au plus beau quartier de la Station.

Grandes facilités de paiement.

S'adresser à M. Gaston GIRAUD, négociant à Vals-les-Bains.

G^d HOTEL DU NORD
Au centre de la ville
A VALS-LES-BAINS

 **TENU PAR VERNET**

Réparé et Meublé à neuf. Vue splendide

TABLE D'HOTE
DINERS PARTICULIERS
ON PORTE EN VILLE

ÉCURIE & REMISE

DÉPART DE TOUTES LES VOITURES
Dictionnaire Bottin

SOURCE DU BOSC
Eau minérale naturelle
de VALS (Ardèche)
Approuvée par l'Académie de médecine.
Autorisée par l'État.

La source du BOSC, très gazeuse, est une excellente eau de table. — Elle est souveraine dans les maladies de l'estomac et des intestins, du foie, de la rate, des reins et de la vessie.

Elle combat efficacement les coliques hépatiques et néphrétiques, la gravelle, la goutte, le diabète et le rhumatisme.

S'adresser à M. Paul LAGARDE, *propriétaire de la source du Bosc*, ou à M. CHAULET, *café de la Favorite, quartier des Eaux*.

M. E. CHAMPETIER
Pharmacien-Chimiste, près le Pont-de-Fer
est le seul préparateur depuis 20 ans, des

SOUS PRODUITS DE VALS
Tels que : **Pastilles** et **Bonbons Digestifs**, aux Sels de Vals

Sels naturels, pour bains et boissons artificielles, de VALS.

AINSI QUE DE
L'ARNICA DES CÉVENNES
Contre Plaies, Blessures, Contusions, Entorses, Foulures, etc., etc.

Se méfier des produits similaires, qui ne sont que des imitations

LABORATOIRE D'ANALYSES DIVERSES

LES SOURCES
LA REINE & 3 ETOILES
Débitant 3.000.000 de bouteilles

Sont la propriété exclusive de M. E. CHAMPETIER.

S'adresser à la pharmacie pour achats d'eau et renseignements.

Le Gérant,

N° 11

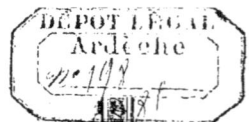

VALS-LES-BAINS

SAISON DE 1885

du 15 Mai au 1er Octobre

LISTE OFFICIELLE

DES ÉTRANGERS

Publiée par M. SERRE, *secrétaire de la Mairie*

L'éditeur de cette liste est seul autorisé à publier la *Liste officielle*.

PRIX : 10 CENTIMES

AUBENAS

IMPRIMERIE BREVETÉE DE Mme A. ROBERT

Maison non Recommandée

GRAND CAFÉ DE LA FAVORITE
TENU PAR A. CHAULET
Avenue Farincourt

A VALS-LES-BAINS (Ardèche)

CONSOMMATIONS DE 1er CHOIX

Salle de Billard, Grandes Terrasses, Vue splendide.	Chambres Garnies confortables, meublées à neuf.

Au centre de la Station thermale et des principaux hôtels.

VALS-LES-BAINS

GRAND HOTEL DE LYON
ÉTABLISSEMENT DE 1er ORDRE

Avenue Farincourt, au centre de la Station thermale, limitant le Grand Établissement des Bains.

TENU PAR

Mme Vve LOUIS PEYROUSE
PROPRIÉTAIRE DE L'HOTEL

TABLE D'HOTE – SERVICE A LA CARTE

Cet Établissement se recommande à Messieurs les Baigneurs par son grand Confortable et son Service irrréprochable.

A LOUER
PENDANT LA SAISON

en tout ou en partie

1 REMISE & ÉCURIE
SITUÉE AU PONT DE VALS

S'adresser à M. LACROTTE Arsène, *Café National*, à Vals.

LISTE OFFICIELLE DES ÉTRANGERS

Arrivés à VALS-LES-BAINS du 22 au 25 Juillet 1885

NOMS, QUALITÉS, DOMICILES, LOGEMENTS

Grand Hôtel Durand

M. Castagnier, nég., Ganges.
M. Chenet, nég., Annonay.
Mme Chenet, nég., Annonay.
Mme Crouzet, nég., Tence.
Mme Odol, rent., Uzès.
Mme Odol Armand, nég., Uzès.
M. Odol Armand, nég., Uzès.
M. Odol fils, Uzès
  (une femme de chambre).
M. Bastide, nég., Alais.
M. Jouve, nég., Valence.
M. Janoud, nég., Romans.
M. Arnoux, rec. d'enregistr., Cavaillon.
M. Laurent, fumiste, Marseille.
M. Brémond, rent., Marseille.
M. Grandmaison, sculpteur, Marseille.
M. Combe, nég., Bolène.
M. Boissel, voyageur, Montélimar.
M. Largeron, rent., Montélimar.
M. Combe, entrepreneur, Montmeyran.

Grand Hôtel de Lyon

Mlle Doux, rent., Aubenas.
M. Prat fils, rent., Largentière.
Mme Prat, Largentière.
Mme Gauthier, rent., Bourg-du-Péage.
M. Benoit, rent., Nîmes.
M. Majolier, rent., Nîmes.
M. Majolier fils, Nîmes.

Hôtel des Colonies

Mme Lafont, rent., Narbonne.

NOMS, QUALITÉS, DOMICILES, LOGEMENTS

Grand Hôtel du Louvre

M. Audier, rent., Valence.
Mme Audier, rent., Valence.
M. Castanié, nég., Ganges.

Grand Hôtel de l'Europe

M. Giron, nég., Avignon.
M. Rivière, rent., Uzès.
Mme Rivière, rent., Uzès.
M. Martin, rent., Uzès.
Mme Martin, rent., Uzès.
  (une femme de chambre).
M. Lacroix, rent., Aurilhac.
M. Taval, nég., Bessèges.
M. Lhérisson, rent., Potelière.
M. Brossat, pharmacien, Crémieux.
M. Carra, recteur des Fac. cathol., Lyon

Hôtel Robert

M. Rey, nég., Romans.
M. Coste, rent., Romans.
M. J. Rey, rent., Romans.
Mme veuve Tabard, rent., Lyon.

Hôtel du Nord

M. Tailhand, prop., Viviers.
M. Marrond, rent., Clermont-Ferrand.
M. Ramade, rent., Clermont-Ferrand.
M. Guiot, caf., Lyon.
Mme Guiot, caf., Lyon.
Mme Fayet, rent., St-Ambroix.
Mlle Fayet, rent., St-Ambroix.
M. Laurent, comptable, Molière.

NOMS, QUALITÉS, DOMICILES, LOGEMENTS

Grand Hôtel des Bains

Mme Gouteron, nég., Montélimar.
M. Danghien, percepteur, Cannes.
M. Lauzet, docteur, Marseille.
Mme Lauzet, rent., Marseille.
M. Feraud, percep. des f. ret., Orange.
Mlle Feraud rent., Orange
      (une femme de chambre).
Mme Debons, rent., Montpellier.
Mme la marquise de Fontanilles, rent.,
  Barcelonne.
      (une femme de chambre).

Grand Hôtel des Délicieuses

M. Brun, notaire, Ste-Cécile.
Mlle Brun, Ste-Cécile.
M. Gauthier, prof., Avignon.
Mme Reghezza, rent., Paris.
M. Pons, rent., Nimes.
M. Nogaret, rent., St-Jean-du-Gard.
Mme Charles, rent., Lyon.

Hôtel de Paris

M. Bauchamp, avoué, Nyons.
M. Rodes, nég., Dieulefit.
Mlle Rodes, Dieulefit
Mlle Rodes, Dieulefit.
Mme Chardonau, rent., Nimes.
M. Bauclair, nég., Clermont-l'Hérault.
M. Hillione, nég., Marseille.
M. Andra, rent., Montélimar.
Mme Andra, rent., Montélimar.
M. Vedel, rent., Largentière.
M. Guérin, nég., Valence.
Mlle Guérin, nég., Valence.
M. Grouillard, rent., Marseille.
Mlle Grouillard, Marseille.

NOMS, QUALITÉS, DOMICILES, LOGEMENTS

Villa Vincent

Mme Dupuy, prop., Meyrannes.
M. Lorquin, prop., Meyrannes.
M. Beauquier, prop., St-Beauzile.
M. Beauquier fils, prop., St-Beauzile.

Restaurant Vve Blachère

M. Mathieu, prop., Valgorge.
M. Bernard, nég., Alais.

Café Deschandol, *Hôtel de Marseille*

M. Dubois, prop., Rocles.
M. Brunel, prop., Rocles.
Mlle Labrot, rent., Aubenas.
M. Damien, rent., Laroque.
M. Peyrard, prop., Upie.
M. Chave, forgeron, Les Vastres.

Café Cholet *(La Favorite)*

M. Pannequin, inspecteur, Lille.
M. Saussac, cap. en retr., Antraigues.

Maison Lacrotte *(Café National)*

Mme Faciot, rentière.
Mlle Faciot, rentière.
M. Faciot, artiste.

Maison Casimir Croze

M. Cornet, rent., Paris.
Mlle Cornet, rent., Paris.
Mlle Berthe Cornet, rent., Le Teil.
M. Cauvet, rent., Aiguevive.
Mme Baral, rent., Nyons.
Mlle Baral, rent., Nyons.
M. Serre, pharmacien, Loriol.
Mme Serre, Loriol.
M. Serre fils, Loriol.

NOMS, QUALITÉS, DOMICILES, LOGEMENTS	NOMS, QUALITÉS, DOMICILES, LOGEMENTS

Maison Borie

M. Aniel, employé, Grand'Combe.

Maison Giraud

Mme Gachon, rent., Massillargues.
M. Peyre, nég., St-Côme.
Mme Peyre, nég., St-Côme.
Mlle Peyre, nég., St-Côme.
M. Peyre fils, St-Côme.
M. Cabasse, emp. des c. ind., Clarensac.
Mme Cabasse, rent., Clarensac.
Mlle Cabasse, rent., Clarensac.

Restaurant Chalabreysse

M. Coulet, rent., Chambonas.
M. Brolle, rent., Cheylard.
Mme Brolle, rent., Cheylard.
M. Théron, rent., Ganges.
Mme Théron, rent., Ganges.
M. Magna, rent., Bressenc.
M. Meylier, rent., Leymonie.

Maison Fezay

M. Valla, prop., Bagnols.
Mme Valla, Bagnols.
Mlle Valla, Bagnols.
M. Martin, Bagnols.
Mme Martin, Bagnols.

Villa du Côteau, *maison Petit.*

M. Saboury, prop., Alais.
Mlle Saboury, Alais.
Mlle Pape, rentière.

Chalet Martin

M. Vincent, capit. en retraite, Valence.
M. Costadeau, c. d'assur. Montélimar.

Villa Veuve Ladet

M. Audier, rent., Valence.
Mme Dussargue, nég., Valence.
Mlle Dussargue, nég., Valence.
Mlle Bodet, rent., Buisset.
Mme Lac, rent., Oullins.
Mme Massal, rent., Lyon.
Mme Cazalin, Le Teil.
Mlle Cazalin, Le Teil.

Villa Margaritora

M. Malachane, rent., Alais.
Mme Malachane, rent., Alais.

Villa Gaucherand

Mme Vve Deaureillan, prop., Alger.

Maison Ribeyrin

Mme Privat, rent., Nîmes.
M. Pascal, nég., Langogne.

Maison Robert

M. Gourdain, prop., St-Hippolyte.

Maison Suchon

Mme Lamouroux, prop., Saint-Pierre.
Mlle Lamouroux, Saint-Pierre.
Mme Barbier, boulangère, Valabrègues.
M. Clavel, boucher, Bessèges.
Mme Clavel, Bessèges.

Maison Peyrouse

M. Bourguet, rent., Sommières.
Mme Bourguet, rent., Nîmes.

NOMS, QUALITÉS, DOMICILES, LOGEMENTS	NOMS, QUALITÉS, DOMICILES, LOGEMENTS
Maison Baylon	Mme Beycotte, rent., St-Etienne.
	Mlle Pichon, rent., Saint-Etienne.
M. Menard, prêtre, Nîmes.	M. Bouelle, nég., Marseille.
M. Bayle, rent., Annonay.	Mme Bouelle, nég., Marseille.
M. de Lombardon, rent., Marseille.	Mme Bouelle, rent., Marseille.
Mme de Lombardon, rent., Marseille	Mlle Bouelle, Marseille.

BONBONS DIGESTIFS CASIMIR CROZE

Vous n'aurez plus de mauvaises digestions, si vous sucez les véritables **Bonbons digestifs Casimir Croze, aux sels extraits des eaux minérales de l'Établissement de Vals**; agréables à la bouche; ils fondent de suite, et l'air que l'on respire agit aussitôt sur les poumons; les vapeurs bienfaisantes des sels qui sont employés arrêtent immédiatement la toux. Présentés sous forme de Dragées, avec inscription : C^{ir} CROZE, et au verso : VALS, rien ne peut leur être comparé. Les Bonbons digestifs Casimir Croze sont les seuls qui se fabriquent à Vals. — Se méfier des nombreuses imitations ; exiger la signature de Casimir CROZE & Cie sur chaque boîte.

Vente dans ses magasins, Grande-Rue de Vals, en face de la passerelle, et à l'avenue Farincourt, maison Migno.

CAFÉ - RESTAURANT DES BAINS

Avenue Farincourt
En face de l'Établissement thermal

| Chambres meublées très confortables | | Service à la Carte Célérité |

MENU
du Dimanche 26 Juillet 1885

Potage
Melon — Beurre — Radis — Jambon
Bœuf nature
Tripes mode de Caen
Quenelles financières
Filet au madère
Poulet Marengo

Haricots verts
Œufs farcis
Tomates provençales
Truites au bleu

Aloyau cresson
Ecrevisses
Crème au chocolat
Fruits — Fromage — Biscuits

VINS DES PREMIERS CRUS
SOUPER FROID A LA SORTIE DU CASINO

A LA BOTTE SANS COUTURE

VICTORIN BRUN

Maison Hôtel de la Poste

Grande-Rue et place Saint-Jean — VALS-LES-BAINS

GRAND ASSORTIMENT DE CHAUSSURES
CHAUSSURES SUR COMMANDE
SPÉCIALITÉ DE CHAUSSURES CONFECTIONNÉES
RÉPARATIONS EN TOUS GENRES
— PRIX TRÈS MODÉRÉS —

CROZE Arsène

A VALS-LES-BAINS (Le Pont)

VINS ORDINAIRES & VINS FINS

GARANTIS PURS DE TOUT MÉLANGE

Récoltés chez le propriétaire et provenant uniquement du raisin

EAU-DE-VIE & RHUM

PRIX TRÈS MODÉRÉS

BRESSON

Entrepreneur

Place Saint-Jean, — à Vals-les-Bains

MAISON GARNIE — MEUBLÉE A NEUF
Située au centre de VALS

Cuisine à la disposition de Messieurs les Baigneurs

TERRASSE

PRIX MODÉRÉS

AUTORISATION DE L'ÉTAT
VALS AU COMPLET

SOURCE DES PRINCES

Eau de Table, surnommée la Délicate, par M. le Docteur Bonnal.

Recommandée dans toutes les affections des voies digestives : dyspepsie, gastralgie, gastrite, etc.

SOURCE PRÉFÉRÉE, MOYENNE

Employée avec le plus grand succès, dans toutes les affections biliaires et de la vessie, elle rend surtout de grands services dans la goutte, les rhumatismes, les fièvres intermittentes des pays chauds et les épidémies cholériques.

SOURCE DUCHESSE, FORTE

Souveraine dans l'anémie, chlorose, appareil sexuel, elle agit très efficacement dans les cas où, à cause de leur minéralisation plus faible, les eaux bicarbonatées sodiques demeurent impuissantes.

N.-B. — Les eaux minérales de ces sources, situées au centre du bassin des Eaux, sont d'une conservation parfaite et peuvent supporter les plus longs voyages.

Pour les demandes, s'adresser à M. PEYROUSE AÎNÉ, *prop., à Vals.*

ANALYSES	DES PRINCES	PRÉFÉRÉE	DUCHESSE
Acide carbonique libre	1.5590	1.3910	1.4510
Bicarbonate de soude	1.8700	4.2820	7.1370
— de potasse	0.0373	0.1360	0.1430
— de chaux	0.0500	0.2000	0.2140
— de magnésie	0.0470	0.1150	0.1180
— de lithine	traces	0.0157	0.0059
Chlorure de sodium	0.0288	0.1630	0.1710
— de potassium	0.0305	traces	traces
Sulfate de soude	0.2026	0.0350	0.0360
— de potasse	0.0387	indices	indices
Silice	0.0550	0.0670	0.0720
Alumine	indices	0.0031	0.0035
Oxyde de fer	0.0140	0.0125	0.0015
TOTAUX	2.4239	5.0203	9.3499

VILLA VEUVE LADET

Maison Meublée à neuf

APPARTEMENTS POUR FAMILLES

Une des mieux situées de Vals

EN FACE DU GRAND CASINO

Terrasse sur le devant ainsi que sur le derrière.

On FAIT LA CUISINE

Casimir Croze

CHAMBRES MEUBLÉES

ET CUISINE POUR FAMILLE

AU CENTRE DE VALS

Villa Casimir Croze

JARDINS -- BEAUX OMBRAGES

Chambres garnies & Appartements pour familles

ANCIEN HOTEL DU PARC

TENU PAR

CHALABREYSSE

Grand'Rue, près la Passerelle

A VALS - LES - BAINS (ARDÈCHE)

RESTAURANT — PENSION — CHAMBRES GARNIES

— *PRIX TRÈS MODÉRÉS* —

GRAND CAFÉ DE VALS
ET
GRAND CERCLE DES BAIGNEURS

Tenus par

Mme BOULLE

AU CENTRE DES GRANDS HOTELS

TERRASSES MAGNIFIQUES

Au-dessus du Cercle et devant le Café

FRAIS OMBRAGES

CONSOMMATIONS DE PREMIER CHOIX

BIÈRE DE LYON & DE RUOMS

Salle de lecture — Journaux du jour

Abonnements pour la saison

DICTIONNAIRE BOTTIN

Cet Etablissement se recommande à sa nombreuse clientèle

GRAND HOTEL DE L'EUROPE

Le plus ancien de Vals, tenu par

M. ET Mme BOUZIGE

à VALS-LES-BAINS (Ardèche)

TABLE D'HOTE — SERVICE PARTICULIER — JARDIN

Parc & Jardin attenant a l'Hôtel

Voiture dans l'hôtel à la disposition de MM. les Baigneurs

OMNIBUS DE L'HOTEL A TOUS LES TRAINS

SOCIETE GENERALE
des Produits aux sels extraits des Eaux Minérales
DE VALS-LES-BAINS & DU VIVARAIS

Médaille d'argent
Conc. rég. d'Aubenas

Médaille de bronze
Exposition de Blois

Médaille d'or Expos. Intern. de Nice — 1883-1884 — 1882 — 1883 — 1885 — Grand diplôme d'honneur et Médaille d'or Exposition de Lyon

COMMISSION — EXPORTATION

USINE MODERNE A VAPEUR
FABRIQUE DE CHOCOLAT & DE PRODUITS AUX SELS DE VALS
MARRONS GLACÉS DU VIVARAIS

CASIMIR CROZE & Cie
VALS - LES - BAINS (Ardèche)

Bonbons digestifs Casimir Croze, dits Caramels ou Sucre d'Orge, aux sels extraits des Eaux minérales de Vals. Prix de la boîte, franco par la poste, 1 fr. 50.

Pastilles bicarbonatées et ferrugineuses, aux sels extraits des Eaux minérales de Vals. Par boîtes de 50 c.: 1, 2 et 3 francs; en vrac, 5 francs le kilo.

Pralines Vivaraises, toniques et ferrugineuses. Prix de la boîte : 2 francs; 30 centimes en plus par la poste.

Chocolat digestif et ferrugineux, en livre, croquette, napolitain, pastilles, chocolat ferrugineux, qualité spéciale. Prix de la boîte : 1 fr. 50; 20 centimes en plus par la poste.

Nougat et Nougatine, fabrication spéciale, avec pistache, vanille et au miel du Vivarais.

Bonbons d'agrément, dits Berlingots de Vals, aux parfums menthe, citron, vanille, café, etc.

Pour avoir les véritables produits de Casimir CROZE, s'adresser dans ses magasins, situés : Grand-Rue de Vals et avenue Farincourt, maison Migno.

Il n'y a qu'un seul établissement, à Vals-les-Bains, où se fabriquent les produits aux sels naturels, extraits des eaux minérales; Messieurs Casimir CROZE et Cie ne confient pas la fabrication de leurs spécialités à des usines éloignées de Vals, et dont, par suite, ils ne pourraient surveiller les procédés.

Fabriquant eux-mêmes, MM. CROZE et Cie sont les seuls qui puissent garantir la sincérité de leurs produits.

Toute personne peut, du reste, visiter les ateliers qui se trouvent à Vals-les-Bains, au-dessus de la manutention de la Société Générale des eaux minérales.

Dépôt. — Chez M. MAZAUDIER, confiseur, Maison Carrée, à AUBENAS.

VOITURES A VOLONTE

LANDAU, PANIER, MYLORD, VICTORIA, &c.

CHEVAUX DE SELLE

Longs Voyages — Confortable — Célérité

François HUGON

Vals-les-Bains. — Hôtel Robert. — Vals-les-Bains.

A l'honneur de prévenir Messieurs les Étrangers et Baigneurs qu'il se met à leur disposition pour faire des excursions en montagne, passant par Antraigues, Laviolle, Mézilhac, Lachamp-Raphaël, le Gerbier de Joncs, le Mézenc, les ruines du couvent de Bonnefoi, Sainte-Eulalie, Le Béage, la forêt et l'abbaye de Mazan, le lac d'Issarlès, le lac Ferrand (près la forêt de Bauzon), la Côte de Mayres, La Chavade, Lanarce, Peyrabeille, le lac du Bouchet (près Costaros), les ruines du château de Polignac (près Le Puy), les ruines du château de La Roche-Lambert ; passant par Langogne, Labastide, Notre-Dame-des-Neiges, Villefort, Les Vans, Joyeuse, les grottes de Vallon, le pont d'Arc ; le château de Boulogne, le château de Ventadour, celui de Pourcherolles, le cratère de Thueyts, l'Echelle-du-Roi, la Gueule-d'Enfer, Neyrac, Jaujac, les ruines du château de Clamouse, le volcan de Jaujac.

RETOUR A VALS

VOITURES A VOLONTÉ

Break — Landau — Phaëton
Pour Courses, Promenades et Excursions

DONAS

Demeurant toute l'année à Vals-les-Bains

Remises : Maison Régis
En face l'Hôtel des Colonies, à côté du Temple.

PRIX MODÉRÉS

Auguste FEZAY

CHAMBRES MEUBLÉES

Au centre de Vals

QUINCAILLERIE - MERCERIE

ARTICLES DE PÊCHE

Chambres Garnies

Victor SUCHON
Propriétaire

VALS-LES-BAINS

ON FAIT LA CUISINE

APPARTEMENTS INDÉPENDANTS POUR FAMILLES
Complètement Meublés à Neuf

VÉRITABLES PASTILLES DE VALS
AUX SELS NATURELS
de l'Établissement de CASIMIR CROZE, situé à
VALS-LES-BAINS (Ardèche)

Les véritables Pastilles de l'Établissement de Casimir Croze sont préparées, à Vals, avec les sels minéraux extraits des Sources; elles sont employées journellement pour combattre les affections des voies digestives, telles que : digestion lente, Dyspepsie, gastralgie, vomissements, aigreurs, etc.

D'un goût très agréable et digérées par les estomacs les plus délicats, elles sont recommandées et même nécessaires aux estomacs affaiblis, qui retrouvent, par leur usage, une grande puissance digestive.

La dose recommandée par les sommités médicales est de 8 à 12 Pastilles par jour.

Exiger sur chaque boîte le nom du seul et unique préparateur à Vals-les-Bains

CASIMIR CROZE & Cie

VILLA DU COTEAU

LOUIS PETIT, PROPRIÉTAIRE

Appartements de premier ordre, séparés, pour Familles
BELLE SITUATION
VUE SPLENDIDE — TERRASSES OMBRAGÉES

VILLA ERNEST MOULINE
Sur le Boulevard

APPARTEMENTS POUR FAMILLES
Jardin, Terrasse

DANS LA VILLA SE TROUVE :
LA SOURCE GAULOISE
Eau minérale naturelle

La Source **Gauloise**, très gazeuse, ne troublant ni le vin, ni aucune autre liqueur, forme une Eau de table excellente.

CASINO DE VALS-LES-BAINS

Cet Établissement composé de la Salle de Spectacle, de la Salle de Café (désignée sous le nom de *Café de Paris*) et du *Cercle des Étrangers*, vient de subir, sous la nouvelle Direction, diverses transformations et aménagements qui seront appréciés par MM. les Baigneurs.

Le *Théâtre d'Été,* transformé en une belle et vaste Salle verte, sera abrité de l'humidité des soirées. Du premier au cinq juillet, débutera la Troupe de concerts, comédies, vaudevilles et opérettes. Les artistes qui en font partie ont été choisis parmi les étoiles des grands établissements de Paris. Les affiches du jour donneront le tableau de la troupe et du répertoire qu'elle interprètera.

CAFE DU CASINO
OU CAFÉ DE PARIS

Ouvert depuis le 20 juin, aura dès le 1er juillet un service régulier de dépêches qui seront, dès leur arrivée, affichées dans la salle publique.

GRAND CERCLE DES ÉTRANGERS
ENTIÈREMENT RECONSTITUÉ

Offrira à MM. les Baigneurs tous les moyens de distraction qu'offrent les établissements similaires :

Salles de lecture, de conversation, de billards et jeux divers.

AVIS AUX CONSOMMATEURS

Vous n'aurez plus de mauvaises digestions, si vous sucez les **Bonbons digestifs Casimir Croze, aux sels extraits des eaux minérales de Vals-les-Bains**; agréables à la bouche; arrêtent immédiatement la toux. Présentés sous forme de Bonbons, rien ne peut leur être comparé. — Exiger, sur chaque boite, le nom de l'inventeur et seul préparateur, à Vals-les-Bains. Le nom est en toutes lettres même sur chaque Bonbon : C^{ir} CROZE, et au verso : VALS.

Adresser toutes demandes à Casimir CROZE et Cie, à Vals-les-Bains.

NOTA. — Des boîtes sont disposées pour être expédiées franco contre mandat poste de 1 fr. 50.

GRAND CAFÉ EUROPÉEN

ANCIEN CAFÉ DE L'EUROPE

Réparé & Meublé à neuf

Tenu par Alphonse CROS

Au centre de VALS, donnant sur la place St-Jean

CONSOMMATIONS DE PREMIER CHOIX
Bière de Lyon, de Ruoms. — Glace.

BOTTIN

CHAMBRES GARNIES INDÉPENDANTES

VALS-LES-BAINS

GRAND HOTEL DU LOUVRE

TENU PAR
LÉON BAYLON

Propriétaire

— Cet Hôtel vient de s'agrandir d'une magnifique ANNEXE —

VASTE SALLE A MANGER & SALON DE COMPAGNIE

TABLE D'HOTE --- SERVICE PARTICULIER

BELLE SALLE D'OMBRAGE ATTENANTE A L'HOTEL

Voitures à la disposition de Messieurs les Baigneurs

OMNIBUS DE L'HOTEL A TOUS LES TRAINS

PENSION, 2 REPAS PAR JOUR

Chambre et Service compris

HOTEL DU LOUVRE	ANNEXE
1er Étage........ 7 fr. 50	1er Étage......... 9 fr.
2me Étage....... 7 fr. »	2me Étage......... 8 fr.

Service irréprochable

HOTEL DE FRANCE

Tenu par

M. & Mme MIRECOURT

VALS-LES-BAINS

MAISON ADMIRABLEMENT SITUÉE

Au centre de la Ville

EN FACE DE BEAUX PARCS ET JARDINS D'AGRÉMENT

Se recommande par sa bonne Cuisine bourgeoise

tous les jours variée

CONFORTABLE — PROPRETÉ

PRIX MODÉRÉS

VILLA MATHON, FILS

Maison Meublée à neuf

La mieux située de VALS, au centre du Quartier des Eaux

EN FACE DE L'ÉTABLISSEMENT THERMAL

FRAIS OMBRAGES

APPARTEMENTS POUR FAMILLES

CONFORTABLE & PROPRETÉ

PRIX MODÉRÉS

IMPRIMERIE COMMERCIALE

Industrielle et Administrative

de

Mme A. ROBERT

Imprimeur breveté

Faubourg L. Gambetta, en face les Postes & Télégraphes

A AUBENAS, ARDÈCHE

ANCIEN HOTEL DE LA POSTE
A VALS - LES - BAINS

Cet Hôtel, complètement remis à neuf, est aujourd'hui transformé en Appartements pour Familles et Chambres Garnies.

Terrasse et Jardin sur le derrière

ÉCURIE — REMISE — EAU — GAZ

Les Propriétaires exploiteront eux-mêmes pendant cette saison, après laquelle ils sont disposés à VENDRE ou à LOUER, soit comme Hôtel, soit comme Maison Garnie.

S'adresser aux Propriétaires de l'Hôtel de la Poste,
— A VALS - LES - BAINS —

A VENDRE

Emplacements avec Source Minérale, la meilleure des eaux de table, au plus beau quartier de la Station.

Grandes facilités de paiement.

S'adresser à M. Gaston GIRAUD, *négociant à Vals-les-Bains.*

G^d HOTEL du NORD
Au centre de la ville
A VALS-LES-BAINS

 **TENU PAR VERNET**

Réparé et Meublé à neuf. Vue splendide

TABLE D'HOTE
DINERS PARTICULIERS
ON PORTE EN VILLE

ÉCURIE & REMISE

DÉPART DE TOUTES LES VOITURES
Dictionnaire Bottin

SOURCE DU BOSC
Eau minérale naturelle
de VALS (Ardèche)
Approuvée par l'Académie de médecine.
Autorisée par l'État.

La source du BOSC, très gazeuse, est une excellente eau de table. — Elle est souveraine dans les maladies de l'estomac et des intestins, du foie, de la rate, des reins et de la vessie.

Elle combat efficacement les coliques hépatiques et néphrétiques, la gravelle, la goutte, le diabète et le rhumatisme.

S'adresser à M. Paul LAGARDE, *propriétaire de la source du Bosc, ou à* M. CHAULET, *café de la Favorite, quartier des Eaux.*

M. E. CHAMPETIER
Pharmacien-Chimiste, près le Pont-de-Fer

est le seul préparateur depuis 20 ans, des

SOUS PRODUITS DE VALS

Tels que : **Pastilles et Bonbons Digestifs,**

aux Sels de Vals

Sels naturels, pour bains et boissons artificielles, de VALS.

AINSI QUE DE

L'ARNICA DES CÉVENNES

Contre Plaies, Blessures, Contusions, Entorses, Foulures, etc., etc.

Se méfier des produits similaires, qui ne sont que des imitations

LABORATOIRE D'ANALYSES DIVERSES

LES SOURCES
LA REINE & 3 ETOILES
Débitant 3.000.000 de bouteilles

Sont la propriété exclusive de M. E. CHAMPETIER.

S'adresser à la pharmacie pour achats d'eau et renseignements.

Le Gérant

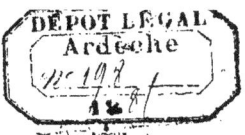

VALS-LES-BAINS

SAISON DE 1885

du 15 Mai au 1er Octobre

Liste Officielle

DES ÉTRANGERS

Publiée par M. SERRE, secrétaire de la Mairie

L'éditeur de cette liste est seul autorisé à publier la *Liste officielle*.

— PRIX : 10 CENTIMES —

AUBENAS
IMPRIMERIE BREVETÉE DE Mme A. ROBERT

Maison non Recommandée

GRAND CAFÉ DE LA FAVORITE
TENU PAR A. CHAULET
Avenue Farincourt

A VALS-LES-BAINS (Ardèche)

CONSOMMATIONS DE 1er CHOIX

Salle de Billard, Grandes Terrasses, Vue splendide.	Chambres Garnies confortables, meublées à neuf.

Au centre de la Station thermale et des principaux hôtels.

VALS-LES-BAINS

GRAND HOTEL DE LYON
ÉTABLISSEMENT DE 1er ORDRE
Avenue Farincourt, au centre de la Station thermale, limitant le Grand Établissement des Bains.

TENU PAR

Mme Vve LOUIS PEYROUSE
PROPRIÉTAIRE DE L'HOTEL

TABLE D'HOTE - SERVICE A LA CARTE

Cet Établissement se recommande à Messieurs les Baigneurs par son grand Confortable et son Service irréprochable.

A LOUER
— PENDANT LA SAISON —
en tout ou en partie

1 REMISE & ÉCURIE
SITUÉE AU PONT DE VALS

S'adresser à M. LACROTTE Arsène, *Café National*, à Vals.

N° 12

LISTE OFFICIELLE DES ÉTRANGERS

Arrivés à VALS-LES-BAINS du 25 au 29 Juillet 1885

NOMS, QUALITÉS, DOMICILES, LOGEMENTS	NOMS, QUALITÉS, DOMICILES, LOGEMENTS

Grand Hôtel de l'Europe

M. Campana, rent., Guyane française.
Mlle Campana, r., Guyane française.
M. Campana fils, Guyane française.
M. Gleyze, nég., Nîmes.
M. Charles, nég., Nîmes.
M. Guillevre, nég., Lésignan.
M. Viel, rent., Montélimar.
M. Pillard, capitaine d'inf. de marine, Guyane.
Mme Pillard, rent., Guyane.
M. Constantin, rent., Montélimar.
Mme Constantin, rent., Montélimar.
M. Clair, rent., Châteauneuf-du-Pape.
Mme Claron, rent., Nîmes.
M. Delmas, rent., Alger.
M. Plantin, curé, Codolet.
M. Santoussy, rent., St-Just.
Mlle Santoussy, rent., St-Just.
M. Manquat, notaire, Froges.
M. Chenevier, rent., Lyon.
M. Sayn, nég., Montélimar.

Grand Hôtel des Bains

M. Carles, rent., Largentière.
Mme Carles, rent., Largentière.
Mlle Carles, rent., Largentière.
Mlle Carles, rent., Largentière.
M. Monier, nég., Montélimar.
M. Igonnet, nég., Montélimar.
Mme Igonnet, nég., Montélimar.
M. Gouteron, rent., Montélimar.
M. Régnier, banquier, Montpellier.
Mme Régnier, Montpellier.
M. Monier, nég., Montélimar.

Mme Monier, nég., Montélimar.
M. Cayla, nég., Cette.
Mme Cayla, nég., Cette.
Mlle Cayla, nég., Cette.
M. Pujet, nég., Marseille.
M. Pujet fils, nég., Marseille.
M. Négretti, avocat, Marseille.
M. Champin fils, Montélimar.
M. Ricard, nég., Marseille.
M. Pesmazolu, nég., Egypte.
M. Courty, nég., St-Georges.
Mme Courty, nég., St-Georges.
Mme Barrat, rent., Oran.
Mlle Daucet, rent., Oran.
M. Arluc, ingénieur, Cannes.
Mme Forest, rent., Lyon.
Mlle Forest, rent., Lyon.

Grand Hôtel du Louvre

M. Poncer, pharmacien, Annonay.
M. Boulet, rent., Sommières.
M. Ernest, nég., Annonay.
M. Fabre, nég., Montélimar.
Mlle Pointel, rent., Marseille.
M. Pointel, dir. des tramw., Marseille.
Mme Marmont, rent., Avignon.
M. Marmont, nég., Avignon.
Mlle Marmont, nég., Avignon.
M. Bédos, nég., Béziers.
M. Saraille, prêtre, Marseille.
M. Reboulet, rent., St-Hippolyte.
M. Michel, nég., Uzès.
Mme Michel, nég., Uzès.
Mlle Michel, nég., Uzès.
Mlle Michel, nég., Uzès.

NOMS, QUALITÉS, DOMICILES, LOGEMENTS

M. Baudart, rent., Constantine.
Mlle Sierzputonskade, r., Philippeville.
M. Comte, rent., Laverpillère.
Mme Comte, rent., Laverpillère.
Mlle Comte, rent., Laverpillière.
M. Baudard, rent., Constantitine.
Mlle Vignon, rent., Bourg-du-Péage.
M. Pignatel, nég , Marseille.

Grand Hôtel Durand

M. Alavène, rent., Roquebrune.
M. Avoine, nég., Robrubrune.

Maison Robert

Mme Veuve Girand, rent, Boucoiran.
M. Fontanier, m.-d'hôtel, Boucoiran.
M. Coin, prop., Mazan.

Grand Hôtel de Lyon

M. Marescot, rent., Nice.
Mme Puzin, rent., Vienne.
M. Prat, avoué, Largentière.
M. Perbost, rent., Largentière.
Mme Perbost, rent., Largentière.
M. Méric, rent., Bagnols.
Mme Méric, rent., Bagnols.
M. Méric fils, rent., Bagnols.
Mlle Méric, rent., Bagnols.

Grand Hôtel des Délicieuses

M. Labayle, rent., Béziers.
M. Barbarin, prop., aux Mées.
Mme Raphal, rent., Nimes.
Mme Jacquet, rent., Carpentras.
Mme Blauvac, rent., Carpentras.
MM. Blauvac fils, rent., Carpentras.
M. Charton, docteur, Nice.
M. Ducharme, docteur, Montélimar.
Mme Ducharme, rent., Montélimar.

Café Deschandol, *Hôtel de Marseille*

Mme Fératier, rent , Montélimar.

M. Teyssier, nég., Montélimar.
Mme Teyssier, nég., Montélimar.
M. Trinquier, prop., St-Just
M. Bourgeoine, nég., Alais.

Hôtel de Paris

Mme Baraton, rent., Marseille.
D. Dupoux fils, nég., Vallon.
M. Auzière, Proc. de la Rép., Valence.
Mme Quet, rent., Vauvert.
Mme Quet, rent., Vauvert.
M. Morih, notaire, Pont-St-Esprit.
Mme Espérandieu, rent., Avignon.
Mlle Kuzman, rent., Avignon.
M. Béranger, nég., Salon.
M. Viallès, rent., à Bessèges.
M. Dumaine, maître-d'hôtel, Bourg-lu-Péage.

Villa Vve Mathon

M. Ganne, Ingénieur, Roquemaure.
Mme Ganne, prop., Roquemaure.
Mlle Ganne, prop., Ivry, près Paris
(Une bonne).

Villa Mathon fils

Mme Rinolfy, rent., Cavaillon.
Mme Vve Aubert, femme de chambre, Cavaillon.

Hôtel du Nord

M. Combe, repr. de comm. Aiguevives.
M. Vedel, fabr. de savons, Les Vans.
M. Chion, limonadier, Nyons.
M. Burlat, voy. de commer., Givors.
M. Jacquin, nég., Viviers.
M. Chames, boulanger, Viviers.
M. Polge, prop., St-Ambroix.
M. Thomas, ingénieur, Privas.
Mme Bertrand, prop., Molières.
Mlle Bertrand, prop., Molières.
M. Mazellier, prop., Vallon.
M. Sprégus, empl., St-Hippolyte.

NOMS, QUALITÉS, DOMICILES, LOGEMENTS	NOMS, QUALITÉS, DOMICILES, LOGEMENTS

Hôtel de France

M. Roudil, rent., Lablachère.
M. Briançon, rent., St-Etienne.
M. Ousset, nég., Marseille.
M. Jacob, rent., Nîmes.
M. Puech, cafetier, Grand'Combe.

Maison Régis Combe

M. Dalverny, prop., St-Victor.
M. Gervais, prop., Nîmes.
M. Chaudorgnac, maît.-d'arm., Nîmes.
Mme Chaudorgnac, Nîmes.

Restaurant Vve Blachère

M. Jouven, prop., St-Marcel.
M. Mazellier, prop., Vallon.
M. Benoit, prop., St-Just.

Maison Victor Martin

Mlle Comte, rent., aux Vans.
M. Breton, nég., Nîmes.
Mme Breton, Nîmes.
M. Clavel, prop., Codognan.
Mme Clavel, Codognan.

Restaurant Chalabreysse

Mme Coste, rent., La Grand'Combe.
M. Debanne, rent., Aubenas.

Maison Poultier

Mme Bourguet, rent., Vic-le-Fay.
Mlle Bourguet, Vic-le-Fay.
Mme Brun, rent., Vic-le-Fay.
Mme Ve Planques, rent., Vic-le-Fay.
M. Verdier, rent., Largentière.

Villa Vincent

M. Rossignol, rent., Narbonne.
Mme Rossignol, Narbonne.

Villa Veuve Ladet

M. Cassagne, prop., Uzès.

Villa veuve Laffont

M. Maroger, rent., Nîmes.
Mme Maroger, Nîmes.
Mme Bigot, nég., Générac.
Mlle Bigot, Générac.
M. Bigot fils, Générac.
Mme Londès, prop., Générac.
Mme Daumas, prop., Nîmes.

Maison Robert

M. Chabanon, nég., Valence.

Villa du Boulevard, maison Abrial

M. Pic, caissier, Alais.

Villa Ernest Mouline

Mme Maurin, rent., Nîmes.
Mlle Jeanne, Nîmes.
Mlle Hélène, Nîmes.
Mme Veuve Bourdy, rent., Marseille.
M. Boyer, mécanicien, Bône.
Mme Boyer, Bône.

Villa du Côteau, maison Petit.

Mme Girard, rent., Champagnole.
Mlle Girard, Champagnole.

Maison Nogier

M. Cazalin, empl. de ch. de fer, Le Teil.
Mme Cazalin, rent., Le Teil.
Mlle Cazalin, Le Teil.
M. Dumas, machiniste, Grand'Combe.
M. Rath, prop., Soustelle.
M. Bayle, forgeron, Béziers.
M. Peyrard, cultivateur, Upie.
M. Agnel, rent., Buis.
Mme Debroas, rent., Prévenchères.
Mme Rouveyron, rent., Prévenchères.

Villa Orcel

Mme Chareyre, rent., Valence
(une femme de chambre).

NOMS, QUALITÉS, DOMICILES, LOGEMENTS	NOMS, QUALITÉS, DOMICILES, LOGEMENTS

Villa Margaritora

M. Rouveyrol, rent., Lussan.
M. Jaume, nég., Avignon.
Mme Jaume, Avignon.
Mlle Madeleine, Avignon.
Mlle Marie-Thérèse, Avignon.
M. Veydarier, rent., Pont-d'Avignon.

Villa Eugène Mouline

M. Taulier, docteur, Avignon.
Mme Taulier, rent., Avignon
(un cocher).

Maison Fezay

Mlle Desplans, orfèvre, Orange.
Mlle Desplans, Orange.
M. Aymès, rent., Marseille.
Mme Aymès, Marseille.

Maison Casimir Croze

M. Ayme, rent., Avignon.
Mme Ayme, Avignon.
Mme Brunel, rent., Nîmes.
Mlle Brunel, Nîmes.
M. Berthier, rent., Carcassonne.

Maison Giraud

M. Guirand, nég., Vauvert.
Mme Guirand, Vauvert.

Maison Veuve Cros

M. Crouzet, rent., Valence.
Mme Crouzet, Valence.
M. Jeanjean, commerçant, Sommières.
Mme Jeanjean, Sommières.
Mme Rouvière, cafetière, Nîmes.
Mme Bernard, cafetière, Nîmes.

Maison Peyrouse

M. Constant, rent., Laudun.
Mlle Méric, rent., Suselan.
Mme Gabinel, rent., Montélimar.
M. Jumas, rent., St-Geniès.
Mme Jumas, St-Geniès.
Mlle Jumas, St-Geniès.

Maison Suchon

M. Gilly, rent., Nîmes.
M. Pascal, rent., Barjac.
Mme Robé, nég., Annonay.
M. Chabrol, nég., Nîmes.
Mme Boutonnet, nég., Nîmes.
M. Chabon, chef de train, Nîmes.
Mme Chambon, Nîmes.
M. Cade, machiniste, Bessèges.
Mme Cade, rent., Bessèges.
Mme Cade, rent., Arles.

BONBONS DIGESTIFS CASIMIR CROZE

Vous n'aurez plus de mauvaises digestions, si vous sucez les véritables **Bonbons digestifs Casimir Croze, aux sels extraits des eaux minérales de l'Établissement de Vals;** agréables à la bouche; ils fondent de suite, et l'air que l'on respire agit aussitôt sur les poumons; les vapeurs bienfaisantes des sels qui sont employés arrêtent immédiatement la toux. Présentés sous forme de Dragées, avec inscription : C^{ir} CROZE, et au verso : VALS, rien ne peut leur être comparé. Les Bonbons digestifs Casimir Croze sont les seuls qui se fabriquent à Vals.— Se méfier des nombreuses imitations; exiger la signature de Casimir CROZE & Cie sur chaque boite.

Vente dans ses magasins, Grande-Rue de Vals, en face de la passerelle, et à l'avenue Farincourt, maison Migno.

A LA BOTTE SANS COUTURE

VICTORIN BRUN

Maison Hôtel de la Poste

Grande-Rue et place Saint-Jean — VALS-LES-BAINS

GRAND ASSORTIMENT DE CHAUSSURES
CHAUSSURES SUR COMMANDE
SPÉCIALITÉ DE CHAUSSURES CONFECTIONNÉES
RÉPARATIONS EN TOUS GENRES
— PRIX TRÈS MODÉRÉS —

CROZE Arsène

À VALS-LES-BAINS (LE PONT)

VINS ORDINAIRES & VINS FINS
GARANTIS PURS DE TOUT MÉLANGE
Récoltés chez le propriétaire et provenant uniquement du raisin

EAU-DE-VIE & RHUM

PRIX TRÈS MODÉRÉS

BRESSON
Entrepreneur

Place Saint-Jean, — à Vals-les-Bains

MAISON GARNIE — MEUBLÉE A NEUF
Située au centre de VALS

Cuisine à la disposition de Messieurs les Baigneurs

TERRASSE

PRIX MODÉRÉS

AUTORISATION DE L'ÉTAT

VALS AU COMPLET

SOURCE DES PRINCES

Eau de Table, surnommée la Délicate, par M. le Docteur Bonnal.

Recommandée dans toutes les affections des voies digestives : dyspepsie, gastralgie, gastrite, etc.

SOURCE PRÉFÉRÉE, MOYENNE

Employée avec le plus grand succès, dans toutes les affections biliaires et de la vessie, elle rend surtout de grands services dans la goutte, les rhumatismes, les fièvres intermittentes des pays chauds et les épidémies cholériques.

SOURCE DUCHESSE, FORTE

Souveraine dans l'anémie, chlorose, appareil sexuel, elle agit très efficacement dans les cas où, à cause de leur minéralisation plus faible, les eaux bicarbonatées sodiques demeurent impuissantes.

N.-B. — Les eaux minérales de ces sources, situées au centre du bassin des Eaux, sont d'une conservation parfaite et peuvent supporter les plus longs voyages.

Pour les demandes, s'adresser à M. PEYROUSE AÎNÉ, *prop., à Vals.*

ANALYSES	DES PRINCES	PRÉFÉRÉE	DUCHESSE
Acide carbonique libre	1.5590	1.3910	1.4510
Bicarbonate de soude	1.8700	4.2820	7.1370
— de potasse	0.0373	0.1360	0.1430
— de chaux	0.0500	0.2000	0.2110
— de magnésie	0.0470	0.1150	0.1180
— de lithine	traces	0.0157	0.0059
Chlorure de sodium	0.0288	0.1630	0.1710
— de potassium	0.0305	traces	traces
Sulfate de soude	0.2326	0.0350	0.0360
— de potasse	0.0387	indices	indices
Silice	0.0550	0.0670	0.0720
Alumine	indices	0.0031	0.0035
Oxyde de fer	0.0140	0.0125	0.0015
TOTAUX	2.4239	5.0293	9.3499

VILLA VEUVE LADET

Maison Meublée à neuf

APPARTEMENTS POUR FAMILLES

Une des mieux situées de Vals

EN FACE DU GRAND CASINO

Terrasse sur le devant ainsi que sur le derrière.

On FAIT LA CUISINE

Casimir Croze

CHAMBRES MEUBLÉES
ET CUISINE POUR FAMILLE
AU CENTRE DE VALS

Villa Casimir Croze

JARDINS -- BEAUX OMBRAGES

Chambres garnies & Appartements pour familles

ANCIEN HOTEL DU PARC

TENU PAR

CHALABREYSSE

Grand'Rue, près la Passerelle

A VALS - LES - BAINS (Ardèche)

RESTAURANT — PENSION — CHAMBRES GARNIES

— *PRIX TRÈS MODÉRÉS* —

GRAND CAFÉ DE VALS
ET
GRAND CERCLE DES BAIGNEURS

Tenus par

Mme BOULLE

AU CENTRE DES GRANDS HOTELS

TERRASSES MAGNIFIQUES

Au-dessus du Cercle et devant le Café

FRAIS OMBRAGES

CONSOMMATIONS DE PREMIER CHOIX

BIÈRE DE LYON & DE RUOMS

Salle de lecture — Journaux du jour

Abonnements pour la saison

— DICTIONNAIRE BOTTIN —

Cet Etablissement se recommande à sa nombreuse clientèle

GRAND HOTEL DE L'EUROPE

Le plus ancien de Vals, tenu par

M. ET Mme BOUZIGE

à VALS-LES-BAINS (Ardèche)

TABLE D'HOTE — SERVICE PARTICULIER — JARDIN

Parc & Jardin attenant a l'Hôtel

Voiture dans l'hôtel à la disposition de MM. les Baigneurs

OMNIBUS DE L'HOTEL A TOUS LES TRAINS

SOCIETE GENERALE
des Produits aux sels extraits des Eaux Minérales
DE VALS-LES-BAINS & DU VIVARAIS

Médaille d'or Expos. Intern. de Nice — Médaille d'argent Conc. rég. d'Aubenas 1883-1884 — 1882 — Médaille de bronze Exposition de Blois 1883 — 1885 — Grand diplôme d'honneur et Médaille d'or Exposition de Lyon

COMMISSION – EXPORTATION

USINE MODERNE A VAPEUR
FABRIQUE DE CHOCOLAT & DE PRODUITS AUX SELS DE VALS
MARRONS GLACÉS DU VIVARAIS

CASIMIR CROZE & Cie
VALS - LES - BAINS (Ardèche)

Bonbons digestifs Casimir Croze, dits Caramels ou Sucre d'Orge, aux sels extraits des Eaux minérales de Vals. Prix de la boîte, franco par la poste, 1 fr. 50.

Pastilles bicarbonatées et ferrugineuses, aux sels extraits des Eaux minérales de Vals. Par boîtes de 50 c.: 1, 2 et 3 francs; en vrac, 5 francs le kilo.

Pralines Vivaraises, toniques et ferrugineuses. Prix de la boîte : 2 francs; 30 centimes en plus par la poste.

Chocolat digestif et ferrugineux, en livre, croquette, napolitain, pastilles, chocolat ferrugineux, qualité spéciale. Prix de la boîte : 1 fr. 50 ; 20 centimes en plus par la poste.

Nougat et Nougatine, fabrication spéciale, avec pistache, vanille et au miel du Vivarais.

Bonbons d'agrément, dits Berlingots de Vals, aux parfums menthe, citron, vanille, café, etc.

Pour avoir les véritables produits de CASIMIR CROZE, s'adresser dans ses magasins, situés : Grand-Rue de Vals et avenue Farincourt, maison Migno.

Il n'y a qu'un seul établissement, à Vals-les-Bains, où se fabriquent les produits aux sels naturels, extraits des eaux minérales; Messieurs CASIMIR CROZE et Cie ne confient pas la fabrication de leurs spécialités à des usines éloignées de Vals, et dont, par suite, ils ne pourraient surveiller les procédés.

Fabriquant eux-mêmes, MM. CROZE et Cie sont les seuls qui puissent garantir la sincérité de leurs produits.

Toute personne peut, du reste, visiter les ateliers qui se trouvent à Vals-les-Bains, au-dessus de la manutention de la Société Générale des eaux minérales.

Dépôt. — Chez M. MAZAUDIER, confiseur, Maison Carrée, à AUBENAS.

VOITURES A VOLONTE

LANDAU, PANIER, MYLORD, VICTORIA, &c.

CHEVAUX DE SELLE

Longs Voyages — Confortable — Célérité

François HUGON

Vals-les-Bains. — Hôtel Robert. — Vals-les-Bains.

A l'honneur de prévenir Messieurs les Étrangers et Baigneurs qu'il se met à leur disposition pour faire des excursions en montagne, passant par Antraigues, Laviolle, Mézilhac, Lachamp-Raphaël, le Gerbier de Joncs, le Mézenc, les ruines du couvent de Bonnefoi, Sainte-Eulalie, Le Béage, la forêt et l'abbaye de Mazan, le lac d'Issarlès, le lac Ferrand (près la forêt de Bauzon), la Côte de Mayres, La Chavade, Lanarce, Peyrabeille, le lac du Bouchet (près Costaros), les ruines du château de Polignac (près Le Puy), les ruines du château de La Roche-Lambert; passant par Langogne, Labastide, Notre-Dame-des-Neiges, Villefort, Les Vans, Joyeuse, les grottes de Vallon, le pont d'Arc; le château de Boulogne, le château de Ventadour, celui de Pourcherolles, le cratère de Thueyts, l'Echelle-du-Roi, la Gueule-d'Enfer, Neyrac, Jaujac, les ruines du château de Clamouse, le volcan de Jaujac.

RETOUR A VALS

VOITURES A VOLONTÉ

Break — Landau — Phaëton
Pour Courses, Promenades et Excursions

 # DONAS

Demeurant toute l'année à VALS - LES - BAINS

Remises : Maison Régis
En face l'Hôtel des Colonies, à côté du Temple.

PRIX MODÉRÉS

Auguste FEZAY

CHAMBRES MEUBLÉES
Au centre de Vals

QUINCAILLERIE - MERCERIE

ARTICLES DE PÊCHE

Chambres Garnies

Victor SUCHON
Propriétaire
VALS-LES-BAINS

ON FAIT LA CUISINE

APPARTEMENTS INDÉPENDANTS POUR FAMILLES
Complètement Meublés à Neuf

VÉRITABLES PASTILLES DE VALS
AUX SELS NATURELS
de l'Établissement de CASIMIR CROZE, situé à
VALS-LES-BAINS (Ardèche)

Les véritables Pastilles de l'Établissement de Casimir Croze sont préparées, à Vals, avec les sels minéraux extraits des Sources ; elles sont employées journellement pour combattre les affections des voies digestives, telles que : digestion lente, Dyspepsie, gastralgie, vomissements, aigreurs, etc.

D'un goût très agréable et digérées par les estomacs les plus délicats, elles sont recommandées et même nécessaires aux estomacs affaiblis, qui retrouvent, par leur usage, une grande puissance digestive.

La dose recommandée par les sommités médicales est de 8 à 12 Pastilles par jour.

Exiger sur chaque boite le nom du seul et unique préparateur à Vals-les-Bains

CASIMIR CROZE & Cie

VILLA DU COTEAU

LOUIS PETIT, PROPRIÉTAIRE

Appartements de premier ordre, séparés, pour Familles
BELLE SITUATION
VUE SPLENDIDE — TERRASSES OMBRAGÉES

VILLA ERNEST MOULINE
Sur le Boulevard

APPARTEMENTS POUR FAMILLES
Jardin, Terrasse

DANS LA VILLA SE TROUVE :
LA SOURCE GAULOISE
Eau minérale naturelle

La Source **Gauloise**, très gazeuse, ne troublant ni le vin, ni aucune autre liqueur, forme une Eau de table excellente.

CASINO DE VALS-LES-BAINS

Cet Établissement composé de la Salle de Spectacle, de la Salle de Café (désignée sous le nom de *Café de Paris*) et du *Cercle des Étrangers,* vient de subir, sous la nouvelle Direction, diverses transformations et aménagements qui seront appréciés par MM. les Baigneurs.

Le *Théâtre d'Été,* transformé en une belle et vaste Salle verte, sera abrité de l'humidité des soirées. Du premier au cinq juillet, débutera la Troupe de concerts, comédies, vaudevilles et opérettes. Les artistes qui en font partie ont été choisis parmi les étoiles des grands établissements de Paris. Les affiches du jour donneront le tableau de la troupe et du répertoire qu'elle interprètera.

CAFE DU CASINO
OU CAFÉ DE PARIS

Ouvert depuis le 20 juin, aura dès le 1er juillet un service régulier de dépêches qui seront, dès leur arrivée, affichées dans la salle publique.

GRAND CERCLE DES ÉTRANGERS
ENTIÈREMENT RECONSTITUÉ

Offrira à MM. les Baigneurs tous les moyens de distraction qu'offrent les établissements similaires :
Salles de lecture, de conversation, de billards et jeux divers.

AVIS AUX CONSOMMATEURS

Vous n'aurez plus de mauvaises digestions, si vous sucez les **Bonbons digestifs Casimir Croze, aux sels extraits des eaux minérales de Vals-les-Bains**; agréables à la bouche; arrêtent immédiatement la toux. Présentés sous forme de Bonbons, rien ne peut leur être comparé. — Exiger, sur chaque boite, le nom de l'inventeur et seul préparateur, à Vals-les-Bains. Le nom est en toutes lettres même sur chaque Bonbon : C^{ir} CROZE, et au verso : VALS.

Adresser toutes demandes à Casimir CROZE et Cie, à Vals-les-Bains.

NOTA. — Des boîtes sont disposées pour être expédiées franco contre mandat poste de 1 fr. 50.

GRAND CAFÉ EUROPÉEN

ANCIEN CAFÉ DE L'EUROPE

Réparé & Meublé à neuf

Tenu par Alphonse CROS

Au centre de VALS, donnant sur la place St-Jean

CONSOMMATIONS DE PREMIER CHOIX
Bière de Lyon, de Ruoms. — Glace.

BOTTIN

CHAMBRES GARNIES INDÉPENDANTES

VALS-LES-BAINS

GRAND HOTEL DU LOUVRE

TENU PAR
LÉON BAYLON
Propriétaire

— Cet Hôtel vient de s'agrandir d'une magnifique ANNEXE —

VASTE SALLE A MANGER & SALON DE COMPAGNIE

TABLE D'HOTE --- SERVICE PARTICULIER

BELLE SALLE D'OMBRAGE ATTENANTE A L'HOTEL

Voitures à la disposition de Messieurs les Baigneurs

OMNIBUS DE L'HOTEL A TOUS LES TRAINS

PENSION, 2 REPAS PAR JOUR
Chambre et Service compris

HOTEL DU LOUVRE		ANNEXE	
1er Étage	7 fr. 50	1er Étage	9 fr.
2me Étage	7 fr. »	2me Étage	8 fr.

Service irréprochable

HOTEL DE FRANCE

Tenu par

M. & Mme MIRECOURT
VALS-LES-BAINS

MAISON ADMIRABLEMENT SITUÉE

Au centre de la Ville

EN FACE DE BEAUX PARCS ET JARDINS D'AGRÉMENT

Se recommande par sa bonne Cuisine bourgeoise

tous les jours variée

CONFORTABLE — PROPRETÉ
PRIX MODÉRÉS

VILLA MATHON, FILS

Maison Meublée à neuf

LA MIEUX SITUÉE DE VALS, AU CENTRE DU QUARTIER DES EAUX

EN FACE DE L'ÉTABLISSEMENT THERMAL

FRAIS OMBRAGES

APPARTEMENTS POUR FAMILLES

CONFORTABLE & PROPRETÉ
PRIX MODÉRÉS

IMPRIMERIE COMMERCIALE

Industrielle et Administrative

de

Mme A. ROBERT

Imprimeur breveté

Faubourg L. Gambetta, en face les Postes & Télégraphes

A AUBENAS, ARDÈCHE

ANCIEN HOTEL DE LA POSTE
A VALS - LES - BAINS

Cet Hôtel, complètement remis à neuf, est aujourd'hui transformé en Appartements pour Familles et Chambres Garnies.

Terrasse et Jardin sur le derrière

ÉCURIE — REMISE — EAU — GAZ

Les Propriétaires exploiteront eux-mêmes pendant cette saison, après laquelle ils sont disposés à VENDRE ou à LOUER, soit comme Hôtel, soit comme Maison Garnie.

S'adresser aux Propriétaires de l'Hôtel de la Poste,
— A VALS - LES - BAINS —

A VENDRE

Emplacements avec Source Minérale, la meilleure des eaux de table, au plus beau quartier de la Station.

Grandes facilités de paiement.

S'adresser à M. Gaston GIRAUD, négociant à Vals-les-Bains.

G^D HOTEL DU NORD
Au centre de la ville
A VALS - LES - BAINS

TENU PAR VERNET

Réparé et Meublé à neuf. Vue splendide

TABLE D'HOTE

DINERS PARTICULIERS

ON PORTE EN VILLE

ÉCURIE & REMISE

DÉPART DE TOUTES LES VOITURES

Dictionnaire Bottin

SOURCE DU BOSC
Eau minérale naturelle
de VALS (Ardèche)
Approuvée par l'Académie de médecine.
Autorisée par l'État.

La source du BOSC, très gazeuse, est une excellente eau de table. — Elle est souveraine dans les maladies de l'estomac et des intestins, du foie, de la rate, des reins et de la vessie.

Elle combat efficacement les coliques hépatiques et néphrétiques, la gravelle, la goutte, le diabète et le rhumatisme.

S'adresser à M. Paul LAGARDE, *propriétaire de la source du Bosc*, ou à M. CHAULET, *café de la Favorite, quartier des Eaux*.

M. E. CHAMPETIER
Pharmacien-Chimiste, près le Pont-de-Fer

est le seul préparateur depuis 20 ans, des

SOUS PRODUITS DE VALS

Tels que : **Pastilles** et **Bonbons Digestifs**,

aux Sels de Vals

Sels naturels, pour bains et boissons artificielles, de VALS.

AINSI QUE DE

L'ARNICA DES CÉVENNES

Contre Plaies, Blessures, Contusions, Entorses, Foulures, etc., etc.

Se méfier des produits similaires, qui ne sont que des imitations

LABORATOIRE D'ANALYSES DIVERSES

LES SOURCES
LA REINE & 3 ÉTOILES
Débitant 3.000.000 de bouteilles

Sont la propriété exclusive de M. E. CHAMPETIER.

S'adresser à la pharmacie pour achats d'eau et renseignements.

Le Gérant

N° 13

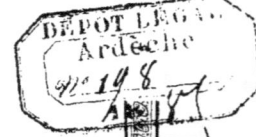

VALS-LES-BAINS

SAISON DE 1885

du 15 Mai au 1er Octobre

Liste Officielle

DES ÉTRANGERS

Publiée par M. SERRE, *secrétaire de la Mairie*

L'éditeur de cette liste est seul autorisé à publier la *Liste officielle*.

PRIX : 10 CENTIMES

AUBENAS
IMPRIMERIE BREVETÉE DE Mme A. ROBERT

Maison non Recommandée

GRAND CAFÉ DE LA FAVORITE
TENU PAR A. CHAULET
Avenue Farincourt

A VALS-LES-BAINS (Ardèche)

CONSOMMATIONS DE 1er CHOIX

| Salle de Billard, Grandes Terrasses, Vue splendide. | Chambres Garnies confortables, meublées à neuf. |

Au centre de la Station thermale et des principaux hôtels.

VALS-LES-BAINS

GRAND HOTEL DE LYON
ÉTABLISSEMENT DE 1er ORDRE

Avenue Farincourt, au centre de la Station thermale,
limitant le Grand Établissement des Bains.

TENU PAR

Mme Vve LOUIS PEYROUSE
PROPRIÉTAIRE DE L'HOTEL

TABLE D'HOTE — SERVICE A LA CARTE

Cet Établissement se recommande à Messieurs les Baigneurs par son grand Confortable et son Service irréprochable.

A LOUER
PENDANT LA SAISON
en tout ou en partie

1 REMISE & ÉCURIE
SITUÉE AU PONT DE VALS

S'adresser à M. LACROTTE Arsène, *Café National, à Vals.*

N° 13

LISTE OFFICIELLE DES ÉTRANGERS

Arrivés à VALS-LES-BAINS du 29 Juillet au 2 Août 1885

NOMS, QUALITÉS, DOMICILES, LOGEMENTS

Grand Hôtel des Bains
M. Galofre, nég., Nîmes.
Mme Galofre, Nîmes.
Mme la c^{sse} de la Romagère, Montluçon.
M. le c^{te} de la Romagère, Montluçon
  (une femme de chambre).
M. Béraud, docteur, Sorgues.
M. Bonnefène rent., Paris.
Mme Bonnefène, rent., Paris
  (un cocher).

Grand Hôtel de Lyon
Mme Gros, nég., Salon.
M. Moser, nég., Loriol.
M. Geneste, rent., Nîmes.
M. Trolard, docteur en médecine, Alger.
M. Sugier fils, rent., St-Paul-le-Jeune.
M. Jeansoulin, architecte, Menton.
Mme Jeansoulin, Menton
  (une femme de chambre).

Grand Hôtel du Louvre
M. Revon, nég., Genève.
M. Bernard chanoine, Courthézon.
M. Bernard, prêtre, Ste-Garde.
Mme Béraud, rent., Djidjelli.
M. Valette, rec. de l'enreg^t, Marseille.
M. Roland, d. des douanes, Roquemaure.
M. Prévot, prêtre, Annonay.
M. Latour, nég., Marseille.
Mme Latour, Marseille.
M. Thibon, notaire, Orange.

Grand Hôtel de l'Europe
M. Campana, commandant supérieur du Maroni et Maire dudit territoire (Guyanne Française).
M. Wissel, rent., Lyon.
Mme Wissel, Lyon.
Mme Séroin, rent., Lyon.

Hôtel de Paris
Mme Rimet, rent., Romans.
Mme Romain, rent., Romans.
Mme Granger, rent., Romans.
M. Villaret, pharmacien, Béziers.
Mme Villaret, Béziers.
Mlle Chauvet, mait.-d'hôtel, Montélimar.
M. Aynel, courtier, Marseille.
Mme Heyraud, rent., Condrieu.
Mme Merjerel, rent., St-Etienne.
Mme Guibon, rent., Avignon.
Mme Violet, rent., Montélimar.

NOMS, QUALITÉS, DOMICILES, LOGEMENTS

Mme Guérin, nég., Valence.
Mme Villaret, rent., Béziers.

Grand Hôtel des Délicieuses
M. Maute, prop., Bezouse.
M. Quenin, rent., Ste-Cécile.
Mme Saussac, rent., Ste-Cécile.
Mlle Jouve, rent., Nîmes.
Mme Pinit, rent., Nîmes.
M. Vallot fils, employé, Carpentras.
Mme Didier, rent., Marseille.
Mlle Didier, Marseille.
Mlle Didier, Marseille.
Mme Bruno, rent., Marseille
  (une femme de chambre).
Mme Bonald, rent., Nîmes.
Mlle Bonald, Nîmes.
M. Clavel, rent., Nîmes.
M. Eybert, rent., Pont-St-Esprit.
Mme Eybert, Pont-St-Esprit
  (une femme de chambre).
M. Pont, nég., Nîmes.
M. Pont fils, Nîmes.

Grand Hôtel Durand
Mme Legat, rent., Lyon.
Mlle Legat, Lyon.
Mme Blauvac, rent., Carpentras.
Mme Jacquet, rent., Carpentras.
M. Pancera, prop., Lyon.
M. Jocom, receveur, La Canourgue.

Hôtel des Colonies
Mme Duplantier, rent., Avignon
  (une femme de chambre).

Hôtel Robert
M. Chabanon, nég., Valence.
M. Fabre, nég., Eyguières.
M. Fournier, architecte, Nîmes.
M. Bachelin, juge suppléant, Valence.
M. Dalverny, chef de bureau, Robiac.
M. Dalverny, rent., Robiac.
M. Prévot, rent., Nîmes.
Mme Prévot, rent., Nîmes.
Mlle Prévot, Nîmes.
M. Garcin, étudiant, Orange.
Mme Roche, nég., Joyeuse.
Mlle Roche, Joyeuse.

Restaurant Séroul
M. Fabrègues, camionneur, La Grand'C.
M. Bouchard, nég., Annonay.
Mme Bouchard, nég., Annonay.

NOMS, QUALITÉS, DOMICILES, LOGEMENTS

Restaurant Chalabreysse
M. Debannes, rent., Valence.
M. Bayle, rent., Pont-d'Aubenas.

Café Restaurant des Bains
M. Raphaël, rent., Nîmes.
Mme Raphaël, rent., Nîmes.

Café Deschandol, *Hôtel de Marseille*
M. Busquet, emp. des postes, Paris.
M. Serguier, nég., Montfaucon.
M. Broc, menuisier, Montfaucon.
M. Robert, nég., St-Gervais.

Café National
Mme Faciot, rent., Montpellier.
Mlle Faciot, rent., Montpellier.
M. Faciot, rent., Montpellier.
Mme Fernande, rent., Paris.
M. Bernard Amon, nég., Molières.
M. Bernard Albert, nég., Molières.
M. Baudoin, rent., Lille.

Maison Peyrouse
M. Piénard, nég., Dieu-le-Fit.
Mme Piénard, nég., Dieu-le-Fit.

Maison Baylon
M. Trolat, nég., Tournon.
M. Desfaudais, rent., Marseille.
Mme Desfaudais, rent., Marseille.
M. Desfaudais, rent., Marseille.

Maison Suchon
M. Dugas, nég., Clermont.
M. Evesque, prop., Salindres.

Maison Borie
M. Jeanjean, confiseur, Connaud.
Mme Gait, rent., Connaud.

Maison Fezay
M. Lambremont, prop., Lunel.
Mme Lambremont, rent., Lunel.

Maison Ribeyrin
M. Jacquet, gérant d'immeubles, Lyon.
Mme Boisson, rent., St-Pierre-le-Déch.
Mme Charaix, rent., St-Pierre-le-Déch.

Hôtel du Nord
M. Goujon, voyageur, Chazelles.
M. Bédrine, limonadier, Anduze.
M. Perney, propr. et maire, Jemmapes (Algérie).
Mme André, rent., Sommières.
M. Fromentin, étudiant, Montaren.
M. Toulouse, nég., Philippeville.
M. Lacassier, nég., Molières.
M. Granier, nég., Molières.
M. Jausseaud, nég., Molières.
Mme Cuminal, rent., Vienne.
Mlle Cuminal, rent., Vienne.

Villa Delubac
Mme Dugier, rent., Lunel.
M. Raynaud, nég., Mornas.
Mme Raynaud, nég., Mornas.
M. l'abbé Raynaud, prêtre, Mornas.
M. Démartin, chanoine, Viviers.
M. Jacquin, nég., Viviers.
M. Chamel, nég., Viviers.
M. Amblard, nég., Marseille.

Villa Eugène Mouline
M. Taulier, docteur, Avignon.
Mme Taulier, rent., Avignon.
M. Félix, cocher, Avignon.
M. Rieu, prop., Pradons.
Mme Verdier, rent., Marseille.
M. Taulier, commandant, Avignon.
Mme Taulier, rent., Avignon.

Villa du Boulevard, maison Abrial
M. Pic, comptable, Rochebelle.
M. Gleyze, rent., Montélimar.
Mme Gleyze, rent., Montélimar.
M. Merle, rent., Montélimar.

Villa Métras
M. Rébuffat, m^d de m. Aigues-Mortes.

Villa de Bernardy
Mme Chartier, rent., Paris.
M. Bayol, rent., Maussane.
Mme Bayol, rent., Maussane.
M. Bayol, rent., Maussane.
M. Filhol, médecin, Romans.
Mme Filhol, rent., Romans.
Mme Guillemon, rent., Alais.
M. Louche, curé, Calvisson.
Mlle Louche, rent., Calvisson.

Villa du Côteau, *maison Petit*.
M. Ricard, agent de la Cie des Messag. Maritimes, Alexandrie.
M. Ricard fils, rent., Alexandrie.

Villa des Justets
Mlle Durand, rent., Les Vans.

Villa Ernest Mouline
M. Pappaduca, rent., Marseille.
Mme Pappaduca, rent., Marseille.

Villa Vincent
M. Pairaube, prop., Vauvert.
Mme Pairaube, prop., Vauvert.
M. Maubernas Amphoux, pr., Vauvert.

Villa Mathon fils
M. Esclapez, rent., Oran.
Mme Esclapez, rent., Oran.

Villa Chabanis
M. Bonnefoy, institut., Rochebrune.
M. Target, sculpteur, Valence.

BONBONS DIGESTIFS CASIMIR CROZE

Vous n'aurez plus de mauvaises digestions, si vous sucez les véritables **Bonbons digestifs Casimir Croze, aux sels extraits des eaux minérales de l'Établissement de Vals**; agréables à la bouche; ils fondent de suite, et l'air que l'on respire agit aussitôt sur les poumons; les vapeurs bienfaisantes des sels qui sont employés arrêtent immédiatement la toux. Présentés sous forme de Dragées, avec inscription : C^{ir} CROZE, et au verso : VALS, rien ne peut leur être comparé. Les Bonbons digestifs Casimir Croze sont les seuls qui se fabriquent à Vals.— Se méfier des nombreuses imitations ; exiger la signature de Casimir CROZE & Cie sur chaque boîte.

Vente dans ses magasins, Grande-Rue de Vals, en face de la passerelle, et à l'avenue Farincourt, maison Migno.

CAFÉ - RESTAURANT DES BAINS

| Chambres meublées très confortables | **Avenue Farincourt**
En face de l'Établissement thermal
MENU | Service à la Carte Célérité |

Du Dimanche 2 Août 1885

Potage Tapioca
Hors d'œuvre
Tripes mode de Caen
Canetons financière
Filet sauce tomate
Tête de Veau persillade
Poissons
Rosbeef cresson
Croquettes de pommes
Haricots verts
Ecrevisses
Entremets glacés
Fruits, Fromage, Pâtisserie

VINS DES PREMIERS CRUS
SOUPER FROID A LA SORTIE DU CASINO

GRAND CAFÉ EUROPÉEN

ANCIEN CAFÉ DE L'EUROPE

Réparé & Meublé à neuf

Tenu par Alphonse CROS

Au centre de VALS, donnant sur la place St-Jean

CONSOMMATIONS DE PREMIER CHOIX
Bière de Lyon, de Ruoms. — Glace.

BOTTIN

CHAMBRES GARNIES INDÉPENDANTES

VALS-LES-BAINS
GRAND HOTEL DU LOUVRE
TENU PAR
LÉON BAYLON
Propriétaire

— Cet Hôtel vient de s'agrandir d'une magnifique ANNEXE —
VASTE SALLE A MANGER & SALON DE COMPAGNIE
TABLE D'HOTE --- SERVICE PARTICULIER
BELLE SALLE D'OMBRAGE ATTENANTE A L'HOTEL

Voitures à la disposition de Messieurs les Baigneurs
OMNIBUS DE L'HOTEL A TOUS LES TRAINS

PENSION, 2 REPAS PAR JOUR
Chambre et Service compris

HOTEL DU LOUVRE		ANNEXE	
1er Étage	7 fr. 50	1er Étage	9 fr.
2me Étage	7 fr. »	2me Étage	8 fr.

Service irréprochable

A LA BOTTE SANS COUTURE

VICTORIN BRUN

Maison Hôtel de la Poste

Grande-Rue et place Saint-Jean — VALS-LES-BAINS

GRAND ASSORTIMENT DE CHAUSSURES
CHAUSSURES SUR COMMANDE
SPÉCIALITÉ DE CHAUSSURES CONFECTIONNÉES
RÉPARATIONS EN TOUS GENRES
— PRIX TRÈS MODÉRÉS —

CROZE Arsène

A VALS-LES-BAINS (Le Pont)

VINS ORDINAIRES & VINS FINS
GARANTIS PURS DE TOUT MÉLANGE
Récoltés chez le propriétaire et provenant uniquement du raisin

EAU-DE-VIE & RHUM

PRIX TRÈS MODÉRÉS

BRESSON
Entrepreneur

Place Saint-Jean, — à Vals-les-Bains

MAISON GARNIE — MEUBLÉE A NEUF
Située au centre de VALS

Cuisine à la disposition de Messieurs les Baigneurs

TERRASSE

PRIX MODÉRÉS

AUTORISATION DE L'ÉTAT

VALS AU COMPLET

SOURCE DES PRINCES

Eau de Table, surnommée la Délicate, par M. le Docteur Bonnal.
Recommandée dans toutes les affections des voies digestives : dyspepsie, gastralgie, gastrite, etc.

SOURCE PRÉFÉRÉE, MOYENNE

Employée avec le plus grand succès, dans toutes les affections biliaires et de la vessie, elle rend surtout de grands services dans la goutte, les rhumatismes, les fièvres intermittentes des pays chauds et les épidémies cholériques.

SOURCE DUCHESSE, FORTE

Souveraine dans l'anémie, chlorose, appareil sexuel, elle agit très efficacement dans les cas où, à cause de leur minéralisation plus faible, les eaux bicarbonatées sodiques demeurent impuissantes.

N.-B. — Les eaux minérales de ces sources, situées au centre du bassin des Eaux, sont d'une conservation parfaite et peuvent supporter les plus longs voyages.

Pour les demandes, s'adresser à M. PEYROUSE AÎNÉ, *prop., à Vals.*

ANALYSES	DES PRINCES	PRÉFÉRÉE	DUCHESSE
Acide carbonique libre	1.5590	1.3910	1.4510
Bicarbonate de soude	1.8700	4.2820	7.4370
— de potasse	0.0373	0.1360	0.1430
— de chaux	0.0500	0.2000	0.2110
— de magnésie	0.0470	0.1150	0.1180
— de lithine	traces	0.0157	0.0059
Chlorure de sodium	0.0288	0.1630	0.1710
— de potassium	0.0305	traces	traces
Sulfate de soude	0.2326	0.0350	0.0360
— de potasse	0.0387	indices	indices
Silice	0.0550	0.0670	0.0720
Alumine	indices	0.0031	0.0035
Oxyde de fer	0.0140	0.0125	0.0015
TOTAUX	2.4239	5.0293	9.3499

VILLA VEUVE LADET

Maison Meublée à neuf

APPARTEMENTS POUR FAMILLES

Une des mieux situées de Vals

EN FACE DU GRAND CASINO

Terrasse sur le devant ainsi que sur le derrière.

On FAIT LA CUISINE

Casimir Croze

CHAMBRES MEUBLÉES

ET CUISINE POUR FAMILLE

AU CENTRE DE VALS

Villa Casimir Croze

JARDINS -- BEAUX OMBRAGES

Chambres garnies & Appartements pour familles

ANCIEN HOTEL DU PARC

TENU PAR

CHALABREYSSE

Grand'Rue, près la Passerelle

A VALS - LES - BAINS (ARDÈCHE)

RESTAURANT — PENSION — CHAMBRES GARNIES

— PRIX TRÈS MODÉRÉS —

GRAND CAFÉ DE VALS
ET
GRAND CERCLE DES BAIGNEURS

Tenus par

Mme BOULLE

AU CENTRE DES GRANDS HOTELS

TERRASSES MAGNIFIQUES

Au - dessus du Cercle et devant le Café

FRAIS OMBRAGES

CONSOMMATIONS DE PREMIER CHOIX

BIÈRE DE LYON & DE RUOMS

Salle de lecture — Journaux du jour

Abonnements pour la saison

— DICTIONNAIRE BOTTIN —

Cet Etablissement se recommande à sa nombreuse clientèle

GRAND HOTEL DE L'EUROPE

Le plus ancien de Vals, tenu par

M. ET Mme BOUZIGE

à VALS-LES-BAINS (Ardèche)

TABLE D'HOTE — SERVICE PARTICULIER — JARDIN

PARC & JARDIN ATTENANT A L'HÔTEL

Voiture dans l'hôtel à la disposition de MM. les Baigneurs

OMNIBUS DE L'HÔTEL A TOUS LES TRAINS

SOCIETE GENERALE
des Produits aux sels extraits des Eaux Minérales
DE VALS-LES-BAINS & DU VIVARAIS

Médaille d'argent Conc. rég. d'Aubenas — Médaille de bronze Exposition de Blois — Médaille d'or Expos. Intern. de Nice — 1883-1884 — 1882 — 1883 — 1885 — Grand diplôme d'honneur et Médaille d'or Exposition de Lyon

COMMISSION — EXPORTATION

USINE MODERNE A VAPEUR
FABRIQUE DE CHOCOLAT & DE PRODUITS AUX SELS DE VALS
MARRONS GLACÉS DU VIVARAIS

Casimir CROZE & Cie
VALS - LES - BAINS (Ardèche)

Bonbons digestifs Casimir Croze, dits Caramels ou Sucre d'Orge, aux sels extraits des Eaux minérales de Vals. Prix de la boîte, franco par la poste, 1 fr. 50.

Pastilles bicarbonatées et ferrugineuses, aux sels extraits des Eaux minérales de Vals. Par boîtes de 50 c.: 1, 2 et 3 francs; en vrac, 5 francs le kilo.

Pralines Vivaraises, toniques et ferrugineuses. Prix de la boîte : 2 francs; 30 centimes en plus par la poste.

Chocolat digestif et ferrugineux, en livre, croquette, napolitain, pastilles, chocolat ferrugineux, qualité spéciale. Prix de la boîte : 1 fr. 50 ; 20 centimes en plus par la poste.

Nougat et Nougatine, fabrication spéciale, avec pistache, vanille et au miel du Vivarais.

Bonbons d'agrément, dits Berlingots de Vals, aux parfums menthe, citron, vanille, café, etc.

Pour avoir les véritables produits de Casimir CROZE, s'adresser dans ses magasins, situés : Grand-Rue de Vals et avenue Farincourt, maison Migno.

Il n'y a qu'un seul établissement, à Vals-les-Bains, où se fabriquent les produits aux sels naturels, extraits des eaux minérales ; Messieurs Casimir CROZE et Cie ne confient pas la fabrication de leurs spécialités à des usines éloignées de Vals, et dont, par suite, ils ne pourraient surveiller les procédés.

Fabriquant eux-mêmes, MM. CROZE et Cie sont les seuls qui puissent garantir la sincérité de leurs produits.

Toute personne peut, du reste, visiter les ateliers qui se trouvent à Vals-les-Bains, au-dessus de la manutention de la Société Générale des eaux minérales.

Dépôt. — Chez M. MAZAUDIER, confiseur, Maison Carrée, à Aubenas.

VOITURES A VOLONTE

LANDAU, PANIER, MYLORD, VICTORIA, &c.

CHEVAUX DE SELLE

Longs Voyages — Confortable — Célérité

François HUGON

Vals-les-Bains. — Hôtel Robert. — Vals-les-Bains.

A l'honneur de prévenir Messieurs les Étrangers et Baigneurs qu'il se met à leur disposition pour faire des excursions en montagne, passant par Antraigues, Laviolle, Mézilhac, Lachamp-Raphaël, le Gerbier de Joncs, le Mézenc, les ruines du couvent de Bonnefoi, Sainte-Eulalie, Le Béage, la forêt et l'abbaye de Mazan, le lac d'Issarlès, le lac Ferrand (près la forêt de Bauzon), la Côte de Mayres, La Chavade, Lanarce, Peyrabeille, le lac du Bouchet (près Costaros), les ruines du château de Polignac (près Le Puy), les ruines du château de La Roche-Lambert; passant par Langogne, Labastide, Notre-Dame-des-Neiges, Villefort, Les Vans, Joyeuse, les grottes de Vallon, le pont d'Arc; le château de Boulogne, le château de Ventadour, celui de Pourcherolles, le cratère de Thueyts, l'Echelle-du-Roi, la Gueule-d'Enfer, Neyrac, Jaujac, les ruines du château de Clamouse, le volcan de Jaujac.

RETOUR A VALS

VOITURES A VOLONTÉ

Break — Landau — Phaëton
Pour Courses, Promenades et Excursions

DONAS

Demeurant toute l'année à Vals-les-Bains

Remises : Maison Régis
En face l'Hôtel des Colonies, à côté du Temple.

PRIX MODÉRÉS

Auguste FEZAY

CHAMBRES MEUBLÉES

Au centre de Vals

QUINCAILLERIE - MERCERIE

ARTICLES DE PÊCHE

Chambres Garnies

Victor SUCHON
Propriétaire

VALS-LES-BAINS

ON FAIT LA CUISINE

APPARTEMENTS INDÉPENDANTS POUR FAMILLES
Complètement Meublés à Neuf

VÉRITABLES PASTILLES DE VALS
AUX SELS NATURELS
de l'Établissement de CASIMIR CROZE, situé à
VALS-LES-BAINS (Ardèche)

Les Véritables Pastilles de l'Etablissement de Casimir Croze sont préparées, à Vals, avec les sels minéraux extraits des Sources ; elles sont employées journellement pour combattre les affections des voies digestives, telles que : digestion lente, dyspepsie, gastralgie, vomissements, aigreurs, etc.

D'un goût très agréable et digérées par les estomacs les plus délicats, elles sont recommandées et mêmes nécessaires aux estomacs affaiblis, qui retrouvent, par leur usage, une grande puissance digestive.

La dose recommandée par les sommités médicales est de 8 à 12 Pastilles par jour.

Exiger sur chaque boîte le nom du seul et unique préparateur à Vals-les-Bains

CASIMIR CROZE & Cie

VILLA DU COTEAU
LOUIS PETIT, PROPRIÉTAIRE

Appartements de premier ordre, séparés, pour Familles
BELLE SITUATION
VUE SPLENDIDE — TERRASSES OMBRAGÉES

VILLA ERNEST MOULINE
Sur le Boulevard

APPARTEMENTS POUR FAMILLES
Jardin, Terrasse

DANS LA VILLA SE TROUVE :
LA SOURCE GAULOISE
Eau minérale naturelle

La Source **Gauloise**, très gazeuse, ne troublant ni le vin, ni aucune autre liqueur, forme une Eau de table excellente.

CASINO DE VALS-LES-BAINS

Cet Établissement composé de la Salle de Spectacle, de la Salle de Café (désignée sous le nom de *Café de Paris*) et du *Cercle des Étrangers*, vient de subir, sous la nouvelle Direction, diverses transformations et aménagements qui seront appréciés par MM. les Baigneurs.

Le *Théâtre d'Été*, transformé en une belle et vaste Salle verte, sera abrité de l'humidité des soirées. Du premier au cinq juillet, débutera la Troupe de concerts, comédies, vaudevilles et opérettes. Les artistes qui en font partie ont été choisis parmi les étoiles des grands établissements de Paris. Les affiches du jour donneront le tableau de la troupe et du répertoire qu'elle interprètera.

CAFE DU CASINO
OU CAFÉ DE PARIS

Ouvert depuis le 20 juin, aura dès le 1ᵉʳ juillet un service régulier de dépêches qui seront, dès leur arrivée, affichées dans la salle publique.

GRAND CERCLE DES ÉTRANGERS
ENTIÈREMENT RECONSTITUÉ

Offrira à MM. les Baigneurs tous les moyens de distraction qu'offrent les établissements similaires :

Salles de lecture, de conversation, de billards et jeux divers.

HOTEL DE FRANCE

Tenu par

M. & Mme MIRECOURT

VALS-LES-BAINS

MAISON ADMIRABLEMENT SITUÉE

Au centre de la Ville

EN FACE DE BEAUX PARCS ET JARDINS D'AGRÉMENT

Se recommande par sa bonne Cuisine bourgeoise
tous les jours variée

CONFORTABLE — PROPRETÉ

PRIX MODÉRÉS

VILLA MATHON, FILS

Maison Meublée à neuf

LA MIEUX SITUÉE DE VALS, AU CENTRE DU QUARTIER DES EAUX
ET FACE DE L'ÉTABLISSEMENT THERMAL

FRAIS OMBRAGES

APPARTEMENTS POUR FAMILLES

CONFORTABLE & PROPRETÉ

PRIX MODÉRÉS

AVIS AUX CONSOMMATEURS

Vous n'aurez plus de mauvaises digestions, si vous sucez les **Bonbons digestifs Casimir Croze, aux sels extraits des eaux minérales de Vals-les-Bains**; agréables à la bouche; arrêtent immédiatement la toux. Présentés sous forme de Bonbons, rien ne peut leur être comparé. — Exiger, sur chaque boîte, le nom de l'inventeur et seul préparateur, à Vals-les-Bains. Le nom est en toutes lettres même sur chaque Bonbon : C^{ir} CROZE, et au verso : VALS.

Adresser toutes demandes à Casimir CROZE et Cie, à Vals-les-Bains.

NOTA. — Des boîtes sont disposées pour être expédiées franco contre mandat posté de 1 fr. 50.

ANCIEN HOTEL DE LA POSTE
A VALS - LES - BAINS

Cet Hôtel, complètement remis à neuf, est aujourd'hui transformé en Appartements pour Familles et Chambres Garnies.

Terrasse et Jardin sur le derrière

ÉCURIE — REMISE — EAU — GAZ

Les Propriétaires exploiteront eux-mêmes pendant cette saison, après laquelle ils sont disposés à VENDRE ou à LOUER, soit comme Hôtel, soit comme Maison Garnie.

S'adresser aux Propriétaires de l'Hôtel de la Poste,
— A VALS - LES - BAINS —

A VENDRE

Emplacements avec Source Minérale, la meilleure des eaux de table, au plus beau quartier de la Station.

Grandes facilités de paiement.

S'adresser à M. Gaston GIRAUD, négociant à Vals-les-Bains.

G^d HOTEL DU NORD
Au centre de la ville
A VALS-LES-BAINS

 TENU PAR VERNET

Réparé et Meublé à neuf. Vue splendide

TABLE D'HOTE
DINERS PARTICULIERS
ON PORTE EN VILLE

ÉCURIE & REMISE
DÉPART DE TOUTES LES VOITURES
Dictionnaire Bottin

SOURCE DU BOSC.
Eau minérale naturelle

de VALS (Ardèche)

Approuvée par l'Académie de médecine.
Autorisée par l'État.

La source du BOSC, très gazeuse, est une excellente eau de table. — Elle est souveraine dans les maladies de l'estomac et des intestins, du foie, de la rate, des reins et de la vessie.

Elle combat efficacement les coliques hépatiques et néphrétiques, la gravelle, la goutte, le diabète et le rhumatisme.

S'adresser à M. Paul LAGARDE, *propriétaire de la source du Bosc*, ou à M. CHAULET, *café de la Favorite, quartier des Eaux.*

M. E. CHAMPETIER

Pharmacien-Chimiste, près le Pont-de-Fer

est le seul préparateur depuis 20 ans, des

SOUS PRODUITS DE VALS

Tels que : **Pastilles** et **Bonbons Digestifs**,

aux Sels de Vals

Sels naturels, pour bains et boissons artificielles, de VALS.

AINSI QUE DE

L'ARNICA DES CÉVENNES

Contre Plaies, Blessures, Contusions, Entorses, Foulures, etc., etc.

Se méfier des produits similaires, qui ne sont que des imitations

LABORATOIRE D'ANALYSES DIVERSES

LES SOURCES
LA REINE & 3 ETOILES
Débitant 3.000.000 de bouteilles

Sont la propriété exclusive de M. E. CHAMPETIER.

S'adresser à la pharmacie pour achats d'eau et renseignements.

Le Gérant

n° 14

VALS-LES-BAINS

SAISON DE 1885

du 15 Mai au 1er Octobre

Liste Officielle

DES ÉTRANGERS

Publiée par M. SERRE, secrétaire de la Mairie

L'éditeur de cette liste est seul autorisé à publier la *Liste officielle*.

— PRIX : 10 CENTIMES —

AUBENAS
IMPRIMERIE BREVETÉE DE Mme A. ROBERT

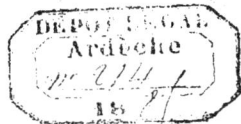

Maison non Recommandée

GRAND CAFÉ DE LA FAVORITE
TENU PAR A. CHAULET
Avenue Farincourt

A VALS-LES-BAINS (Ardèche)

CONSOMMATIONS DE 1er CHOIX

Salle de Billard, Grandes Terrasses, Vue splendide.	Chambres Garnies confortables, meublées à neuf.

Au centre de la Station thermale et des principaux hôtels.

VALS-LES-BAINS
GRAND HOTEL DE LYON
ÉTABLISSEMENT DE 1er ORDRE
Avenue Farincourt, au centre de la Station thermale,
limitant le Grand Établissement des Bains.

TENU PAR
Mme Vve LOUIS PEYROUSE
PROPRIÉTAIRE DE L'HOTEL

TABLE D'HOTE - SERVICE A LA CARTE
Cet Établissement se recommande à Messieurs les Baigneurs par son grand Confortable et son Service irrréprochable.

A LOUER
PENDANT LA SAISON
en tout ou en partie
1 REMISE & ÉCURIE
SITUÉE AU PONT DE VALS

S'adresser à M. LACROTTE Arsène, *Café National*, à Vals.

N° 14
LISTE OFFICIELLE DES ÉTRANGERS
Arrivés à VALS-LES-BAINS du 2 au 5 Août 1885

NOMS, QUALITÉS, DOMICILES, LOGEMENTS	NOMS, QUALITÉS, DOMICILES, LOGEMENTS

Hôtel de Paris

Mme Beauchair, r., Clermont-l'Hérault.
M. Gras, rent., Avignon.
Mme Gras, rent., Avignon.
M. Gras, rent., Avignon
   (une femme de chambre).
M. Avon, rent., Aramon.
M. Violet, notaire, Montélimar.
Mme Béranger, rent., Salon.
M. A. Dumas fils, Empl. d'administrat. Paris.
Mme Papleuse, rent., Paris.
M. Médard, rent., Lunel.
Mme Médard, rent., Lunel.
M. Médard, rent., Lunel.
Mlle Médard, rent., Lunel.
M. Bersani, voyageur, Lyon.
M. Philippe, prop., St-Saturnin-lez-Avignon.
M. Deville, docteur, St-Saturnin-lez-Avignon.
M. Vedel, rent., Largentière.
M. Beauchamp, avoué, Nyons.
M. Rodes, rent., Dieu-le-fit.
M. Charron, nég., le Teil.

Grand Hôtel du Louvre

M. Blacas, cont. des douanes, Marseille.
M. Bressy, prêtre, Orange.
M. Thibe, rent., Carpentras.
Mlle de Pastorel, rent., Avignon.
M. Vial, avocat, Orange.
M. Chabert, prêtre, Digne.
M. Fargier, avoué, Largentière.
Mme Fabre, rent., Montélimar.
Mlle Marguerite, rent., Montélimar.
Mlle Cécile, rent., Montélimar.
M. Bédos, empl., Nimes.
M. Audier.
M. Charavil, rent., Bourg-St-Andéol.
M. Goujon, rent., Bourg-St-Andéol.
M. Allard, architecte, Nimes.
Mlle Allard, rent., Nimes.
Mlle Jallifier, rent., Nimes.
M. Paradis, nég., Marseille
   (une femme de chambre).

Grand Hôtel des Bains

M. Barsouna, ancien juge au Tribunal Indigène, à Alexandrie, Egypte.
M. Claris, rent., Nimes.
Mme Claris, rent., Nimes.
M. Mulsant, nég., Villefranche.
Mme Mulsant, nég., Villefranche.
M. Reynier, rent., Montpellier.
Mme Ardouin, rent., Marseille.
M. Fessard, rent., Paris.
M. Chapard, nég., Lyon.
Mlle Chapard, rent., Lyon.
Mme Puget, rent., Marseille.
Mlle Puget, rent., Marseille.
Mlle Pauline, nég., Marseille.
M. Armand, rent., Lyon.
Mme Armand, rent., Lyon.
M. Armand fils, rent., Lyon.
Mme Armand, rent., Lyon.

Grand Hôtel de l'Europe

Mme Chateauneuf, facteur de piano, Marseille.
Mme Alemand, fact. de piano, Marseille.
M. Triat, empl. ch. de fer, Paris.
Mme Noyerie, rent., Montblanc.
M. Sayn fils, nég., Montélimar.
M. Gontard, rent., Moussac.
Mme Sézil, fabr. de poterie, St-Quentin.
Mlle Sézil, fabr. de poterie, St-Quentin.
M. Brenier, rent., Carpentras.
Mme Brenier, rent., Carpentras.
Mme Laurent, rent., Avignon.
M. Laurent fils, Avignon.
Mme Sorbier, rent., Carpentras.
M. Sabas, frère des Ecoles Chrétiennes, Avignon.
M. Meynard, entrepreneur, Avignon.
M. Ollivier, nég., Bagnols.
M. Boudrer, rent., Tournon.
M. Denis, nég., Bessèges.
M. Routis, nég., Pont-St-Esprit.
Mlle Routis, rent., Pont-St-Esprit.
M. Ballon, nég., Bagnols.
Mlle Ballon, nég., Bagnols.
M. Ballon fils, Bagnols.

NOMS, QUALITÉS, DOMICILES, LOGEMENTS

Mme Establier, rent., Bagnols.
Mlle Domergues, rent., Valliguières.
M. Salvinus, s.-Directeur des frères des Ecoles Chrétiennes, Alais.
M. Cavet, rent., Lyon.

Café Deschandol, *Hôtel de Marseille*

Mme Besson, prop., Lanarce.
M. Esprit, chef cantonnier, Valence.
M. Brazon, empl., Carcassonne.
M. Bourrier, gendarme, Chambon.
Mme Bourrier, rent., Chambon.
M. Arnaud, ex-instituteur, Casteljau.

Maison Boric

Mme Nozier, rent., St-Montant.
Mme Lascombe, rent., St-Montant.

Maison veuve Lagarde

M. Blanc, cordonnier, Rivière.
Mme Blanc, rent., Rivière.
M. Clamousse, prop., Lesmages.
Mme Clamousse, prop., Lesmages.
M. Flantin, prop., Nîmes.
Mme Flantin, prop., Nîmes.
M. Chabanel, prop., Montfrin.
M. Malignon, prop., Mas Clauzel.
Mme Malignon, Mas Clauzel.
M. Gravezat, cordonnier, Brouzet.
M. Laurent, prop., Ardèche.

Villa du Côteau, *maison Petit*.

Mme Fabre, rent., Ganges.
Mlle Fabre, Ganges.

Villa veuve Laffont

Mme Verdoire, nég., Salindres.
Mlle Lydie, nég., Salindres.
Mlle Anastasie, nég., Salindres.
Mlle Cartayrade, rent., Alais.

Grand Hôtel Durand

M. Rivoire, voyag. de com., Marges.
M. Petitjean, professeur, Besançon.
M. Roux, rent., Marseille.
M. Sabatier, rent., Vallon.
M. Cartier, rent., Montpellier.
M. Joyet, nég., Montpellier.
M. Robert, nég., Nîmes.
Mme Robert, nég., Nîmes.

NOMS, QUALITÉS, DOMICILES, LOGEMENTS

Hôtel des Colonies

Mme Coustes, rent., Nîmes.
M. l'abbé Tardy, aumônier, Lyon.
Mme Sales, rent., Bellegarde.
M. Alvay, rent., Générac.
Mme Alvay, rent., Générac.
Mlle Hélène, rent., Générac.

Hôtel du Nord

M. Guigouret, prop., Nîmes.
Mme Guigouret, prop., Nîmes.
Mlle Pommier, rent., Nîmes.
M. Robert, rent., Nîmes.
M. Lacharme, prop., Viviers.
M. Ponge, chef de service à l'usine de Vialas (Lozère).
Mme Ponge, rent., Vialas.
M. Bonnet, nég., Alais.
M. Bose, voyageur, Lyon.
Mme Chion, nég., Nyons.
Mme Grange, rent., Marseille.
Mme Bédrine, nég., Anduze.

Grand Hôtel de Lyon

M. Patouillard, rent., Largentière.
M. Marquerol, rent., Cette.
Mme Marquerol, rent., Cette.
M. Marquerol fils, rent., Cette.
M. Bonnard, rent., Avignon.
M. Arnaud, nég., Villeneuve-de-Berg.
Mme Arnaud, nég., Villeneuve-de-Berg.
Mlle Arnaud, nég., Villeneuve-de-Berg.
M. Arnaud fils, Villeneuve-de-Berg.
Mme Galtier, rent., Lasalle.
Mme Robert, rent., Alger.
Mme Lauglais, rent., Lyon.
Mme Arnaud, r., Villeneuve-de-Berg.
M. Gayrel, nég., Gailhac.
Mme Gayrel, nég., Gailhac.

Hôtel de France

M. Bourdet, empl. de comm. Toulouse.
M. Boissin, rent., Casteljau.
Mme Boissin, rent., Casteljau.
M. Perrier, rent., Bagnols.
M. Vedel, nég., Bessèges.
M. David Siffrein, nég., Roquemaure.
M. Laupin, mineur, Pradelle.
M. Vignal, nég., Goudargues.

Villa Ernest Mouline

M. Ollivier, dentiste, Marseille.

NOMS, QUALITÉS, DOMICILES, LOGEMENTS	NOMS, QUALITÉS, DOMICILES, LOGEMENTS
Restaurant Chalabreysse	**Maison Veuve Cros**
M. Brès, rent., St-Jean-des-Forêts.	M. Fouquet, cafetier, Bezome.
Mme Brès Elisa, rent., Nîmes.	M. Mairix, nég., Vezenobres.
M. Dugas, rent., Nîmes.	Mme Mairix, nég., Vezenobres.
M. Volpelière, rent., Nîmes.	
M. Lambuc, pasteur, La Paillette.	**Maison Victor Martin**
M. Lambuc fils, rent., La Paillette.	M. Coulom, nég., Nîmes.
	Mme Casse, nég., Nîmes.
Villa veuve Ladet	Mlle Casse, nég., Nîmes.
M. Cassagne, prop., Vallalé (Gard).	Mme Agniel, rent., Alais.
M. Mathon, rent., Avignon.	Mlle Agniel, rent., Alais.
M. Astruc, prop., Durfort.	Mme Arzelier, rent., Alais.
Mme Astruc, institutrice, Nîmes.	Mme Canuel, nég., Lapalud.
	M. Canuel fils, Lapalud.
Villa Delubac	
M. Champ, prop., Guelma (Algérie).	**Maison Fezay**
Mme Champ, prop., Guelma (Algérie).	Mme Charaix, nég., Nîmes.
M. Rochier, nég., Viviers.	Mlle Venissac, rent., Les Vans.
Mlle Barbe, prop., St-Privat.	M. Nouguier, empl. ch. de fer, Nîmes.
Mme Pellet, nég., Molières.	Mme Alla, nég., Bessèges.
M. Pellet, nég., Molières.	Mlle Alla, nég., Bessèges.
Mlle Pellet, nég., Molières.	Mme Nouguier, Bessèges.
Mme Lacassin, rent., Molières.	M. Evesque, prop., St-Maurice-de-Cas.
Mlle Malbose, rent., Molières.	M. Privat, prop., St-Maurice-de-Casev.
M. Castagner, nég., Beaucaire.	M. Colomet, rent., Nîmes.
Mme Castagner, rent., Nîmes.	Mme Colomet, rent., Nîmes.
Mme St-Régis, religieuse, Valence.	Mlle Teyssier, rent., Nîmes.
Maison Suchon	**Villa Eugène Mouline**
M. Meffre, prop., Nîmes.	M. Guigoret, rec. de l'enregist., Sérian.
M. Blanc, empl., Marseille.	Mme Guigoret, rent., Sérian.
Mme Blanc, rent., Marseille.	Mlle Guigoret, Sérian
	(une bonne).
Maison Baylon	Mme Jullian, rent., Nîmes.
Mme Plaisant, rent., Marseille.	Mlle Jullian, Nîmes.
M. Plaisant, rent., Marseille.	Mlle Pillon, professeur, Nîmes.
M. Forton, nég., Marseille.	Mlle Pillon, rent., Nîmes.
M. Reyne, nég., Oraison.	M. Breton, nég., Nîmes.
	Mlle Gabiau, nég., Nîmes.
Villa Vincent	M. Rouveu, nég., Nîmes.
M. Barel, nég., Marseille.	M. Gabiau fils, nég., Nîmes.
Mme Barle, rent., Marseille.	Mlle Gabiau, rent., Nîmes
M. Emerie, rent., Marseille.	(une femme de cham. et une cuisinière).
M. Barle, rent., Marseille.	
	Villa Bard
Maison Robert	Mme Sarrazin, garde-malade, Marseille.
M. Flandrin, prop., St-Just.	Mme Brousse, prop., Anduze.
Mme Flandrin, St-Just.	Mme Chazal, prop., Anduze.
	Mme Brunel, modiste, Anduze.

NOMS, QUALITÉS, DOMICILES, LOGEMENTS	NOMS, QUALITÉS, DOMICILES, LOGEMENTS

Villa Mathon fils

M. Cambon, rent., Montagnac.
Mme Cambon, Montagnac.

Grand Hôtel des Délicieuses

M. Martel, nég., Alais.
M. Redarès, nég., Sommières.
M. Rebuffat, nég., Nîmes.
Mlle Rebuffat, Nîmes.
M. Rebuffat fils, Nîmes.
M. Robert, nég., Gap.
Mlle Quenin, rent., Ste-Cécile.

Hôtel Robert

M. Angoux, rent., Alais.
Mme Angoux, Alais.
M. Passebois, cafetier, Molière.
M. Arnaud, coiffeur, Molière.
M. Marron Jules, limonadier, Avignon.
Mme Marron, Avignon.

Restaurant Vve Blachère

M. Moulin, prop., Mazan.
M. Luminier, prop., Mazan.
Mme Piala, rent., Mazan.
M. Crozier, prop., Beaulieu.
M. Tastevin, prop., les Assions.
M. Brousse, prop., Lablachère.

Villa de Bernardy

M. Caysac, nég., Nîmes.
Mme Caysac, Nîmes.
Mlle Lucie Caysac, Nîmes.
M. Joseph Caysac, Nîmes.
M. Jean Caysac.
M. Polge, nég., Bessèges.
Mme Rachel Polge, Bessèges.
Mlle Théobaldine Polge, Bessèges.
Mlle Marthe Polge, Bessèges
(une bonne).

Maison Casimir Croze

M. Dubois.
M. Pichau.
Mlle Pichau.
M. Martarèche, Annonay.
Mme Guilhau, Saint-Pierre-la-Roche.
M. Guithau, Saint-Pierre-la-Roche.

Café Restaurant des Bains

M. Sabatier, nég., Lyon.
M. Chatanet, nég., Lyon.

Maison Régis Combe

M. Chaupard, prop., Ampuis.
Mme Conteleu, rent., Carpentras.
M. Bec, peintre, Nîmes.
Mme Bec, rent., Nîmes.

BONBONS DIGESTIFS CASIMIR CROZE

Vous n'aurez plus de mauvaises digestions, si vous sucez les véritables **Bonbons digestifs Casimir Croze, aux sels extraits des eaux minérales de l'Établissement de Vals** ; agréables à la bouche ; ils fondent de suite, et l'air que l'on respire agit aussitôt sur les poumons ; les vapeurs bienfaisantes des sels qui sont employés arrêtent immédiatement la toux. Présentés sous forme de Dragées, avec inscription : C^{ir} CROZE, et au verso : VALS, rien ne peut leur être comparé. Les Bonbons digestifs Casimir Croze sont les seuls qui se fabriquent à Vals.— Se méfier des nombreuses imitations ; exiger la signature de Casimir CROZE & Cie sur chaque boîte.

Vente dans ses magasins, Grande-Rue de Vals, en face de la passerelle, et à l'avenue Farincourt, maison Migno.

CAFÉ-RESTAURANT DES BAINS

Avenue Farincourt
En face de l'Établissement thermal

| Chambres meublées très confortables | | Service à la Carte Célérité |

MENU
du Jeudi 6 Août 1885

Potage
Melon
Hors d'œuvre
Civet de Lièvre
Escaloppes vin blanc
Cotelettes aux pommes
Rognons Madère
Poissons
Ecrevisses
Haricots verts
Tomates provençales
Volaille rôtie
Entremets
Dessert assorti

VINS DES PREMIERS CRUS
SOUPER FROID A LA SORTIE DU CASINO

A LA BOTTE SANS COUTURE

VICTORIN BRUN

Maison Hôtel de la Poste

Grande-Rue et place Saint-Jean — VALS-LES-BAINS

GRAND ASSORTIMENT DE CHAUSSURES
CHAUSSURES SUR COMMANDE
SPÉCIALITÉ DE CHAUSSURES CONFECTIONNÉES
RÉPARATIONS EN TOUS GENRES
— PRIX TRÈS MODÉRÉS —

CROZE Arsène

À VALS-LES-BAINS (Le Pont)

VINS ORDINAIRES & VINS FINS
GARANTIS PURS DE TOUT MÉLANGE
Récoltés chez le propriétaire et provenant uniquement du raisin

EAU-DE-VIE & RHUM

PRIX TRÈS MODÉRÉS

BRESSON
Entrepreneur

Place Saint-Jean, — à Vals-les-Bains

MAISON GARNIE — MEUBLÉE A NEUF
Située au centre de VALS

Cuisine à la disposition de Messieurs les Baigneurs

TERRASSE

PRIX MODÉRÉS

AUTORISATION DE L'ÉTAT

VALS AU COMPLET

SOURCE DES PRINCES

Eau de Table, surnommée la Délicate, par M. le Docteur Bonnal.

Recommandée dans toutes les affections des voies digestives : dyspepsie, gastralgie, gastrite, etc.

SOURCE PRÉFÉRÉE, MOYENNE

Employée avec le plus grand succès, dans toutes les affections biliaires et de la vessie, elle rend surtout de grands services dans la goutte, les rhumatismes, les fièvres intermittentes des pays chauds et les épidémies cholériques.

SOURCE DUCHESSE, FORTE

Souveraine dans l'anémie, chlorose, appareil sexuel, elle agit très efficacement dans les cas où, à cause de leur minéralisation plus faible, les eaux bicarbonatées sodiques demeurent impuissantes.

N.-B. — Les eaux minérales de ces sources, situées au centre du bassin des Eaux, sont d'une conservation parfaite et peuvent supporter les plus longs voyages.

*Pour les demandes, s'adresser à M. P*EYROUSE *AÎNÉ, prop., à Vals.*

ANALYSES	DES PRINCES	PRÉFÉRÉE	DUCHESSE
Acide carbonique libre	1.5590	1.3910	1.4510
Bicarbonate de soude	1.8700	4.2820	7.1370
— de potasse	0.0373	0.1360	0.1430
— de chaux	0.0500	0.2000	0.2110
— de magnésie	0.0470	0.1150	0.1180
— de lithine	traces	0.0157	0.0059
Chlorure de sodium	0.0288	0.1630	0.1710
— de potassium	0.0305	traces	traces
Sulfate de soude	0.2226	0.0350	0.0360
— de potasse	0.0387	indices	indices
Silice	0.0550	0.0670	0.0720
Alumine	indices	0.0031	0.0035
Oxyde de fer	0.0140	0.0125	0.0015
TOTAUX	2.4239	5.0293	9.3499

VILLA VEUVE LADET

Maison Meublée à neuf

APPARTEMENTS POUR FAMILLES

Une des mieux situées de Vals

EN FACE DU GRAND CASINO

Terrasse sur le devant ainsi que sur le derrière.

On FAIT LA CUISINE

Casimir Croze

CHAMBRES MEUBLÉES

ET CUISINE POUR FAMILLE

AU CENTRE DE VALS

Villa Casimir Croze

JARDINS -- BEAUX OMBRAGES

Chambres garnies & Appartements pour familles

ANCIEN HOTEL DU PARC

TENU PAR

CHALABREYSSE

Grand'Rue, près la Passerelle

A VALS - LES - BAINS (ARDÈCHE)

RESTAURANT — PENSION — CHAMBRES GARNIES

— PRIX TRÈS MODÉRÉS —

GRAND CAFÉ DE VALS
ET
GRAND CERCLE DES BAIGNEURS

Tenus par

Mme BOULLE

AU CENTRE DES GRANDS HOTELS

TERRASSES MAGNIFIQUES

Au-dessus du Cercle et devant le Café

FRAIS OMBRAGES

CONSOMMATIONS DE PREMIER CHOIX

BIÈRE DE LYON & DE RUOMS

Salle de lecture — Journaux du jour

Abonnements pour la saison

— DICTIONNAIRE BOTTIN —

Cet Etablissement se recommande à sa nombreuse clientèle

Le plus ancien de Vals, tenu par

M. ET Mme BOUZIGE

à VALS-LES-BAINS (Ardèche)

TABLE D'HOTE — SERVICE PARTICULIER — JARDIN

Parc & Jardin attenant a l'Hôtel

Voiture dans l'hôtel à la disposition de MM. les Baigneurs

OMNIBUS DE L'HOTEL A TOUS LES TRAINS

SOCIÉTÉ GÉNÉRALE
des Produits aux sels extraits des Eaux Minérales
DE VALS-LES-BAINS & DU VIVARAIS

COMMISSION — EXPORTATION

USINE MODERNE A VAPEUR

FABRIQUE DE CHOCOLAT & DE PRODUITS AUX SELS DE VALS
MARRONS GLACÉS DU VIVARAIS

Casimir CROZE & Cie
VALS - LES - BAINS (Ardèche)

Bonbons digestifs Casimir Croze, dits Caramels ou Sucre d'Orge, aux sels extraits des Eaux minérales de Vals. Prix de la boîte, franco par la poste, 1 fr. 50.

Pastilles bicarbonatées et ferrugineuses, aux sels extraits des Eaux minérales de Vals. Par boîtes de 50 c.: 1, 2 et 3 francs; en vrac, 5 francs le kilo.

Pralines Vivaraises, toniques et ferrugineuses. Prix de la boîte : 2 francs; 30 centimes en plus par la poste.

Chocolat digestif et ferrugineux, en livre, croquette, napolitain, pastilles, chocolat ferrugineux, qualité spéciale. Prix de la boîte : 1 fr. 50 ; 20 centimes en plus par la poste.

Nougat et Nougatine, fabrication spéciale, avec pistache, vanille et au miel du Vivarais.

Bonbons d'agrément, dits Berlingots de Vals, aux parfums menthe, citron, vanille, café, etc.

Pour avoir les véritables produits de Casimir CROZE, s'adresser dans ses magasins, situés : Grand-Rue de Vals et avenue Farincourt, maison Migno.

Il n'y a qu'un seul établissement, à Vals-les-Bains, où se fabriquent les produits aux sels naturels, extraits des eaux minérales ; Messieurs Casimir CROZE et Cie ne confient pas la fabrication de leurs spécialités à des usines éloignées de Vals, et dont, par suite, ils ne pourraient surveiller les procédés.

Fabriquant eux-mêmes, MM. CROZE et Cie sont les seuls qui puissent garantir la sincérité de leurs produits.

Toute personne peut, du reste, visiter les ateliers qui se trouvent à Vals-les-Bains, au-dessus de la manutention de la Société Générale des eaux minérales.

Dépôt. — Chez M. MAZAUDIER, confiseur, Maison Carrée, à Aubenas.

VOITURES A VOLONTE

LANDAU, PANIER, MYLORD, VICTORIA, &c.

CHEVAUX DE SELLE

Longs Voyages — Confortable — Célérité

François HUGON

Vals-les-Bains. — Hôtel Robert. — Vals-les-Bains.

A l'honneur de prévenir Messieurs les Étrangers et Baigneurs qu'il se met à leur disposition pour faire des excursions en montagne, passant par Antraigues, Laviolle, Mézilhac, Lachamp-Raphaël, le Gerbier de Joncs, le Mézenc, les ruines du couvent de Bonnefoi, Sainte-Eulalie, Le Béage, la forêt et l'abbaye de Mazan, le lac d'Issarlès, le lac Ferrand (près la forêt de Bauzon), la Côte de Mayres, La Chavade, Lanarce, Peyrabeille, le lac du Bouchet (près Costaros), les ruines du château de Polignac (près Le Puy), les ruines du château de La Roche-Lambert; passant par Langogne, Labastide, Notre-Dame-des-Neiges, Villefort, Les Vans, Joyeuse, les grottes de Vallon, le pont d'Arc; le château de Boulogne, le château de Ventadour, celui de Pourcherolles, le cratère de Thueyts, l'Echelle-du-Roi, la Gueule-d'Enfer, Neyrac, Jaujac, les ruines du château de Clamouse, le volcan de Jaujac.

RETOUR A VALS

VOITURES A VOLONTÉ

Break — Landau — Phaëton
Pour Courses, Promenades et Excursions

DONAS

Demeurant toute l'année à VALS-LES-BAINS

Remises : Maison Régis
En face l'Hôtel des Colonies, à côté du Temple.

PRIX MODÉRÉS

Auguste FEZAY

CHAMBRES MEUBLÉES

Au centre de Vals

QUINCAILLERIE - MERCERIE

ARTICLES DE PÊCHE

Chambres Garnies

Victor SUCHON
Propriétaire

VALS-LES-BAINS

ON FAIT LA CUISINE

APPARTEMENTS INDÉPENDANTS POUR FAMILLES
Complètement Meublés à Neuf

GRAND CAFÉ EUROPÉEN

ANCIEN CAFÉ DE L'EUROPE

Réparé & Meublé à neuf

Tenu par Alphonse CROS

Au centre de VALS, donnant sur la place St-Jean

CONSOMMATIONS DE PREMIER CHOIX
Bière de Lyon, de Ruoms. — Glace.

BOTTIN

CHAMBRES GARNIES INDÉPENDANTES

VALS-LES-BAINS

GRAND HOTEL DU LOUVRE

TENU PAR
LÉON BAYLON
Propriétaire

— Cet Hôtel vient de s'agrandir d'une magnifique ANNEXE —

VASTE SALLE A MANGER & SALON DE COMPAGNIE

TABLE D'HOTE --- SERVICE PARTICULIER

BELLE SALLE D'OMBRAGE ATTENANTE A L'HOTEL

Voitures à la disposition de Messieurs les Baigneurs

OMNIBUS DE L'HOTEL A TOUS LES TRAINS

PENSION, 2 REPAS PAR JOUR
Chambre et Service compris

HOTEL DU LOUVRE		ANNEXE	
1er Étage........	7 fr. 50	1er Étage..........	9 fr.
2me Étage.......	7 fr. »	2me Étage..........	8 fr.

Service irréprochable

IMPRIMERIE COMMERCIALE
INDUSTRIELLE ET ADMINISTRATIVE

de

Mme A. ROBERT

Imprimeur breveté

Faubourg L. Gambetta, en face les Postes & Télégraphes

A AUBENAS, ARDÈCHE

VÉRITABLES PASTILLES DE VALS
AUX SELS NATURELS
de l'Établissement de CASIMIR CROZE, situé à
VALS-LES-BAINS (Ardèche)

Les Véritables Pastilles de l'Etablissement de Casimir Croze sont préparées, à Vals, avec les sels minéraux extraits des Sources ; elles sont employées journellement pour combattre les affections des voies digestives, telles que : digestion lente, dyspepsie, gastralgie, vomissements, aigreurs, etc.

D'un goût très agréable et digérées par les estomacs les plus délicats, elles sont recommandées et mêmes nécessaires aux estomacs affaiblis, qui retrouvent, par leur usage, une grande puissance digestive.

La dose recommandée par les sommités médicales est de 8 à 12 Pastilles par jour.

Exiger sur chaque boîte le nom du seul et unique préparateur à Vals-les-Bains

CASIMIR CROZE & Cie

VILLA DU COTEAU

LOUIS PETIT, PROPRIÉTAIRE

Appartements de premier ordre, séparés, pour Familles

BELLE SITUATION
VUE SPLENDIDE — TERRASSES OMBRAGÉES

VILLA ERNEST MOULINE
Sur le Boulevard

APPARTEMENTS POUR FAMILLES
Jardin, Terrasse

DANS LA VILLA SE TROUVE :
LA SOURCE GAULOISE
Eau minérale naturelle

La Source **Gauloise**, très gazeuse, ne troublant ni le vin, ni aucune autre liqueur, forme une Eau de table excellente.

CASINO DE VALS-LES-BAINS

Cet Établissement composé de la Salle de Spectacle, de la Salle de Café (désignée sous le nom de *Café de Paris*) et du *Cercle des Étrangers*, vient de subir, sous la nouvelle Direction, diverses transformations et aménagements qui seront appréciés par MM. les Baigneurs.

Le *Théâtre d'Été*, transformé en une belle et vaste Salle verte, sera abrité de l'humidité des soirées. Du premier au cinq juillet, débutera la Troupe de concerts, comédies, vaudevilles et opérettes. Les artistes qui en font partie ont été choisis parmi les étoiles des grands établissements de Paris. Les affiches du jour donneront le tableau de la troupe et du répertoire qu'elle interprètera.

CAFE DU CASINO
OU CAFÉ DE PARIS

Ouvert depuis le 20 juin, aura dès le 1er juillet un service régulier de dépêches qui seront, dès leur arrivée, affichées dans la salle publique.

GRAND CERCLE DES ÉTRANGERS
ENTIÈREMENT RECONSTITUÉ

Offrira à MM. les Baigneurs tous les moyens de distraction qu'offrent les établissements similaires :

Salles de lecture, de conversation, de billards et jeux divers.

HOTEL DE FRANCE

Tenu par

M. & Mme MIRECOURT

VALS-LES-BAINS

MAISON ADMIRABLEMENT SITUÉE
Au centre de la Ville
EN FACE DE BEAUX PARCS ET JARDINS D'AGRÉMENT

Se recommande par sa bonne Cuisine bourgeoise
tous les jours variée

CONFORTABLE — PROPRETÉ
PRIX MODÉRÉS

VILLA MATHON, FILS

Maison Meublée à neuf

LA MIEUX SITUÉE DE VALS, AU CENTRE DU QUARTIER DES EAUX
EN FACE DE L'ÉTABLISSEMENT THERMAL

FRAIS OMBRAGES
APPARTEMENTS POUR FAMILLES

CONFORTABLE & PROPRETÉ
PRIX MODÉRÉS

AVIS AUX CONSOMMATEURS

Vous n'aurez plus de mauvaises digestions, si vous sucez les **Bonbons digestifs Casimir Croze, aux sels extraits des eaux minérales de Vals-les-Bains**; agréables à la bouche; arrêtent immédiatement la toux. Présentés sous forme de Bonbons, rien ne peut leur être comparé. — Exiger, sur chaque boite, le nom de l'inventeur et seul préparateur, à Vals-les-Bains. Le nom est en toutes lettres même sur chaque Bonbon: C^{ir} CROZE, et au verso: VALS.

Adresser toutes demandes à Casimir CROZE et Cie, à Vals-les-Bains.

NOTA. — Des boîtes sont disposées pour être expédiées franco contre mandat poste de 1 fr. 50.

ANCIEN HOTEL DE LA POSTE
A VALS - LES - BAINS

Cet Hôtel, complètement remis à neuf, est aujourd'hui transformé en Appartements pour Familles et Chambres Garnies.

Terrasse et Jardin sur le derrière

ÉCURIE — REMISE — EAU — GAZ

Les Propriétaires exploiteront eux-mêmes pendant cette saison, après laquelle ils sont disposés à VENDRE ou à LOUER, soit comme Hôtel, soit comme Maison Garnie.

S'adresser aux Propriétaires de l'Hôtel de la Poste,
— A VALS - LES - BAINS —

A VENDRE

Emplacements avec Source Minérale, la meilleure des eaux de table, au plus beau quartier de la Station.

Grandes facilités de paiement.

S'adresser à M. Gaston GIRAUD, *négociant à Vals-les-Bains.*

G^d HOTEL du NORD

Au centre de la ville

A VALS-LES-BAINS

 TENU PAR VERNET

Réparé et Meublé à neuf. Vue splendide

TABLE D'HOTE

DINERS PARTICULIERS

ON PORTE EN VILLE

ÉCURIE & REMISE

DÉPART DE TOUTES LES VOITURES

Dictionnaire Bottin

SOURCE DU BOSC
Eau minérale naturelle
de VALS (Ardèche)
Approuvée par l'Académie de médecine.
Autorisée par l'État.

La source du BOSC, très gazeuse, est une excellente eau de table. — Elle est souveraine dans les maladies de l'estomac et des intestins, du foie, de la rate, des reins et de la vessie.

Elle combat efficacement les coliques hépatiques et néphrétiques, la gravelle, la goutte, le diabète et le rhumatisme.

S'adresser à M. Paul LAGARDE, *propriétaire de la source du Bosc*, ou à M. CHAULET, *café de la Favorite, quartier des Eaux.*

M. E. CHAMPETIER
Pharmacien-Chimiste, près le Pont - de - Fer

est le seul préparateur depuis 20 ans, des

SOUS PRODUITS DE VALS

Tels que : **Pastilles** et **Bonbons Digestifs**,

aux Sels de Vals

Sels naturels, pour bains et boissons artificielles, de VALS.

AINSI QUE DE

L'ARNICA DES CÉVENNES

Contre Plaies, Blessures, Contusions, Entorses, Foulures, etc., etc.

Se méfier des produits similaires, qui ne sont que des imitations

LABORATOIRE D'ANALYSES DIVERSES

LES SOURCES
LA REINE & 3 ETOILES
Débitant 3.000.000 de bouteilles

Sont la propriété exclusive de M. E. CHAMPETIER.

S'adresser à la pharmacie pour achats d'eau et renseignements.

Le Gérant

… N° 15

VALS-LES-BAINS

SAISON DE 1885

du 15 Mai au 1er Octobre

Liste Officielle

DES ÉTRANGERS

Publiée par M. SERRE, secrétaire de la Mairie

L'éditeur de cette liste est seul autorisé à publier la *Liste officielle*.

— PRIX : 10 CENTIMES —

AUBENAS
IMPRIMERIE BREVETÉE DE Mme A. ROBERT

Maison non Recommandée

GRAND CAFÉ DE LA FAVORITE
TENU PAR A. CHAULET
Avenue Farincourt

A VALS-LES-BAINS (Ardèche)

CONSOMMATIONS DE 1er CHOIX

Salle de Billard, Grandes Terrasses, Vue splendide.	Chambres Garnies confortables, meublées à neuf.

Au centre de la Station thermale et des principaux hôtels.

VALS-LES-BAINS

GRAND HOTEL DE LYON
ÉTABLISSEMENT DE 1er ORDRE

Avenue Farincourt, au centre de la Station thermale,
limitant le Grand Établissement des Bains.

TENU PAR

Mme Vve LOUIS PEYROUSE
PROPRIÉTAIRE DE L'HOTEL

TABLE D'HOTE – SERVICE A LA CARTE

Cet Établissement se recommande à Messieurs les Baigneurs par son
grand Confortable et son Service irréprochable.

A LOUER
PENDANT LA SAISON
en tout ou en partie

1 REMISE & ÉCURIE
SITUÉE AU PONT DE VALS

S'adresser à M. LACROTTE Arsène, *Café National*, à Vals.

N° 15
LISTE OFFICIELLE DES ÉTRANGERS
Arrivés à VALS-LES-BAINS du 5 au 8 Août 1885

NOMS, QUALITÉS, DOMICILES, LOGEMENTS	NOMS, QUALITÉS, DOMICILES, LOGEMENTS

Grand Hôtel Durand

M. Durand, nég., Avignon.
M. Machard, inspecteur des droits d'Auteur, Avignon.
M. Sartre, prop., Avignon.
M. Sartre fils, prop., Avignon.
M. Sartre Félix fils, prop., Avignon.
M. Martin, rent., Nimes.
M. Sylvestre, rent., Montpellier.
M. Bourdet, rent., St-Remy.
Mme Bourdet, St-Remy.
M. Barraux, prop., Trévoux.
M. Malagotte, prop., Trévoux.
M. Sylvestre Pétrus, entrepr., Marseille.
Mme Sylvestre, Marseille.

Grand Hôtel des Bains

M. le comte de Glinka, rent., Marseille.
M. A. Zannos, nég., Grèce.
Mme A. Zannos, Grèce.
M. Manont Eian, nég., Marseille.
Mme Manont Eian, Marseille.
M. Manont Eian, Marseille.
M. Ferand, docteur, Orange.

Hôtel de Paris

Mme Barraud, rent., Alais.
Mlle Amélie Barraud, Alais.
Mlle Berthe Barraud, Alais.
M. le vicomte Pighetti, rent., Toulon.
M. Pighetti, Toulon.
Mlle Pighetti, Toulon.
M. Gonthier, officier d'administration publique, Marseille.
M. Fayn, banquier, Grignan.
M. Faure, chef de division, Privas.
M. Boyer, major, Gap.
Mme Boyer, Gap.
Mlle Degréaux, rent., Gap.
M. Robin, rent., Lyon.
M. Longein, rent., Lyon.
Mme Ferrari, rent., Embrun.
M. Agneil, rent., Marseille.
M. Pignède, prof. au Lycée, Nimes.

Grand Hôtel de l'Europe

Mlle Fuster, rent., Carpentras.
M. Rossi Pietro, agent, Venise (Italie).
M. Gerbaud, rent., Courthézon.
M. Roustan, nég., Bessèges.
M. Bonnafous, nég., Bessèges.
M. Tadée, f. des éc. chrétien, Avignon.
4 Touristes, rent., Lyon.
M. Raouly, rent., Château-Renard.
M. Guijon, rent., Rognonas.
M. Poisson, rent., Avignon.
Mme Poisson, Avignon.
Mlle Courbin, rent., Courthézon.
M. Rieu, cons. d'arrondis', St-Chaptes.
Mme Rieu, rent., St-Chaptes.
Mlle Rieu, St-Chaptes.
M. Salmon, nég., Nancy.
Mme Salmon, Nancy.
Mme Fandin, rent, Uzès.
Mlle Fandin, Uzès.
M. Candi, rent., St-Chaptes.
M. Pinet, vétérinaire, Montélimar.
M. Archer, rent., Nimes.

Hôtel des Colonies

M. Picard, conducteur des Ponts et Chaussées, Nimes.
Mme Picard, Nimes.
Mlle Picard, Nimes.
M. Picard fils, prêtre, Nimes.
M. Picard fils, médecin, Paris (une femme de chambre).

Grand Hôtel du Louvre

Mme Lafont, rent., Alais.
Mlle Lafont, Alais.
M. Durand, prêtre, Marseille.
M. Couvert, nég., Marseille.
M. Creyssard, nég., Marseille.
Mme Pancer, rent., Annonay.
M. Rouveure, prêtre, Chassiers.
M. Rouveure, prêtre, Joannas.
M. de Dianoux, ingénieur, Avignon.

NOMS, QUALITÉS, DOMICILES, LOGEMENTS

M. de Dianoux, prop., Avignon.
M. Ganeval, professeur, Lyon.
Mme Ganeval, rent., Lyon.
Mlle Ganeval, rent., Lyon.
Mlle Lavenie, maîtr. de pension, Lyon.
Mlle Champenois, rent., Marseille.

NOTA. — Par suite d'une erreur de copiste, commise sur la dernière *Liste Officielle des Etrangers*, en ce qui concerne l'Hôtel du Louvre, la femme de chambre, qui vient après le nom de M. Paradis, négociant à Marseille, doit être mise à la suite du nom de Mlle Jallifier, rent. à Nîmes.

Café Restaurant des Bains

M. Charvet, Lyon.
M. Bourjailliat, pharmacien, Lyon.
Mme Bourjailliat.
M. Bourjailliat fils, Lyon.

Grand Hôtel des Délicieuses

M. Béranger, nég., Gap.
M. Bayle, clerc de notaire, Annonay.
M. Saint Paul, rent., Alais.
Mme Saint Paul, Alais.
M. Veber, rent., Nîmes.
Mme Charles, rent., Nîmes.
M. Bonnald, rent., Alais.
Mme Donnadieu, rent., Marseille.
M. Donnadieu, Marseille.
M. Rouden, rent., Carpentras.

Hôtel du Nord

M. Basque, prop., Marseille.
M. Durand, coiffeur, Molières.
M. Raffailly, f. de chapeaux, Valence.

Restaurant Chalabreysse

M. Janoux, rent., Bessèges.
M. Constant, rent., Marseille.
M. Grail, rent., Firminy.
M. Guyon, expéditeur, Rognonas.
M. Chevalier, mineur, Robiac.

Restaurant Vve Blachère

M. Bernard, prop., Tauriers.
M. Marquilles, prop., Montselgues.

NOMS, QUALITÉS, DOMICILES, LOGEMENTS

Hôtel de France

M. Chambon, nég., Joyeuse.
M. Morel, maître-maçon, Grand'Combe.
Mme Morel, Grand'Combe.
M. Bonnet, rent., Grand'Combe.
M. Bastide, représentant de c., Alais.
M. Sallard, nég., Donzère.
M. Ducros, nég., Calvisson.

Maison Giraud

Mme Arlaud, rent., Nîmes.
Mlle Arlaud, rent., Nîmes.
Mme Cade, rent., Nîmes.
Mlle Cade, rent., Nîmes.
Mme Cardesse, rent., Nîmes.
Mlle Cardesse, prof. de piano, Nîmes.
M. Fromentin, étudiant, Montarens.
M. Grivelet, professeur, Alais.
Mme Grivelet, rent., Alais.
Mlle Delagrange, rent., Alais.
M. Teyssier, cap. de recr., Montélimar.
Mme Teyssier, rent., Montélimar.
M. G. Teyssier, Montélimar.
Mme Bonfils, nég., Aiguevives.
Mlle Bonfils, Aiguevives.

Grand Hôtel de Lyon

M. Fauré, préfet de l'Ardèche, Privas.
M. Ronbin, nég., Nîmes.
Mlle Ronbin, nég., Nîmes.
Mme Barthélemy, rent., Nîmes.
M. Tremolet, professeur, Montpellier.
Mme Tremoulet, profess., Montpellier.
M. Blanchon, rent., Etoile.
M. Etienne, maître-d'hôtel, Privas.
M. Siméon, rent., Viviers.

Villa Margaritora

M. J. Resotte, rent., Paris.
M. Fabregou, rent., Alais.
M. Vernet, rent., Alais.

Maison Caillé

M. Chateland, rent., Marseille.
Mme Chateland, rent., Marseille.
M. Chateland fils, Marseille.
Mlle Chateland, Marseille.
Mlle Chateland, Marseille.

NOMS, QUALITÉS, DOMICILES, LOGEMENTS	NOMS, QUALITÉS, DOMICILES, LOGEMENTS

Villa Delabac

M. Boisset, nég., Bessèges.
Mme Boisset, nég., Bessèges.
M. Brun, rent., Chassagnes.
Mlle Brun, rent., Chassagnes.
M. Bissoant, prop., Tamarix.
M. Bissoant, Tamarix.
M. Favre, prêtre, Viviers.

Maison Fezay

M. Barbut, prop., Saussines.
M. Gauthier, empl. ch. de fer, Nimes.
Mme Gauthier, rent., Nimes.

Maison Peyrouse

M. Ayral, prop., Mauressargues.
Mme Viossat, rent., Lyon.
M. Audouard, mécanicien, Avignon.
Mme Audouard, rent., Avignon.
Mlle Audouard, rent., Avignon.

Maison Baylon

M. Tretton, prêtre, St-Clair.
M. Reynaud, prêtre, La Tronche.
M. Million, séminariste, Grenoble.
Mlle Latil, rent., Lyon.
Mlle Latil, rent., Lyon.
M. Fayolle, sr des Basiliens, Annonay.
M. L. Fayolle, prêtre, Annonay.
Mme Madinier, rent., St-Clair.
Mlle Madinier, rent., St-Clair.

Villa veuve Laffont

Mme Roussy, rent., Montpellier.
M. Roussy, rent., Montpellier.
Mme Daufesq, rent., Nimes.
Mlle Daufesq, rent., Nimes.
M. Daufesq, rent., Nimes.

Hôtel Robert

M. Mathieu, rent., Villefranche.

Villa Bard

Mme Martin, institutrice, St-Geniès.
Mme Durand, directrice, Nimes.
Mlle Durand, rent., Nimes.

Villa de Bernardy

M. Seinturier, rent., Alais.
M. Guilhemon, rent., Alais.

Villa du Bateau

M. Boisset, nég., Nimes.
Mme Boisset, nég., Nimes.
M. Brun, rent., Chassagnes.
Mlle Brun, rent., Chassagnes.
M. Rissoant, prof., Tamarix.
M. Rissoant fils, prof., Tamarix.
M. Favre, prêtre, Viviers.

Villa Eugène Mouline

M. Dupuy, prof. au lycée, Nimes.
Mme Dupuy, rent., Nimes.
M. Bresson, nég., Nimes.
Mme Bresson, nég., Nimes.
Mlle Bresson, nég., Nimes.
Mlle Bresson, nég., Nimes.

Villa veuve Ladet

M. Jouve, docteur en droit, Marseille.
M. Jouve, avoué, Marseille.
M. Henri Jouve, Marseille.
M. Joseph Jouve, Marseille.
M. Gauzy, rent., Aix.
Mme Dubois, rent., Aix.

Villa Vincent

M. Chapotat, nég., Valence.
Mme sœur Stéphanie, sup., Collonges.
Mme sœur Marie, religieuse, Lyon.

Villa Ernest Mouline

M. Bernard, pasteur, Lasalle.
M. Trémolet, prof. agrégé lycée, Nimes.
Mme Trémolet, rent., Nimes.

Maison Suchon

M. Deschanel, prop., Nimes.
Mme Deschanel, Nimes.
Mme Deschanel, Nimes.
M. Grange, prop., Marseille.
M. Bourrelly, nég., Marseille.

NOMS, QUALITÉS, DOMICILES, LOGEMENTS	NOMS, QUALITÉS, DOMICILES, LOGEMENTS
Maison Casimir Croze M. Bonnaure, rent., Nimes. Mme Bonnaure, Nimes. M. Carsignol, rent., Largentière. M. de Lisleroy, rent., Largentière. M. Bastide, rent., Largentière. M. Fargier, rent., Largentière. M. Valiorgues, rent., Largentière. **Villa des Justets** M. Philadelphe, frère des E. C., Vienne. **Villa du Côteau,** *maison Petit.* M. Ulysse Floris, rent., Nimes. Mme Floris, rent., Nimes.	**Maison Nogier** Mme Marie de l'Assomption, religieuse, Gap. M. Raymond, tailleur d'habits, Nimes. M. Arzalier, rent., Nimes. Mme Raymond, rent., Nimes. M. Beaussier, rent., Lablachère. M. Guiraud, prop., St-Sauveur-de-Cruzières. Mme Magnat, rent., St-Sorlin. Mme David, rent., Marseille. Mme Guérin, rent., Marseille. M. Magnan, tourneur, St-Laurent (une servante).

BONBONS DIGESTIFS CASIMIR CROZE

Vous n'aurez plus de mauvaises digestions, si vous sucez les véritables **Bonbons digestifs Casimir Croze, aux sels extraits des eaux minérales de l'Établissement de Vals**; agréables à la bouche; ils fondent de suite, et l'air que l'on respire agit aussitôt sur les poumons; les vapeurs bienfaisantes des sels qui sont employés arrêtent immédiatement la toux. Présentés sous forme de Dragées, avec inscription : Cir CROZE, et au verso : VALS, rien ne peut leur être comparé. Les Bonbons digestifs Casimir Croze sont les seuls qui se fabriquent à Vals. — Se méfier des nombreuses imitations; exiger la signature de Casimir CROZE & Cie sur chaque boite.

Vente dans ses magasins, Grande-Rue de Vals, en face de la passerelle, et à l'avenue Farincourt, maison Migno.

CAFÉ - RESTAURANT DES BAINS

| Chambres meublées très confortables | **Avenue Farincourt**
En face de l'Établissement thermal | Service à la Carte
Célérité |

MENU
du Dimanche 9 Aout 1885

Consommé
Melon
Hors d'œuvre
Tripes à la mode de Caen
Tête de Veau persillade
Poulet sauté Marengo
Filet mignon Madère
Tomates provençales
Pommes dauphines
Poissons
Ecrevisses
Rosbeef à la broche
Crème au citron
Raisins, Pêches, Prunes, Fromage,
Biscuits

VINS DES PREMIERS CRUS
SOUPER FROID A LA SORTIE DU CASINO

A LA BOTTE SANS COUTURE

VICTORIN BRUN

Maison Hôtel de la Poste

Grande-Rue et place Saint-Jean — VALS-LES-BAINS

GRAND ASSORTIMENT DE CHAUSSURES
CHAUSSURES SUR COMMANDE
SPÉCIALITÉ DE CHAUSSURES CONFECTIONNÉES
RÉPARATIONS EN TOUS GENRES
— PRIX TRÈS MODÉRÉS —

CROZE Arsène

A VALS-LES-BAINS (Le Pont)

VINS ORDINAIRES & VINS FINS
GARANTIS PURS DE TOUT MÉLANGE
Récoltés chez le propriétaire et provenant uniquement du raisin

EAU-DE-VIE & RHUM

PRIX TRÈS MODÉRÉS

BRESSON
Entrepreneur

Place Saint-Jean, — à Vals-les-Bains

MAISON GARNIE — MEUBLÉE A NEUF
Située au centre de VALS

Cuisine à la disposition de Messieurs les Baigneurs

TERRASSE

PRIX MODÉRÉS

AUTORISATION DE L'ÉTAT

VALS AU COMPLET

SOURCE DES PRINCES

Eau de Table, surnommée la Délicate, par M. le Docteur Bonnal.

Recommandée dans toutes les affections des voies digestives : dyspepsie, gastralgie, gastrite, etc.

SOURCE PRÉFÉRÉE, MOYENNE

Employée avec le plus grand succès, dans toutes les affections biliaires et de la vessie, elle rend surtout de grands services dans la goutte, les rhumatismes, les fièvres intermittentes des pays chauds et les épidémies cholériques.

SOURCE DUCHESSE, FORTE

Souveraine dans l'anémie, chlorose, appareil sexuel, elle agit très efficacement dans les cas où, à cause de leur minéralisation plus faible, les eaux bicarbonatées sodiques demeurent impuissantes.

N.-B. — Les eaux minérales de ces sources, situées au centre du bassin des Eaux, sont d'une conservation parfaite et peuvent supporter les plus longs voyages.

Pour les demandes, s'adresser à M. PEYROUSE AÎNÉ, *prop., à Vals.*

ANALYSES	DES PRINCES	PRÉFÉRÉE	DUCHESSE
Acide carbonique libre	1.5590	1.3910	1.4510
Bicarbonate de soude	1.8700	4.2820	7.1370
— de potasse	0.0373	0.1360	0.1430
— de chaux	0.0500	0.2000	0.2110
— de magnésie	0.0470	0.1150	0.1180
— de lithine	traces	0.0157	0.0059
Chlorure de sodium	0.0288	0.1630	0.1710
— de potassium	0.0305	traces	traces
Sulfate de soude	0.2226	0.0350	0.0360
— de potasse	0.0387	indices	indices
Silice	0.0550	0.0670	0.0720
Alumine	indices	0.0031	0.0035
Oxyde de fer	0.0140	0.0125	0.0015
TOTAUX	2.4239	5.0293	9.3499

VILLA VEUVE LADET

Maison Meublée à neuf

APPARTEMENTS POUR FAMILLES

Une des mieux situées de Vals

EN FACE DU GRAND CASINO

Terrasse sur le devant ainsi que sur le derrière.

On FAIT LA CUISINE

Casimir Croze

CHAMBRES MEUBLÉES

ET CUISINE POUR FAMILLE

AU CENTRE DE VALS

Villa Casimir Croze

JARDINS -- BEAUX OMBRAGES

Chambres garnies & Appartements pour familles

ANCIEN HOTEL DU PARC

TENU PAR

CHALABREYSSE

Grand'Rue, près la Passerelle

A VALS-LES-BAINS (ARDÈCHE)

RESTAURANT — PENSION — CHAMBRES GARNIES

— *PRIX TRÈS MODÉRÉS* —

GRAND CAFÉ DE VALS
ET
GRAND CERCLE DES BAIGNEURS

Tenus par

Mme BOULLE

AU CENTRE DES GRANDS HOTELS

TERRASSES MAGNIFIQUES

Au-dessus du Cercle et devant le Café

FRAIS OMBRAGES

CONSOMMATIONS DE PREMIER CHOIX

BIÈRE DE LYON & DE RUOMS

Salle de lecture — Journaux du jour

Abonnements pour la saison

— DICTIONNAIRE BOTTIN —

Cet Etablissement se recommande à sa nombreuse clientèle

Le plus ancien de Vals, tenu par

M. ET Mme BOUZIGE

à VALS-LES-BAINS (Ardèche)

TABLE D'HOTE — SERVICE PARTICULIER — JARDIN

Parc & Jardin attenant a l'Hôtel

Voiture dans l'hôtel à la disposition de MM. les Baigneurs

OMNIBUS DE L'HOTEL A TOUS LES TRAINS.

SOCIETE GENERALE
des Produits aux sels extraits des Eaux Minérales
DE VALS-LES-BAINS & DU VIVARAIS

Médaille d'argent — Conc. rég. d'Aubenas
Médaille de bronze — Exposition de Blois
Médaille d'or — Expos. Intern. de Nice
Grand diplôme d'honneur et Médaille d'or Exposition de Lyon
1883-1884 — 1882 — 1883 — 1885

COMMISSION — EXPORTATION

USINE MODERNE A VAPEUR
FABRIQUE DE CHOCOLAT & DE PRODUITS AUX SELS DE VALS
MARRONS GLACÉS DU VIVARAIS

Casimir CROZE & Cie
VALS - LES - BAINS (Ardèche)

Bonbons digestifs Casimir Croze, dits Caramels ou Sucre d'Orge, aux sels extraits des Eaux minérales de Vals. Prix de la boîte, franco par la poste, 1 fr. 50.

Pastilles bicarbonatées et ferrugineuses, aux sels extraits des Eaux minérales de Vals. Par boîtes de 50 c.: 1, 2 et 3 francs; en vrac, 5 francs le kilo.

Pralines Vivaraises, toniques et ferrugineuses. Prix de la boîte : 2 francs; 30 centimes en plus par la poste.

Chocolat digestif et ferrugineux, en livre, croquette, napolitain, pastilles, chocolat ferrugineux, qualité spéciale. Prix de la boîte : 1 fr. 50; 20 centimes en plus par la poste.

Nougat et Nougatine, fabrication spéciale, avec pistache, vanille et au miel du Vivarais.

Bonbons d'agrément, dits Berlingots de Vals, aux parfums menthe, citron, vanille, café, etc.

Pour avoir les véritables produits de Casimir CROZE, s'adresser dans ses magasins, situés : Grand-Rue de Vals et avenue Farincourt, maison Migno.

Il n'y a qu'un seul établissement, à Vals-les-Bains, où se fabriquent les produits aux sels naturels, extraits des eaux minérales ; Messieurs Casimir CROZE et Cie ne confient pas la fabrication de leurs spécialités à des usines éloignées de Vals, et dont, par suite, ils ne pourraient surveiller les procédés.

Fabriquant eux-mêmes, MM. CROZE et Cie sont les seuls qui puissent garantir la sincérité de leurs produits.

Toute personne peut, du reste, visiter les ateliers qui se trouvent à Vals-les-Bains, au-dessus de la manutention de la Société Générale des eaux minérales.

Dépôt. — Chez M. MAZAUDIER, confiseur, Maison Carrée, à Aubenas.

VOITURES A VOLONTE

LANDAU, PANIER, MYLORD, VICTORIA, &c.

CHEVAUX DE SELLE

Longs Voyages — Confortable — Célérité

François HUGON
Vals-les-Bains. — Hôtel Robert. — Vals-les-Bains.

A l'honneur de prévenir Messieurs les Étrangers et Baigneurs qu'il se met à leur disposition pour faire des excursions en montagne, passant par Antraigues, Laviolle, Mézilhac, Lachamp-Raphaël, le Gerbier de Joncs, le Mézenc, les ruines du couvent de Bonnefoi, Sainte-Eulalie, Le Béage, la forêt et l'abbaye de Mazan, le lac d'Issarlès, le lac Ferrand (près la forêt de Bauzon), la Côte de Mayres, La Chavade, Lanarce, Peyrabeille, le lac du Bouchet (près Costaros), les ruines du château de Polignac (près Le Puy), les ruines du château de La Roche-Lambert; passant par Langogne, Labastide, Notre-Dame-des-Neiges, Villefort, Les Vans, Joyeuse, les grottes de Vallon, le pont d'Arc; le château de Boulogne, le château de Ventadour, celui de Pourcherolles, le cratère de Thueyts, l'Echelle-du-Roi, la Gueule-d'Enfer, Neyrac, Jaujac, les ruines du château de Clamouse, le volcan de Jaujac.

RETOUR A VALS

VOITURES A VOLONTÉ

Break — Landau — Phaëton
Pour Courses, Promenades et Excursions

 ## DONAS

Demeurant toute l'année à Vals-les-Bains

Remises : Maison Régis
En face l'Hôtel des Colonies, à côté du Temple.

PRIX MODÉRÉS

Auguste FEZAY

CHAMBRES MEUBLÉES

Au centre de Vals

QUINCAILLERIE - MERCERIE

ARTICLES DE PÊCHE

Chambres Garnies

Victor SUCHON
Propriétaire

VALS-LES-BAINS

ON FAIT LA CUISINE

APPARTEMENTS INDÉPENDANTS POUR FAMILLES
Complètement Meublés à Neuf

GRAND CAFÉ EUROPÉEN

ANCIEN CAFÉ DE L'EUROPE

Réparé & Meublé à neuf

Tenu par Alphonse CROS

Au centre de VALS, donnant sur la place St-Jean

CONSOMMATIONS DE PREMIER CHOIX
Bière de Lyon, de Ruoms. — Glace.

BOTTIN

CHAMBRES GARNIES INDÉPENDANTES

VALS-LES-BAINS
GRAND HOTEL DU LOUVRE
TENU PAR
LÉON BAYLON
Propriétaire

— Cet Hôtel vient de s'agrandir d'une magnifique ANNEXE —

VASTE SALLE A MANGER & SALON DE COMPAGNIE

TABLE D'HOTE --- SERVICE PARTICULIER

BELLE SALLE D'OMBRAGE ATTENANTE A L'HOTEL

Voitures à la disposition de Messieurs les Baigneurs

OMNIBUS DE L'HOTEL A TOUS LES TRAINS

PENSION, 2 REPAS PAR JOUR
Chambre et Service compris

HOTEL DU LOUVRE		ANNEXE	
1er Étage........	7 fr. 50	1er Étage.........	9 fr.
2me Étage	7 fr. »	2me Étage.........	8 fr.

Service irréprochable

IMPRIMERIE COMMERCIALE
Industrielle et Administrative
de
Mᵐᵉ A. ROBERT
Imprimeur breveté

Faubourg L. Gambetta, en face les Postes & Télégraphes

à AUBENAS, ARDÈCHE

VÉRITABLES PASTILLES DE VALS
AUX SELS NATURELS
de l'Établissement de CASIMIR CROZE, situé à
VALS-LES-BAINS (Ardèche)

Les Véritables Pastilles de l'Etablissement de Casimir Croze sont préparées, à Vals, avec les sels minéraux extraits des Sources ; elles sont employées journellement pour combattre les affections des voies digestives, telles que : digestion lente, dyspepsie, gastralgie, vomissements, aigreurs, etc.

D'un goût très agréable et digérées par les estomacs les plus délicats, elles sont recommandées et mêmes nécessaires aux estomacs affaiblis, qui retrouvent, par leur usage, une grande puissance digestive.

La dose recommandée par les sommités médicales est de 8 à 12 Pastilles par jour.

Exiger sur chaque boîte le nom du seul et unique préparateur à Vals-les-Bains

CASIMIR CROZE & Cie

VILLA DU COTEAU
LOUIS PETIT, PROPRIÉTAIRE

Appartements de premier ordre, séparés, pour Familles
BELLE SITUATION
VUE SPLENDIDE — TERRASSES OMBRAGÉES

VILLA ERNEST MOULINE
Sur le Boulevard

APPARTEMENTS POUR FAMILLES
Jardin, Terrasse

DANS LA VILLA SE TROUVE :
LA SOURCE GAULOISE
Eau minérale naturelle

La Source **Gauloise**, très gazeuse, ne troublant ni le vin, ni aucune autre liqueur, forme une Eau de table excellente.

CASINO DE VALS-LES-BAINS

Cet Établissement composé de la Salle de Spectacle, de la Salle de Café (désignée sous le nom de *Café de Paris*) et du *Cercle des Étrangers*, vient de subir, sous la nouvelle Direction, diverses transformations et aménagements qui seront appréciés par MM. les Baigneurs.

Le *Théâtre d'Été*, transformé en une belle et vaste Salle verte, sera abrité de l'humidité des soirées. Du premier au cinq juillet, débutera la Troupe de concerts, comédies, vaudevilles et opérettes. Les artistes qui en font partie ont été choisis parmi les étoiles des grands établissements de Paris. Les affiches du jour donneront le tableau de la troupe et du répertoire qu'elle interprètera.

CAFE DU CASINO
OU CAFÉ DE PARIS

Ouvert depuis le 20 juin, aura dès le 1ᵉʳ juillet un service régulier de dépêches qui seront, dès leur arrivée, affichées dans la salle publique.

GRAND CERCLE DES ÉTRANGERS
ENTIÈREMENT RECONSTITUÉ

Offrira à MM. les Baigneurs tous les moyens de distraction qu'offrent les établissements similaires :

Salles de lecture, de conversation, de billards et jeux divers.

HOTEL DE FRANCE

Tenu par

M. & Mme MIRECOURT

VALS-LES-BAINS

MAISON ADMIRABLEMENT SITUÉE
Au centre de la Ville
EN FACE DE BEAUX PARCS ET JARDINS D'AGRÉMENT

Se recommande par sa bonne Cuisine bourgeoise
tous les jours variée

CONFORTABLE — PROPRETÉ
PRIX MODÉRÉS

VILLA MATHON, FILS

Maison Meublée à neuf

LA MIEUX SITUÉE DE VALS, AU CENTRE DU QUARTIER DES EAUX
EN FACE DE L'ÉTABLISSEMENT THERMAL

FRAIS OMBRAGES

APPARTEMENTS POUR FAMILLES

CONFORTABLE & PROPRETÉ
PRIX MODÉRÉS

AVIS AUX CONSOMMATEURS

Vous n'aurez plus de mauvaises digestions, si vous sucez les **Bonbons digestifs Casimir Croze, aux sels extraits des eaux minérales de Vals-les-Bains**; agréables à la bouche; arrêtent immédiatement la toux. Présentés sous forme de Bonbons, rien ne peut leur être comparé. — Exiger, sur chaque boîte, le nom de l'inventeur et seul préparateur, à Vals-les-Bains. Le nom est en toutes lettres même sur chaque Bonbon : C^{ir} CROZE, et au verso : VALS.

Adresser toutes demandes à Casimir CROZE et Cie, à Vals-les-Bains.

NOTA. — Des boites sont disposées pour être expédiées franco contre mandat poste de 1 fr. 50.

ANCIEN HOTEL DE LA POSTE
A VALS - LES - BAINS

Cet Hôtel, complètement remis à neuf, est aujourd'hui transformé en Appartements pour Familles et Chambres Garnies.

Terrasse et Jardin sur le derrière

ÉCURIE — REMISE — EAU — GAZ

Les Propriétaires exploiteront eux-mêmes pendant cette saison, après laquelle ils sont disposés à VENDRE ou à LOUER, soit comme Hôtel, soit comme Maison Garnie.

S'adresser aux Propriétaires de l'Hôtel de la Poste,
— A VALS - LES - BAINS —

A VENDRE

Emplacements avec Source Minérale, la meilleure des eaux de table, au plus beau quartier de la Station.

Grandes facilités de paiement.

S'adresser à M. Gaston GIRAUD, négociant à Vals-les-Bains.

G^d HOTEL du NORD
Au centre de la ville
A VALS-LES-BAINS

 **TENU PAR VERNET**

Réparé et Meublé à neuf. Vue splendide

TABLE D'HOTE
DINERS PARTICULIERS
ON PORTE EN VILLE

ÉCURIE & REMISE

DÉPART DE TOUTES LES VOITURES
Dictionnaire Bottin

SOURCE DU BOSC

Eau minérale naturelle

de VALS (Ardèche)

Approuvée par l'Académie de médecine.
Autorisée par l'État.

La source du BOSC, très gazeuse, est une excellente eau de table. — Elle est souveraine dans les maladies de l'estomac et des intestins, du foie, de la rate, des reins et de la vessie.

Elle combat efficacement les coliques hépatiques et néphrétiques, la gravelle, la goutte, le diabète et le rhumatisme.

S'adresser à M. Paul LAGARDE, *propriétaire de la source du Bosc*, ou à M. CHAULET, *café de la Favorite, quartier des Eaux.*

M. E. CHAMPETIER

Pharmacien-Chimiste, près le Pont-de-Fer

est le seul préparateur depuis 20 ans, des

SOUS PRODUITS DE VALS

Tels que : **Pastilles** et **Bonbons Digestifs**,

aux Sels de Vals

Sels naturels, pour bains et boissons artificielles, de VALS.

AINSI QUE DE

L'ARNICA DES CÉVENNES

Contre Plaies, Blessures, Contusions, Entorses, Foulures, etc., etc.

Se méfier des produits similaires, qui ne sont que des imitations

LABORATOIRE D'ANALYSES DIVERSES

LES SOURCES

LA REINE & 3 ETOILES

Débitant 3.000.000 de bouteilles

Sont la propriété exclusive de M. E. CHAMPETIER.

S'adresser à la pharmacie pour achats d'eau et renseignements.

Le Gérant

N° 16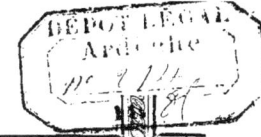

VALS-LES-BAINS

SAISON DE 1885

du 15 Mai au 1er Octobre

Liste Officielle

DES ÉTRANGERS

Publiée par M. SERRE, secrétaire de la Mairie

L'éditeur de cette liste est seul autorisé à publier la *Liste officielle*.

PRIX : 10 CENTIMES

AUBENAS
IMPRIMERIE BREVETÉE DE Mme A. ROBERT

Maison non Recommandée

GRAND CAFÉ DE LA FAVORITE
TENU PAR A. CHAULET
Avenue Farincourt
A VALS-LES-BAINS (Ardèche)

CONSOMMATIONS DE 1er CHOIX

Salle de Billard, Grandes Terrasses, Vue splendide.	Chambres Garnies confortables, meublées à neuf.

Au centre de la Station thermale et des principaux hôtels.

VALS-LES-BAINS

GRAND HOTEL DE LYON
ÉTABLISSEMENT DE 1er ORDRE
Avenue Farincourt, au centre de la Station thermale,
limitant le Grand Établissement des Bains.

TENU PAR
Mme Vve LOUIS PEYROUSE
PROPRIÉTAIRE DE L'HOTEL

TABLE D'HOTE — SERVICE A LA CARTE

Cet Établissement se recommande à Messieurs les Baigneurs par son
grand Confortable et son Service irréprochable.

A LOUER
PENDANT LA SAISON
en tout ou en partie
1 REMISE & ÉCURIE
SITUÉE AU PONT DE VALS

S'adresser à M. LACROTTE Arsène, *Café National*, à Vals.

N° 16

LISTE OFFICIELLE DES ÉTRANGERS

Arrivés à VALS-LES-BAINS du 8 au 12 Août 1885

NOMS, QUALITÉS, DOMICILES, LOGEMENTS

Grand Hôtel des Bains

M. Bazin, nég., Athènes.
M. Günther, nég., Marseille.
Mme Günther, nég., Marseille.
Mlle Günther, nég., Marseille.
M. Günter, nég., Marseille
    (une femme de chambre).
Mme Grenier, r., St-Rambert-d'Albon.
Mme Caveret, r., St-Rambert-d'Albon.
M. Carcassonne, docteur, Marseille.
Mme Carcassonne, rent., Marseille.
M. Férivand, rent., Orange.
Mme Jonjon Médard, rent., Nîmes.
M. Jonjon Médard, rent., Nîmes.
Mlle Jonjon Médard, rent., Nîmes
    (une gouvernante).
M. Dormand, procureur de la République, Marseille.
M. Bertrand, nég., Marseille.
M. Jonjon, nég., Marseille.
Monseigneur le duc de Séville.
Mme la marquise de Bourbon, Marthe de Séville   (une domestique).
M. Jausoulin, architecte, Menton.
Mme Jausoulin, rent., Menton.
Mlle Jausoulin, rent., Menton.
Mlle Jausoulin, rent., Menton.
Mlle Jausoulin, rent., Menton
    (une femme de chambre).
M. Reboul, nég., Nîmes.
Mme Reboul, nég., Nîmes.
M. Reboul fils, Nîmes.
Mlle Reboul, Nîmes
    (une femme de chambre).
M. Marturé, rec. des finances, Orange.
M. Berthier, rent., Villefranche.
Mme Berthier, rent., Villefranche.

Grand Hôtel de l'Europe

M. Griolet, rent., Nîmes.
Mme Griolet, Nîmes
    (une femme de chambre)
    (une nourrice).
M. Deroch, fabricant de tuiles plates, Largentière.
Mme Viel, rent., Montélimar.
M. Ville, banquier, Montélimar.
M. Sauvan, nég., Montélimar.

NOMS, QUALITÉS, DOMICILES, LOGEMENTS

Mme Sauvan, Montélimar.
Mme Hermite, rent., Alais.
Mlle Hermite, Alais.
Mme Perrier, rent., Pont-de-Vaux.
M. Degas, rent., Bessèges.
M. Teuch, nég., St-Chapt.
M. Astier, nég., Bessèges.
M. Paul, professeur de physique et de chimie au Collège, Alais.
M. Perrin, rent., Bourg-St-Andéol.
M. Combe rent., Le Teil.
Mme Trousse, rent., St-Cannat.
Mlle Beaussan, rent., St-Cannat.
M. Saulas, frère des écoles chrét., Uzès.
M. Crémieux, nég., Nîmes.
Mme Crémieux, Nîmes.
M. Pinel, vétérinaire, Montélimar.
M. le frère Amérius, directeur de Saint-Nicolas, Paris.

Grand Hôtel du Louvre

M. Serre, nég., Valence.
M. Pourchier, cap. au long c., Marseille.
M. Johannot, prop., Bellevue.
M. Féraud, curé, Marseille.
Mlle Féraud, rent., Marseille.
Mlle Féraud, rent., Marseille.
Mme de Dianous, prop., Avignon.
M. Richard, rent., Marseille.
Mme Richard, Marseille.
M. Aussoleil, prêtre, Tulle.
Mlle Dubost, maitr. de pension, Lyon.
M. Rhodet, nég., Tournon.
M. Courbier, nég., Nîmes.
Mme Courbier, Nîmes.
Mlle Courbier, Nîmes.
Mme Reboul, rent., Nîmes.

Grand Hôtel Durand

M. Tetaz, nég., Montpellier.
M. Cahuzac, prop., Valros.
M. Michel, prop., Béziers.
Mme Michel, Béziers.
M. Corneux, cap. d'artillerie, Nîmes.

Restaurant Chalabreysse

M. Delauzon, rent., Montéran.
M. Valette, rent., Nîmes.

| NOMS, QUALITÉS, DOMICILES, LOGEMENTS | NOMS, QUALITÉS, DOMICILES, LOGEMENTS |

Grand Hôtel de Lyon

M. Bermond, Lyon.
M. Wouters, secrétaire de la préfecture, Privas.
M. Vermorel, voyageur, Montpellier.
Mme Portal, rent., Nîmes.

Hôtel de Paris

M. Roumaire, nég., Marseille.
M. Chauvet, rent., St-Auban.
Mlle Archinard, rent., Romans.
M. Wul, voyageur, Paris.
M. Goni, entrepr., Alais.
M. Goni, Alais.
M. Goni, Alais.
M. Goni, Alais
   (une femme de chambre).
Mme Viel, rent., Carpentras.
M. Viel, avocat, Carpentras.
M. Bertrand de Turin, rent., Dieulefit.
M. de Félix, rent., Avignon.
Mme de Félix, rent., Avignon.
M. Morin, banquier, Sommières.
M. Beauchamp, avoué, Nyons.

Restaurant Séroul

M. Guet, menuisier, Bouchon.
M. Lairix, prop., Balazuc.
M. Aigon, nég., Marseille.

Hôtel du Nord

M. Polge, cafetier, Molières.
M. Bertrand, cafetier, Molières.
M. André, prop., Calvisson.
M. Ducros, prop., Calvisson.
Mme Gibelin, rent., Beaucaire.
M. Valette, voyageur, Cette.
M. Clafset, voyageur, Lyon.
M. Charrière, voyag., Bourg-St-Andéol.
M. Sapin, nég., Privas.
Mme Sapin, Privas.
Mlle Tranchat, couturière, Privas.
M. Rebattet, conducteur des ponts et chaussées, Joyeuse.
M. Quet, voyageur, Nîmes.
M. Betvener, empl. contr. ind., Florac.
M. Chenevier, r., Jemmapes (Algérie).
M. Georges, repr. de comm. Vinezac.
M. Bard, voyageur, St-Etienne.
M. André, nég., Cruas.

Grand Hôtel des Délicieuses

M. Grésillon, r., Roche-de-Condrieu.
Mme Grésillon, Roche-de-Condrieu.
M. Grésillon, Roche-de-Condrieu.
M. Chapard, rent., Lyon.
Mlle Chapard, Lyon.
M. Augier, docteur, Carpentras.
M. Saul, prop., Codolet.
M. Champetier, prop., Sampzon.
Mlle Louise, rent., Sampzon.
Mlle Nancy, Sampzon.
Mlle Marthe, Sampzon.
M. Jouve, nég., Nîmes.
M. Guilibert, nég., Carpentras.
M. Vachin, rent., Mende.
Mlle Vachin, Mende.
M. Roux, rent., Marseille.
Mme Roux, Marseille.
M. Buxo, rent., Barcelonne.
Mme Buxo, Barcelonne.
M. Buxo fils, Barcelonne.
M. Velay, nég., Annonay.
Mme Velay, Annonay.
Mlle Velay, Annonay.
M. Lauret, confiseur, Nîmes.

Hôtel Robert

M. Mathieu, rent., Villefranche.
M. Clément, nég., Nîmes.
M. Gachon, pharmacien, Marsillargues.
M. Vallet, chef de train, Valence.

Hôtel des Colonies

M. Imbert, notaire, Uzès.
Mme Imbert, Uzès.

Hôtel de France

M. Planque, rent. (Gard).
Mme Védel, rent., Bessèges.
M. Boissin, nég., Bessèges.
Mme Boissin, Bessèges.
M. Boissin fils, Bessèges.
M. Gibert, prop., Chamborigaud.

Café Deschandol, *Hôtel de Marseille*

M. Roux, rent., Les Combes.
M. Petouin, courtier, Beaucaire.
Mme Petouin, Beaucaire.
M. Maurel, prop., Condrieu.
M. Chanvieu, rent., Condrieu.
M. Dagan, prof. de rhétor., St-Andéol.
Mme Martin, nég., Poët-Laval.
Mme Piollené, prop., Poët-Laval.
M. Déroudilhe, prop., Rocles.
M. Mulassuque, prop., Vienne.
Mme Mayer, prop., Vienne.
M. Héral, prop., Nîmes.
Mme Héral, Nîmes.

NOMS, QUALITÉS, DOMICILES, LOGEMENTS	NOMS, QUALITÉS, DOMICILES, LOGEMENTS

Villa Delubac

M. Boyer, prop., Montfrin.
M. Fabre, nég., Tamaris.
Mme Fabre, nég., Tamaris.
M. Peridier, inspecteur de l'enregistr., Châtillon-sur-Seine.
M. Sabatier du Vert, rédacteur de l'enregistrement, Paris.

Maison Giraud

M. Soustelle, menuisier, Montpellier.
M. Cavet, sous-inspecteur de l'enregistrement, Lyon.
Mme Cavet, rent., Lyon.
M. Prévot, nég., Avignon.
Mme Prévot, nég., Avignon.
M. Prévot, instituteur, Orsan.
Mme Prévot, rent., Orsan.
Mme Pelon, rent., Privas.
Mme Durand, rent., Nîmes.
M. Durand fils, rent., Nîmes.

Maison Fezay

Mme Teyssier, rent., Paris.
M. Colomel, coiffeur, Nîmes.

Villa du Côteau, maison Petit.

Mme veuve Olivier de Lardan, rent., Nîmes.
M. Olivier de Lardan, rent., Nîmes.
M. Jean de Lardan, étudiant en médecine, Nîmes. (une domestique).

Villa Orcel

M. Fourtoul, nég., Marseille.
M. Plaisant, prop., Marseille.
Mme Plaisant, prop., Marseille.
M. Charles Plaisant, Marseille.
M. Paul Plaisant, Marseille.
M. Antoine Plaisant, Marseille.
Mlle Mathilde Plaisant, Marseille.
Mlle Thérèse Plaisant, Marseille.
(une femme de chambre).

Villa de Bernardy

Mme veuve Mourier, r., St-André-des-Effangeas.
Mlle M. Mourier, r., St-André-des-Eff.
Mlle A. Mourier, r., St-André-des-Eff.
Mme de Mouton.
Mlle A. Bompard, rent., Nîmes.
Mlle N. Bompard, rent., Nîmes.
M. Signoret, confiseur, Montfrin.

Villa Chabanis

M. Michel, professeur, Marseille.

Villa Margaritora

M. Guille, instituteur, Le Pin.
Mme Guille, rent., Le Pin.
Mme Lagier, rent., Le Pin.

Maison veuve Lagarde

M. Thomas Astier, cafetier, Montfrin.
Mme Astier, Montfrin.

Maison Régis Combe

M. Vincent Pétavin, courtier, Beaucaire.
M. Boutellin, nég., Jonquières.
M. Lasmajou, nég., Mende.
Mme Lasmajou, Mende.
M. Quete, prop., Bouchon.
M. Lourdin, notaire, Béage.

Maison Victor Martin

M. Breton, prof. de musique, Nîmes.
M. Capillery, étudiant, St-Hippolyte-du-Fort.
Mme Blanchin, nég., Vaison.
Mme Jaulmes, rent., Congeniès.
M. Bernard, nég., Nîmes.
Mme Bernard, Nîmes.
M. Bernard fils, Nîmes.
Mlle Bernard, Nîmes
(une femme de chambre).
Mme Fabre rent., Nîmes.

Maison Casimir Croze

Mlle Beaumier, rent., Le Vigan.
Mlle Beaumier, Le Vigan
(une femme de chambre).
M. Jouanin, confiseur, Largentière.
M. Duret, nég., Bernis.
M. Gache, rent., Largentière.
Mlle Picaud, rent., Largentière.
M. Causse, rent., Ganges.
Mme Baral, rent., Ganges.
Mlle Baral, Ganges.
Mlle M. Martin, Lablachère.
Mlle C. Martin, Lablachère.

Maison Robert

M. Beaume, prop., St-Just.
Mme Julian, rent., Calvisson.
M. Fontagnieur, confiseur, Boucoiran.
Mme Claron, rent., Vallon.

NOMS, QUALITÉS, DOMICILES, LOGEMENTS

Maison Caillé

Mme Fernande Reynet, rent., Paris.

Chalet Martin

M. Langlais, empl. au Crédit lyonnais, Lyon.
Mme Langlais, rent., Lyon.

Villa veuve Ladet

M. Boyer, prop., Nîmes.
Mme Boyer, prop., Nîmes.
Mlle Boyer, prop., Nîmes.
M. Henri, docteur, Besouce.

Villa Mathon fils

M. Villaret, prop., Beauvoisin.
Mme Villaret, prop., Beauvoisin.
M. Paul Villaret, prop., Beauvoisin.
Mlle Eva Villaret, prop., Beauvoisin.
M. Gilibert, rent., Marseille.
Mme Gilibert, rent., Marseille.
Mlle Gilibert, rent., Marseille.

Villa Vincent

M. Combe, maître de chaix, Narbonne.
Mme Combe, rent., Narbonne.
M. Bringuier, rent., Narbonne.
M. Rebortier, Marseille.
Mme Rebortier, Marseille.

Maison Philippe Nogier

M. Aubert, prop., Châteaurenard.
M. André Bos, prop., Caderousse.

Maison Bresson

M. Marcy, nég., Les Vans.
Mme Marcy, nég., Les Vans.
M. Marcy fils, nég., Les Vans.
Mme Maurel, rent., Grand'Combe.
M. Maurel, rent., Grand'Combe.

Maison Poultier

Mme M. Deschand, rent., St-Ambroix.
Mlle Pauline, rent., Marseille.
Mme Gaut, rent., Tournon.
Mme Poulna, rent., St-Péray.

Maison Suchon

Mme veuve Franc, rent., Quissac.
Mme Franc jeune, m.-d'hôtel, Quissac.
Mme Claudius Renoux, bij^{re}, Anduze.
M. Genolhac, libraire, Anduze.

Mme Genolhac, libraire, Anduze.
Mlle Roubin, m^{de} de rubans, Nîmes.
Mme Bart Lebung, confiseur, Nîmes.
Mlle Bonnefoux, rent., Donzère.
Mme Saint Paul, rent., Nîmes.
Mme Maria M., rent., Montpellier.
Mme veuve Clauzel, rent., Nîmes.
M. Clauzel, bâtonn. des avocats, Nîmes.
Mme P. Clauzel, rent., Nîmes.
Mlle Clauzel, rent., Nîmes.
M. H. Clauzel, rent., Nîmes.
  (une femme de chambre).
M. Clap, principal du collège, Romans.
Mme Clap, rent., Romans.
M. Clap, licencié en droit, Romans
  (une cuisinière).
Mlle Fayolle, rent., Nîmes.
Mme Martin, rent., Nîmes.
M. Audon, prop., Nîmes.

Maison Peyrouse

Mme Garon, rent., Ampuis.
Mme Augier, rent., Aizan.
M. Fonte, entrepreneur, Anduze.
M. Etienne Marcellin, chauffeur, Nîmes.
Mme Etienne Marcellin, rent., Nîmes.
Mme Malmazet, rent., Joyeuse.
M. Bresson, nég., Pierrefils.
M. Daleyrac, rent., Nîmes.
Mme Daleyrac, rent., Nîmes.
Mlle Bertrand, rent., Vinsobres.
Mme Mathurin, religieuse, Valence.
M. Borde, nég., Valréas.
Mme Borde, nég., Valréas.
M. Boniol, nég., Ste-Croix.

Maison Veuve Cros

M. Blayet, rent., St-Paul-3-Châteaux.

Villa du Boulevard, maison Abrial

M. Vincent, rent., Rochegude.
Mme Vincent, rent., Rochegude.
M. Jerome, nég., Casignole.
M. Lafont, nég., Marseille.

Chalet Lamartine

M. Castagnier, ingénieur, Oran.
Mme Castagnier, rent., Oran.
M. Castagnier fils.
M. Castagnier fils.
Mlle Castagnier.
Mlle Castagnier
  (une institutrice)
  (une cuisinière)
  (une bonne).

BONBONS DIGESTIFS CASIMIR CROZE

Vous n'aurez plus de mauvaises digestions, si vous sucez les véritables **Bonbons digestifs Casimir Croze, aux sels extraits des eaux minérales de l'Établissement de Vals**; agréables à la bouche; ils fondent de suite, et l'air que l'on respire agit aussitôt sur les poumons; les vapeurs bienfaisantes des sels qui sont employés arrêtent immédiatement la toux. Présentés sous forme de Dragées, avec inscription : Cie CROZE, et au verso : VALS, rien ne peut leur être comparé. Les Bonbons digestifs Casimir Croze sont les seuls qui se fabriquent à Vals.— Se méfier des nombreuses imitations ; exiger la signature de Casimir CROZE & Cie sur chaque boîte.

Vente dans ses magasins, Grande-Rue de Vals, en face de la passerelle, et à l'avenue Farincourt, maison Migno.

CAFÉ-RESTAURANT DES BAINS

| Chambres meublées très confortables | **Avenue Farincourt**
En face de l'Établissement thermal
MENU
du Dimanche 16 Aout 1885 | Service à la Carte Célérité |

Potage
Hors d'œuvre
Salade d'Anchois

Blanquette de Veau
Longe de Mouton provençale
Rognons sautés Madère

Tomates farcies
Macaroni italienne

Poissons
Ecrevisses

Poulet
Dessert assorti

**VINS DES PREMIERS CRUS
SOUPER FROID A LA SORTIE DU CASINO**

A LA BOTTE SANS COUTURE

VICTORIN BRUN

Maison Hôtel de la Poste

Grande-Rue et place Saint-Jean — VALS-LES-BAINS

GRAND ASSORTIMENT DE CHAUSSURES
CHAUSSURES SUR COMMANDE
SPÉCIALITÉ DE CHAUSSURES CONFECTIONNÉES
RÉPARATIONS EN TOUS GENRES
— PRIX TRÈS MODÉRÉS —

CROZE Arsène

A VALS-LES-BAINS (Le Pont)

VINS ORDINAIRES & VINS FINS
GARANTIS PURS DE TOUT MÉLANGE
Récoltés chez le propriétaire et provenant uniquement du raisin

EAU-DE-VIE & RHUM

PRIX TRÈS MODÉRÉS

BRESSON

Entrepreneur

Place Saint-Jean, — à Vals-les-Bains

MAISON GARNIE — MEUBLÉE A NEUF
Située au centre de VALS

Cuisine à la disposition de Messieurs les Baigneurs

TERRASSE

PRIX MODÉRÉS

AUTORISATION DE L'ÉTAT

VALS AU COMPLET

SOURCE DES PRINCES

Eau de Table, surnommée la Délicate, par M. le Docteur Bonnal.

Recommandée dans toutes les affections des voies digestives : dyspepsie, gastralgie, gastrite, etc.

SOURCE PRÉFÉRÉE, MOYENNE

Employée avec le plus grand succès, dans toutes les affections biliaires et de la vessie, elle rend surtout de grands services dans la goutte, les rhumatismes, les fièvres intermittentes des pays chauds et les épidémies cholériques.

SOURCE DUCHESSE, FORTE

Souveraine dans l'anémie, chlorose, appareil sexuel, elle agit très efficacement dans les cas où, à cause de leur minéralisation plus faible, les eaux bicarbonatées sodiques demeurent impuissantes.

N.-B. — Les eaux minérales de ces sources, situées au centre du bassin des Eaux, sont d'une conservation parfaite et peuvent supporter les plus longs voyages.

Pour les demandes, s'adresser à M. PEYROUSE AÎNÉ, *prop., à Vals.*

ANALYSES	DES PRINCES	PRÉFÉRÉE	DUCHESSE
Acide carbonique libre	1.5590	1.3910	1.4510
Bicarbonate de soude	1.8700	4.2820	7.1370
— de potasse	0.0373	0.1360	0.1430
— de chaux	0.0500	0.2000	0.2140
— de magnésie	0.0470	0.1150	0.1180
— de lithine	traces	0.0157	0.0059
Chlorure de sodium	0.0288	0.1630	0.1710
— de potassium	0.0305	traces	traces
Sulfate de soude	0.2226	0.0350	0.0360
— de potasse	0.0387	indices	indices
Silice	0.0550	0.0670	0.0720
Alumine	indices	0.0031	0.0035
Oxyde de fer	0.0140	0.0125	0.0015
TOTAUX	2.4239	5.0293	9.3499

VILLA VEUVE LADET

Maison Meublée à neuf

APPARTEMENTS POUR FAMILLES

Une des mieux situées de Vals

EN FACE DU GRAND CASINO

Terrasse sur le devant ainsi que sur le derrière.

On FAIT LA CUISINE

Casimir Croze

CHAMBRES MEUBLÉES

ET CUISINE POUR FAMILLE

AU CENTRE DE VALS

Villa Casimir Croze

JARDINS -- BEAUX OMBRAGES

Chambres garnies & Appartements pour familles

ANCIEN HOTEL DU PARC

TENU PAR

CHALABREYSSE

Grand'Rue, près la Passerelle

A VALS - LES - BAINS (ARDÈCHE)

RESTAURANT — PENSION — CHAMBRES GARNIES

— *PRIX TRÈS MODÉRÉS* —

GRAND CAFÉ DE VALS
ET
GRAND CERCLE DES BAIGNEURS

Tenus par

Mme BOULLE

AU CENTRE DES GRANDS HOTELS

TERRASSES MAGNIFIQUES

Au-dessus du Cercle et devant le Café

FRAIS OMBRAGES

CONSOMMATIONS DE PREMIER CHOIX

BIÈRE DE LYON & DE RUOMS

Salle de lecture — Journaux du jour

Abonnements pour la saison

— DICTIONNAIRE BOTTIN —

Cet Etablissement se recommande à sa nombreuse clientèle

GRAND HOTEL DE L'EUROPE

Le plus ancien de Vals, tenu par

M. ET Mme BOUZIGE

à VALS-LES-BAINS (Ardèche)

TABLE D'HOTE — SERVICE PARTICULIER — JARDIN

Parc & Jardin attenant a l'Hôtel

Voiture dans l'hôtel à la disposition de MM. les Baigneurs

OMNIBUS DE L'HOTEL A TOUS LES TRAINS

SOCIETE GENERALE
des Produits aux sels extraits des Eaux Minérales
DE VALS-LES-BAINS & DU VIVARAIS

Médaille d'or Expos. Intern. de Nice — 1883-1884

Médaille d'argent Conc. rég. d'Aubenas — 1882

Médaille de bronze Exposition de Blois — 1883

1885 — Grand diplôme d'honneur et Médaille d'or Exposition de Lyon

COMMISSION – EXPORTATION

USINE MODERNE A VAPEUR
FABRIQUE DE CHOCOLAT & DE PRODUITS AUX SELS DE VALS
MARRONS GLACÉS DU VIVARAIS

CASIMIR CROZE & Cie
VALS - LES - BAINS (Ardèche)

Bonbons digestifs Casimir Croze, dits Caramels ou Sucre d'Orge, aux sels extraits des Eaux minérales de Vals. Prix de la boîte, franco par la poste, 1 fr. 50.

Pastilles bicarbonatées et ferrugineuses, aux sels extraits des Eaux minérales de Vals. Par boîtes de 50 c.: 1, 2 et 3 francs; en vrac, 5 francs le kilo.

Pralines Vivaraises, toniques et ferrugineuses. Prix de la boîte : 2 francs; 30 centimes en plus par la poste.

Chocolat digestif et ferrugineux, en livre, croquette, napolitain, pastilles, chocolat ferrugineux, qualité spéciale. Prix de la boîte : 1 fr. 50; 20 centimes en plus par la poste.

Nougat et Nougatine, fabrication spéciale, avec pistache, vanille et au miel du Vivarais.

Bonbons d'agrément, dits Berlingots de Vals, aux parfums menthe, citron, vanille, café, etc.

Pour avoir les véritables produits de CASIMIR CROZE, s'adresser dans ses magasins, situés : Grand-Rue de Vals et avenue Farincourt, maison Migno.

Il n'y a qu'un seul établissement, à Vals-les-Bains, où se fabriquent les produits aux sels naturels, extraits des eaux minérales ; Messieurs CASIMIR CROZE et Cie ne confient pas la fabrication de leurs spécialités à des usines éloignées de Vals, et dont, par suite, ils ne pourraient surveiller les procédés.

Fabriquant eux-mêmes, MM. CROZE et Cie sont les seuls qui puissent garantir la sincérité de leurs produits.

Toute personne peut, du reste, visiter les ateliers qui se trouvent à Vals-les-Bains, au-dessus de la manutention de la Société Générale des eaux minérales.

Dépôt. — Chez M. MAZAUDIER, confiseur, Maison Carrée, à AUBENAS.

VOITURES A VOLONTE

LANDAU, PANIER, MYLORD, VICTORIA, &c.

CHEVAUX DE SELLE

Longs Voyages — Confortable — Célérité

François HUGON
Vals-les-Bains. — Hôtel Robert. — Vals-les-Bains.

A l'honneur de prévenir Messieurs les Étrangers et Baigneurs qu'il se met à leur disposition pour faire des excursions en montagne, passant par Antraigues, Laviolle, Mézilhac, Lachamp-Raphaël, le Gerbier de Joncs, le Mézenc, les ruines du couvent de Bonnefoi, Sainte-Eulalie, Le Béage, la forêt et l'abbaye de Mazan, le lac d'Issarlès, le lac Ferrand (près la forêt de Bauzon), la Côte de Mayres, La Chavade, Lanarce, Peyrabeille, le lac du Bouchet (près Costaros), les ruines du château de Polignac (près Le Puy), les ruines du château de La Roche-Lambert; passant par Langogne, Labastide, Notre-Dame-des-Neiges, Villefort, Les Vans, Joyeuse, les grottes de Vallon, le pont d'Arc; le château de Boulogne, le château de Ventadour, celui de Pourcherolles, le cratère de Thueyts, l'Echelle-du-Roi, la Gueule-d'Enfer, Neyrac, Jaujac, les ruines du château de Clamouse, le volcan de Jaujac.

RETOUR A VALS

VOITURES A VOLONTÉ

Break — Landau — Phaëton
Pour Courses, Promenades et Excursions

DONAS

Demeurant toute l'année à Vals-les-Bains

Remises : Maison Régis
En face l'Hôtel des Colonies, à côté du Temple.

PRIX MODÉRÉS

Auguste FEZAY

CHAMBRES MEUBLÉES

Au centre de Vals

QUINCAILLERIE - MERCERIE

ARTICLES DE PÊCHE

Chambres Garnies

Victor SUCHON
Propriétaire
VALS-LES-BAINS

ON FAIT LA CUISINE

APPARTEMENTS INDÉPENDANTS POUR FAMILLES
Complètement Meublés à Neuf

GRAND CAFÉ EUROPÉEN

ANCIEN CAFÉ DE L'EUROPE

Réparé & Meublé à neuf

Tenu par Alphonse CROS

Au centre de VALS, donnant sur la place St-Jean

CONSOMMATIONS DE PREMIER CHOIX
Bière de Lyon, de Ruoms. — Glace.

BOTTIN

CHAMBRES GARNIES INDÉPENDANTES

VALS-LES-BAINS

GRAND HOTEL DU LOUVRE

TENU PAR

LÉON BAYLON

Propriétaire

— Cet Hôtel vient de s'agrandir d'une magnifique ANNEXE —

VASTE SALLE A MANGER & SALON DE COMPAGNIE

TABLE D'HOTE --- SERVICE PARTICULIER

BELLE SALLE D'OMBRAGE ATTENANTE A L'HOTEL

Voitures à la disposition de Messieurs les Baigneurs

OMNIBUS DE L'HOTEL A TOUS LES TRAINS

PENSION, 2 REPAS PAR JOUR

Chambre et Service compris

HOTEL DU LOUVRE		ANNEXE	
1er Étage	7 fr. 50	1er Étage	9 fr.
2me Étage	7 fr. »	2me Étage	8 fr.

Service irréprochable

IMPRIMERIE COMMERCIALE
Industrielle et Administrative
de
Mme A. ROBERT
Imprimeur breveté
Faubourg L. Gambetta, en face les Postes & Télégraphes

à AUBENAS, ARDÈCHE

VÉRITABLES PASTILLES DE VALS
AUX SELS NATURELS
de l'Établissement de CASIMIR CROZE, situé à
VALS-LES-BAINS (Ardèche)

Les Véritables Pastilles de l'Etablissement de Casimir Croze sont préparées, à Vals, avec les sels minéraux extraits des Sources ; elles sont employées journellement pour combattre les affections des voies digestives, telles que : digestion lente, dyspepsie, gastralgie, vomissements, aigreurs, etc.

D'un goût très agréable et digérées par les estomacs les plus délicats, elles sont recommandées et mêmes nécessaires aux estomacs affaiblis, qui retrouvent, par leur usage, une grande puissance digestive.

La dose recommandée par les sommités médicales est de 8 à 12 Pastilles par jour.

Exiger sur chaque boîte le nom du seul et unique préparateur à Vals-les-Bains

CASIMIR CROZE & Cie

VILLA DU COTEAU

LOUIS PETIT, PROPRIÉTAIRE

Appartements de premier ordre, séparés, pour Familles

BELLE SITUATION
VUE SPLENDIDE — TERRASSES OMBRAGÉES

VILLA ERNEST MOULINE
Sur le Boulevard

APPARTEMENTS POUR FAMILLES
Jardin, Terrasse

DANS LA VILLA SE TROUVE :

LA SOURCE GAULOISE
Eau minérale naturelle

La Source **Gauloise**, très gazeuse, ne troublant ni le vin, ni aucune autre liqueur, forme une Eau de table excellente.

CASINO DE VALS-LES-BAINS

Cet Établissement composé de la Salle de Spectacle, de la Salle de Café (désignée sous le nom de *Café de Paris*) et du *Cercle des Étrangers*, vient de subir, sous la nouvelle Direction, diverses transformations et aménagements qui seront appréciés par MM. les Baigneurs.

Le *Théâtre d'Été*, transformé en une belle et vaste Salle verte, sera abrité de l'humidité des soirées. Du premier au cinq juillet, débutera la Troupe de concerts, comédies, vaudevilles et opérettes. Les artistes qui en font partie ont été choisis parmi les étoiles des grands établissements de Paris. Les affiches du jour donneront le tableau de la troupe et du répertoire qu'elle interprètera.

CAFE DU CASINO
OU CAFÉ DE PARIS

Ouvert depuis le 20 juin, aura dès le 1er juillet un service régulier de dépêches qui seront, dès leur arrivée, affichées dans la salle publique.

GRAND CERCLE DES ÉTRANGERS
ENTIÈREMENT RECONSTITUÉ

Offrira à MM. les Baigneurs tous les moyens de distraction qu'offrent les établissements similaires :

Salles de lecture, de conversation, de billards et jeux divers.

HOTEL DE FRANCE

Tenu par

M. & Mme MIRECOURT

VALS-LES-BAINS

MAISON ADMIRABLEMENT SITUÉE

Au centre de la Ville

EN FACE DE BEAUX PARCS ET JARDINS D'AGRÉMENT

Se recommande par sa bonne Cuisine bourgeoise
tous les jours variée

CONFORTABLE — PROPRETÉ

PRIX MODÉRÉS

VILLA MATHON, FILS

Maison Meublée à neuf

La mieux située de VALS, au centre du Quartier des Eaux

EN FACE DE L'ÉTABLISSEMENT THERMAL

FRAIS OMBRAGES

APPARTEMENTS POUR FAMILLES

CONFORTABLE & PROPRETÉ

PRIX MODÉRÉS

AVIS AUX CONSOMMATEURS

Vous n'aurez plus de mauvaises digestions, si vous sucez les **Bonbons digestifs Casimir Croze, aux sels extraits des eaux minérales de Vals-les-Bains**; agréables à la bouche; arrêtent immédiatement la toux. Présentés sous forme de Bonbons, rien ne peut leur être comparé. — Exiger, sur chaque boite, le nom de l'inventeur et seul préparateur, à Vals-les-Bains. Le nom est en toutes lettres même sur chaque Bonbon : C^{ir} CROZE, et au verso : VALS.

Adresser toutes demandes à Casimir CROZE et Cie, à Vals-les-Bains.

NOTA. — Des boîtes sont disposées pour être expédiées franco contre mandat poste de 1 fr. 50.

ANCIEN HOTEL DE LA POSTE
A VALS - LES - BAINS

Cet Hôtel, complètement remis à neuf, est aujourd'hui transformé en Appartements pour Familles et Chambres Garnies.

Terrasse et Jardin sur le derrière

ÉCURIE — REMISE — EAU — GAZ

Les Propriétaires exploiteront eux-mêmes pendant cette saison, après laquelle ils sont disposés à VENDRE ou à LOUER, soit comme Hôtel, soit comme Maison Garnie.

S'adresser aux Propriétaires de l'Hôtel de la Poste,
— A VALS - LES - BAINS —

A VENDRE

Emplacements avec Source Minérale, la meilleure des eaux de table, au plus beau quartier de la Station.

Grandes facilités de paiement.

S'adresser à M. Gaston GIRAUD, négociant à Vals-les-Bains.

G^d HOTEL DU NORD
Au centre de la ville
A VALS-LES-BAINS

 TENU PAR VERNET

Réparé et Meublé à neuf. Vue splendide

TABLE D'HOTE
DINERS PARTICULIERS
ON PORTE EN VILLE

ÉCURIE & REMISE

DÉPART DE TOUTES LES VOITURES
Dictionnaire Bottin

SOURCE DU BOSC
Eau minérale naturelle
de VALS (Ardèche)
Approuvée par l'Académie de médecine.
Autorisée par l'État.

La source du BOSC, très gazeuse, est une excellente eau de table. — Elle est souveraine dans les maladies de l'estomac et des intestins, du foie, de la rate, des reins et de la vessie.

Elle combat efficacement les coliques hépatiques et néphrétiques, la gravelle, la goutte, le diabète et le rhumatisme.

S'adresser à M. Paul LAGARDE, *propriétaire de la source du Bosc*, ou à M. CHAULET, *café de la Favorite, quartier des Eaux*.

M. E. CHAMPETIER
Pharmacien-Chimiste, près le Pont-de-Fer

est le seul préparateur depuis 20 ans, des

SOUS PRODUITS DE VALS

Tels que : **Pastilles** et **Bonbons Digestifs**,

aux Sels de Vals

Sels naturels, pour bains et boissons artificielles, de VALS.

AINSI QUE DE

L'ARNICA DES CÉVENNES

Contre Plaies, Blessures, Contusions, Entorses, Foulures, etc., etc.

Se méfier des produits similaires, qui ne sont que des imitations

---

LABORATOIRE D'ANALYSES DIVERSES

LES SOURCES
LA REINE & 3 ETOILES
Débitant 3.000.000 de bouteilles

Sont la propriété exclusive de M. E. CHAMPETIER.

S'adresser à la pharmacie pour achats d'eau et renseignements.

Le Gérant

N° 17

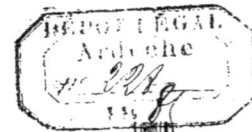

VALS-LES-BAINS

SAISON DE 1885

du 15 Mai au 1er Octobre

Liste Officielle

DES ÉTRANGERS

Publiée par M. SERRE, secrétaire de la Mairie

L'éditeur de cette liste est seul autorisé à publier la *Liste officielle*.

PRIX : 10 CENTIMES

AUBENAS
IMPRIMERIE BREVETÉE DE Mme A. ROBERT

Maison non Recommandée

GRAND CAFÉ DE LA FAVORITE
TENU PAR A. CHAULET
Avenue Farincourt

A VALS-LES-BAINS (Ardèche)

CONSOMMATIONS DE 1er CHOIX

Salle de Billard, Grandes Terrasses, Vue splendide.	Chambres Garnies confortables, meublées à neuf.

Au centre de la Station thermale et des principaux hôtels.

VALS-LES-BAINS

GRAND HOTEL DE LYON
ÉTABLISSEMENT DE 1er ORDRE
Avenue Farincourt, au centre de la Station thermale,
limitant le Grand Établissement des Bains.

TENU PAR
Mme Vve LOUIS PEYROUSE
PROPRIÉTAIRE DE L'HOTEL

TABLE D'HOTE — SERVICE A LA CARTE

Cet Établissement se recommande à Messieurs les Baigneurs par son grand Confortable et son Service irréprochable.

A LOUER
PENDANT LA SAISON
en tout ou en partie

1 REMISE & ÉCURIE
SITUÉE AU PONT DE VALS

S'adresser à M. LACROTTE Arsène, *Café National*, à Vals.

N° 17

LISTE OFFICIELLE DES ÉTRANGERS

Arrivés à VALS-LES-BAINS du 12 au 18 Août 1885

NOMS, QUALITÉS, DOMICILES, LOGEMENTS

Grand Hôtel du Louvre

Mme Reboul, rent., Nîmes.
M. Daudé, rent., Nîmes.
Mme veuve Daudé, rent., Nîmes.
Mlle Daudé, rent., Nîmes.
Mme Pradelle, rent., Bourg-St-Andéol.
Mlle Pradelle, rent., Bourg-St-Andéol.
M. Couespel, manufacturier, Rouen.
M. Nourry, manufacturier, Courthézon.
M. Gérin, nég., Alais.
M. Gérin, juge d'instruction, Alais.
M. Laussel, nég., Servian.
M. Chareyre, nég., St-Fortunat.
Mme Chareyre, nég., St-Fortunat.
Mlle Chareyre, nég., St-Fortunat.
M. Chapelle, imprim. de foulards, Tain.
M. Chapelle, filateur, Tournon.
M. Gois, commissaire-pris., Avignon.
M. Coquet, prêtre, Avignon.

Grand Hôtel des Bains

Mlle Bénay, rent., Lyon.
M. Boucher, rent., Cette.
M. Médard, nég., Nîmes.
Mme Bertrand, rent., Marseille.
M. Dagan, prof. de rhétorique, Orange.
Mlle Médard, rent., Nîmes.
M. Soulier, rent., Lyon.
Mme Soulier, rent., Lyon.
M. Soulier fils, rent., Lyon.
M. Pérez, maire, Mascara (Algérie).
Mme Pérez, rent., Mascara.
M. Charles Pérez, Mascara.
M. Pérez aîné, Mascara.
Mme Bouthéon, rent., Montélimar.
M. Bouthéon, rent., Montélimar.
Mlle Bouthéon, rent., Montélimar.
M. Corrade, ingénieur, Marseille.
Mme Vigier, rent., Marseille,
M. Vigier, rent., Marseille.
M. Nargallet, rent., Montplaisir.
Mme Dessolier, rent., Oran.
Mlle Rambert, rent., Oran.
M. Tourtet, nég., Avignon.
M. Bouchez, nég., Avignon.

NOMS, QUALITÉS, DOMICILES, LOGEMENTS

Grand Hôtel de l'Europe

M. Albert, directeur du pensionnat de Passy, Paris.
M. Brunet, ingénieur de la société gle de dynamite, Paris.
M. Castion, nég., Nîmes.
M. Roux, rent., Vallignères.
Mme Roux, rent., Vallignères.
M. Roubaux, nég., Bessèges.
Mme Dumas, nég., Bessèges.
M. Dumas, nég., Bessèges.
M. Tason, frère, Alais.
M. Barthélemy, nég., Lasale.
M. Delord, entrepreneur, Nîmes.
M. Horard, greff. du Tribal, Carpentras.
Mlle Horard, rent., Carpentras.

Hôtel de Paris

M. Martin, architecte, Marseille.
M. Villard, rent., Alais.
Mme Villard, rent., Alais.
M. Gras, banquier, Alais.
M. Viel, nég., Carpentras.
M. Armand, nég., Aiguevives.
M. Paul Vallon, rent., Bourg-du-Péage.
Mme P. Vallon, rent., Bourg-du-Péage.
M. Ferd. Vallon, r., Bourg-du-Péage.
Mme F. Vallon, rent., Bourg-du-Péage.
M. Antonin Vallon, r., Bourg-du-Péage.
Mme A. Vallon, rent., Bourg-du-Péage.
M. Armand, nég., Paris.
Mme Armand, nég., Paris.
Mlle Armand, nég., Paris.
M. Malmazet, nég., Lablachère.
M. Mansard, nég., Joyeuse.
M. Boyer, major, Gap.
Mme Perret, rent., Marseille.
M. de Champeaux de la Boulaye, président, Autun.
M. Dervieux, rent., Marseille.
M. Vedel, rent., Largentière.
M. Moser, nég., Saint-Julien.
M. Gachon, pasteur, Montpellier.
M. Sisteron, avoué, Nyons.

NOMS, QUALITÉS, DOMICILES, LOGEMENTS

Grand Hôtel Durand

M. Blanc, rent., St-Rémy.
M. Grandmaison, nég., Marseille.
Mme Vve de Francqueville, r., Grenoble.
M. de Francqueville, capitaine d'artillerie, Grenoble.
M. le f^{re} Zoël, mariste, St-Genis-Laval.
M. Maury, nég., Saint-Ambroix.
M. Griffand, nég., Louhans.
Mme Griffand, nég., Louhans.
M. Blandin, receveur de l'enregistr., Grignan.
Mme Blandin, rent., Grignan.
Mlle Blandin, rent., Grignan.
M. Sibeud, r. de commerce, Romans.
M. Lioret, repr., de commerce, Romans.
Mme Lioret, rent., Romans.
M. Romain, nég., Valence.
M. Trollat, nég., Romans.
M. Hominal, bijoutier, Vallon.
M. Tardy, repr. de commerce, Valence.
M. Bertrand, nég., Annonay.
M. Charles Bertrand, nég., Annonay.
M. Frédéric Bertrand, nég., Annonay.
M. Arnal, nég., Annonay.
M. Arnal, nég., Annonay.
M. Couchond, curé, Jhieux.
Mme sœur Ambroise, sup^{re}, Jhieux.
Mme sœur Aimée, religieuse, Jhieux.

Hôtel du Nord

M. Teysster prop., Gagnières.
M. Payan, ingénieur, St-Chamond.
Mlle Abric, rent., Sauvignargues.
Mlle Remezy, rent., Sommières.
M. Bastide, nég., Sommières.
M. Boudie, rent., St-Germain.
Mme Boudie, St-Germain.
M. Tamisier, rent., Valence.
M. Ageron, prop., St-Bonnet.
M. Verguier-Giraud, confis., Annonay.
M. Martinenche, nég., Les Mages.
M. Chanain, voyageur, Le Puy.
M. Tardif, comptable, St-Péray.
M. Giraud-Verdier, confis., Annonay.
M. Delaye, voyag., Roque-d'Anthéron.
M. Cornut, nég., Largentière.
Mme Gousset, rent., Mostaganem.
M. Cornet, nég., Le Teil.

Hôtel des Colonies

M. Fabrégat, commis-voyageur, Alais.
Mme Fabrégat, rent., Alais.

M. Ladreyt, rent., Montpellier.
Mme Ladreyt, Montpellier.
M. Audoyer, prop., Codognan.
Mme Audoyer, Codognan.

Hôtel de France

M. Bayle, nég., Marseille.
M. Fabre, rent., Valréas.

Restaurant Chalabreysse

M. Desmages, cap. en retr., Dieulefit.

Grand Hôtel de Lyon

M. Dumont, nég., St-Uze.
Mme Dumont, St-Uze.
M. Gaillard, nég., St-Vallier.
M. Dumont fils, St-Uze.
M. Flactevoet, comm., Bône.
M. Baile, libraire, Bagnols.
M. Maisonnasse, avoué, Tournon.
M. Dufaix, rent., Florac.
Mme Dufaix, Florac.
M. Hugues, docteur, Toulon.
M. Bonnet, avocat, Tournon.
Mme Dien, nég., Grenoble.
Mme Billaud, rent., Grenoble.
Mlle Billaud, Grenoble.

Grand Hôtel des Délicieuses

M. l'abbé Amate, prof., Nimes.
M. Eybert, rent., Pont-St-Esprit.
M. Bonnefoux, docteur, Salindres.
Mlle Marie Thérèse, rent., Salindres.
Mlle André, rent., Salindres.
Mme Volle, rent., Salindres.
M. Flandin, notaire, St-Ambroix.
M. Bouffet, docteur, Paris.
M. Gaillard, avoué, Alger.
M. Gaillard, rent., Alger.
M. Nicolas, rent., Joyeuse.
M. Galofre, rent., Anduze.
Mme Galofre, Anduze.
Mme Vallot, nég., Carpentras.

Hôtel Robert

M. Goudard, empl. à la Préfec., Nimes.
M. Marion, prop., Theize.
M. Hiltbrand, nég., Romans.
M. Bertoglio, nég., Lambese.
Mme Bertoglio, Lambese.
M. Rolland, rent., Le Vigan.
M. Lèque, nég., Le Vigan.

NOMS, QUALITÉS, DOMICILES, LOGEMENTS	NOMS, QUALITÉS, DOMICILES, LOGEMENTS

Maison Giraud

Mme Mathez Dassens, rent., Marseille.
Mme veuve Kittler, rent., Nimes.
Mlle Kittler, institutrice, Nimes.
M. Cade, teneur de livres, Nimes.
M. Villard, instituteur, Vallon.
Mme Villard, Vallon.
M. Audon, prop., Nimes.
Mme Rouquette, directrice de l'école primaire, Nimes.
Mlle Galaffre, rent., Anduze.
Mlle Galaffre, rent., Anduze.

Maison Fezay

Mme Bagnols, rent., Bagnols.
Mme Sartre, nég., Bagnols.
Mme Tournel, rent., Zagazig (Egypte).
Mme Laborne, rent., Nimes.
Mme Basile, rent., St-Privat-de-Champelos.
M. Pentheaux, clerc d'avoué, Nimes.
Mme Pentheaux, Nimes.

Maison Victor Martin

Mme Anzières, rent., St Laurent-d'Aigouze.
M. Blanchin, nég., Vaison.
M. Roure prop., Salavas.
Mme Vincent, prop., Vallon.
Mme Hue, nég., Nimes.
Mlle Hue, institutrice, Nimes.

Villa du Bateau

M. Lorin, nég., Marseille.
Mme Lorin, Marseille.
Mlle Lorin, Marseille.

Villa du Côteau, *maison Petit*.

M. Damian, nég., Nimes.
Mme Damian, Nimes
(une domestique).

Maison Suchon

M. Amblart, nég., Antibes.
Mme Lert, institutrice, Nimes.
M. Moulin, employé, Marseille.
Mlle Servière, directrice, Nimes.
M. Bedos, professeur, Nimes.
Mme Bedos, rent., Nimes.

M. Charousset, instituteur, Montfaucon.
Mme Charousset, Montfaucon.
M. Soulier, directeur, cours complémentaire, St-Jean-du-Gard.
Mme Soulier, rent., St-Jean-du-Gard.

Villa de Bernardy

M. Fétrier, prop., Camaret.
Mme Fétrier, prop., Camaret.
M. Noé, rent., St-André.
Mme Noé, St-André.
M. Hugues, avocat, Gap.
Mme Hugues, rent., Gap.
Mlle Hugues, Gap.
Mme Sœur Gertrude, relig., Corconne.
Mme Sr Jeanne-Marie, relig., Corconne.

Villa veuve Ladet

Mlle Bret, cafetière, Villeneuve.
M. Bret, cafetier, Villeneuve.
M. Vanton, voyageur, Nimes.
Mme Vanton, rent., Nimes.
Mlle Fontamieux, rent., Nimes.

Villa Margaritora

M. Chateland, rent., Marseille.
Mme Chateland, rent., Marseille.
M. Chateland fils, rent., Marseille.
Mlle Chateland Angélina, r., Marseille.
Mlle Marie Chateland, rent., Marseille.

Villa Eugène Mouline

M. Reboul, nég., Nimes.
Mme Reboul, rent., Nimes.
M. Reboul, rent., Nimes.
Mlle Reboul, rent., Nimes
(une femme de chambre).
Mme Chante, rent., Montpellier.
Mlle N. Chante, rent., Montpellier.
Mlle A. Chante, rent., Montpellier.

Villa Ernest Mouline

M. Boyer, direc. d'éc. normale, Nimes.
Mme Boyer, rent., Nimes.
M. Paul, étudiant, Nimes.
M. Charles, étudiant, Nimes.

Villa Delubac

M. Michel, nég., Bouillargues.
Mme Bonnet, nég., Bouillargues.

NOMS, QUALITÉS, DOMICILES, LOGEMENTS

M. Massonnet, rent., Viviers.
Mme Massonnet, rent., Viviers (une bonne).
M. Humbert, voyageur, St-Dié.
M. Chartres, prop., Aps.
M. Pouzache, prop., Lavilledieu.

Chalet Martin

M. Pellet, prop., Vigean, (Vaucluse).
M. Gachon, rent., au Bouchet, (Drôme).
M. l'abbé Lacroix, Marseille.

Maison Peyrouse

Mme Savan, prop., Chassagnes.
M. Savan fils, Chassagnes.
M. Chaurand, prop., Chassagnes.
M. Meunier, professeur, Chassagnes.
Mme Folchet, rent., Chassagnes.
M. Selve, rent., Pont-St-Esprit.
M. Merrignargues, empl. à la Préfecture, Nîmes.
Mme Merrignargues, rent., Nîmes.
Mlle Merrignargues, rent., Nîmes.
M. Labry, nég., Nîmes.
Mme Labry, nég., Nîmes.
Mlle Roger, nég., Nîmes.
M. Roger, nég., Nîmes.

Maison Poultier

M. Jassot, employé ch. de f. Cavaillon.
Mme Jassot, rent., Cavaillon.

Maison Casimir Croze

M. Grillon, rent., Beaucaire.
Mlle Grillon, rent., Beaucaire.
M. Laval, représentant, Marseille.

NOMS, QUALITÉS, DOMICILES, LOGEMENTS

M. Duret, Conseill. d'arr., Vauvert.
Mme Duret, rent., Vauvert.
M. Maynard, nég., Nîmes.
Mme Maynard, nég., Nîmes.
M. Viel, nég., Nîmes.
Mlle Duret, professeur, Paris.
M. Baral, nég., Ganges.

Maison Régis Combe

M. Lavie, nég., Barjac.
Mme Lavie, nég., Barjac.

Maison Lacrotte (Café National)

M. Rouvery, rent., Lablachère.
M. Mazaudier, nég., Lyon.
Mlle Mazaudier, nég., Lyon.
Mme Dalmas, rent., Lyon.
M. Dalmas, nég., Paris.
M. Monteil, modeleur, Bessèges.
M. Imbert, rent., Toulon.
Mme Fernande, rent., Paris.

Villa Vincent

M. Portes, repr. de comm., Montpellier.
Mme Bonnemayre, rent., Montpellier.
Mlle Bonnemayre, rent., Montpellier.

Café Deschandol, *Hôtel de Marseille*

MM. Boze frères, nég., Marseille.
M. Teyssier, expéditeur, St-André.
M. Arthaud, prop., Valence.
M. Arthaud, prop., Valence.
Mlle Blanchin, receveuse des Postes, St-Marcel-d'Ardèche.
Mme Bonasse, couturière, Marseille.
M. Pelissier, limonadier, Marseille.

BONBONS DIGESTIFS CASIMIR CROZE

Vous n'aurez plus de mauvaises digestions, si vous sucez les véritables **Bonbons digestifs Casimir Croze, aux sels extraits des eaux minérales de l'Établissement de Vals**; agréables à la bouche; ils fondent de suite, et l'air que l'on respire agit aussitôt sur les poumons; les vapeurs bienfaisantes des sels qui sont employés arrêtent immédiatement la toux. Présentés sous forme de Dragées, avec inscription : C^{ir} CROZE, et au verso : VALS, rien ne peut leur être comparé. Les Bonbons digestifs Casimir Croze sont les seuls qui se fabriquent à Vals.— Se méfier des nombreuses imitations; exiger la signature de Casimir CROZE & Cie sur chaque boîte.

Vente dans ses magasins, Grande-Rue de Vals, en face de la passerelle, et à l'avenue Farincourt, maison Migno.

CAFÉ - RESTAURANT DES BAINS

| Chambres meublées très confortables | **Avenue Farincourt**
En face de l'Établissement thermal | Service à la Carte Célérité |

MENU
du Jeudi 20 Août 1885

Potage

Hors d'œuvre
Fricandeau à l'oseille

Rouelle de mouton, purée de pommes
Rognons madère

Haricots verts
Aubergines, sauce tomate

Poissons
Ecrevisses

Poulet rôti

Entremets
Dessert assorti

**VINS DES PREMIERS CRUS
SOUPER FROID A LA SORTIE DU CASINO**

A LA BOTTE SANS COUTURE

VICTORIN BRUN

Maison Hôtel de la Poste

Grande-Rue et place Saint-Jean — VALS-LES-BAINS

GRAND ASSORTIMENT DE CHAUSSURES
CHAUSSURES SUR COMMANDE
SPÉCIALITÉ DE CHAUSSURES CONFECTIONNÉES
RÉPARATIONS EN TOUS GENRES
— PRIX TRÈS MODÉRÉS —

CROZE Arsène

A VALS-LES-BAINS (LE PONT)

VINS ORDINAIRES & VINS FINS
GARANTIS PURS DE TOUT MÉLANGE
Récoltés chez le propriétaire et provenant uniquement du raisin

EAU-DE-VIE & RHUM

PRIX TRÈS MODÉRÉS

BRESSON

Entrepreneur

Place Saint-Jean, — à Vals-les-Bains

MAISON GARNIE — MEUBLÉE A NEUF
Située au centre de VALS

Cuisine à la disposition de Messieurs les Baigneurs

TERRASSE

PRIX MODÉRÉS

AUTORISATION DE L'ÉTAT

VALS AU COMPLET

SOURCE DES PRINCES

Eau de Table, surnommée la Délicate, par M. le Docteur Bonnal.

Recommandée dans toutes les affections des voies digestives : dyspepsie, gastralgie, gastrite, etc.

SOURCE PRÉFÉRÉE, MOYENNE

Employée avec le plus grand succès, dans toutes les affections biliaires et de la vessie, elle rend surtout de grands services dans la goutte, les rhumatismes, les fièvres intermittentes des pays chauds et les épidémies cholériques.

SOURCE DUCHESSE, FORTE

Souveraine dans l'anémie, chlorose, appareil sexuel, elle agit très efficacement dans les cas où, à cause de leur minéralisation plus faible, les eaux bicarbonatées sodiques demeurent impuissantes.

N.-B. — Les eaux minérales de ces sources, situées au centre du bassin des Eaux, sont d'une conservation parfaite et peuvent supporter les plus longs voyages.

Pour les demandes, s'adresser à M. Peyrouse aîné, *prop., à Vals.*

ANALYSES	DES PRINCES	PRÉFÉRÉE	DUCHESSE
Acide carbonique libre	1.0590	1.3910	1.4510
Bicarbonate de soude	1.8700	4.2820	7.1370
— de potasse	0.0373	0.1360	0.1430
— de chaux	0.0500	0.2000	0.2140
— de magnésie	0.0470	0.1110	0.1180
— de lithine	traces	0.0157	0.0059
Chlorure de sodium	0.0288	0.1630	0.1710
— de potassium	0.0305	traces	traces
Sulfate de soude	0.2026	0.0350	0.0360
— de potasse	0.0387	indices	indices
Silice	0.0050	0.0670	0.0720
Alumine	indices	0.0031	0.0035
Oxyde de fer	0.0140	0.0125	0.0045
Totaux	2.4239	5.0293	9.3499

VILLA VEUVE LADET

Maison Meublée à neuf

APPARTEMENTS POUR FAMILLES

Une des mieux situées de Vals

EN FACE DU GRAND CASINO

Terrasse sur le devant ainsi que sur le derrière.

On FAIT LA CUISINE

Casimir Croze

CHAMBRES MEUBLÉES

ET CUISINE POUR FAMILLE

AU CENTRE DE VALS

Villa Casimir Croze

JARDINS -- BEAUX OMBRAGES

Chambres garnies & Appartements pour familles

ANCIEN HOTEL DU PARC

TENU PAR

CHALABREYSSE

Grand'Rue, près la Passerelle

A VALS - LES - BAINS (ARDÈCHE)

RESTAURANT — PENSION — CHAMBRES GARNIES

— PRIX TRÈS MODÉRÉS —

GRAND CAFÉ DE VALS
ET
GRAND CERCLE DES BAIGNEURS

Tenus par

Mme BOULLE

AU CENTRE DES GRANDS HOTELS

TERRASSES MAGNIFIQUES

Au-dessus du Cercle et devant le Café

FRAIS OMBRAGES

CONSOMMATIONS DE PREMIER CHOIX

BIÈRE DE LYON & DE RUOMS

Salle de lecture — Journaux du jour

Abonnements pour la saison

— DICTIONNAIRE BOTTIN —

Cet Etablissement se recommande à sa nombreuse clientèle

GRAND HOTEL DE L'EUROPE

Le plus ancien de Vals, tenu par

M. ET Mme BOUZIGE

à VALS-LES-BAINS (Ardèche)

TABLE D'HOTE — SERVICE PARTICULIER — JARDIN

PARC & JARDIN ATTENANT A L'HÔTEL

Voiture dans l'hôtel à la disposition de MM. les Baigneurs

OMNIBUS DE L'HOTEL A TOUS LES TRAINS

SOCIETE GENERALE
des Produits aux sels extraits des Eaux Minérales
DE VALS-LES-BAINS & DU VIVARAIS

Médaille d'or, Expos. Intern. de Nice — 1883-1864
Médaille d'argent, Conc. rég. d'Aubenas — 1882

Médaille de bronze, Exposition de Blois — 1883

1885 — Grand diplôme d'honneur et Médaille d'or, Exposition de Lyon

COMMISSION — EXPORTATION

USINE MODERNE A VAPEUR
FABRIQUE DE CHOCOLAT & DE PRODUITS AUX SELS DE VALS
MARRONS GLACÉS DU VIVARAIS

Casimir CROZE & Cie
VALS - LES - BAINS (Ardèche)

Bonbons digestifs Casimir Croze, dits Caramels ou Sucre d'Orge, aux sels extraits des Eaux minérales de Vals. Prix de la boîte, franco par la poste, 1 fr. 50.

Pastilles bicarbonatées et ferrugineuses, aux sels extraits des Eaux minérales de Vals. Par boîtes de 50 c.: 1, 2 et 3 francs; en vrac, 5 francs le kilo.

Pralines Vivaraises, toniques et ferrugineuses. Prix de la boîte : 2 francs; 30 centimes en plus par la poste.

Chocolat digestif et ferrugineux, en livre, croquette, napolitain, pastilles, chocolat ferrugineux, qualité spéciale. Prix de la boîte : 1 fr. 50 ; 20 centimes en plus par la poste.

Nougat et Nougatine, fabrication spéciale, avec pistache, vanille et au miel du Vivarais.

Bonbons d'agrément, dits Berlingots de Vals, aux parfums menthe, citron, vanille, café, etc.

Pour avoir les véritables produits de Casimir CROZE, s'adresser dans ses magasins, situés : Grand-Rue de Vals et avenue Farincourt, maison Migno.

Il n'y a qu'un seul établissement, à Vals-les-Bains, où se fabriquent les produits aux sels naturels, extraits des eaux minérales ; Messieurs Casimir CROZE et Cie ne confient pas la fabrication de leurs spécialités à des usines éloignées de Vals, et dont, par suite, ils ne pourraient surveiller les procédés.

Fabriquant eux-mêmes, MM. CROZE et Cie sont les seuls qui puissent garantir la sincérité de leurs produits.

Toute personne peut, du reste, visiter les ateliers qui se trouvent à Vals-les-Bains, au-dessus de la manutention de la Société Générale des eaux minérales.

Dépôt. — Chez M. MAZAUDIER, confiseur, Maison Carrée, à Aubenas.

VOITURES A VOLONTE

LANDAU, PANIER, MYLORD, VICTORIA, &c.

CHEVAUX DE SELLE

Longs Voyages — Confortable — Célérité

François HUGON

Vals-les-Bains. — Hôtel Robert. — Vals-les-Bains.

A l'honneur de prévenir Messieurs les Étrangers et Baigneurs qu'il se met à leur disposition pour faire des excursions en montagne, passant par Antraigues, Laviolle, Mézilhac, Lachamp-Raphaël, le Gerbier de Joncs, le Mézenc, les ruines du couvent de Bonnefoi, Sainte-Eulalie, Le Béage, la forêt et l'abbaye de Mazan, le lac d'Issarlès, le lac Ferrand (près la forêt de Bauzon), la Côte de Mayres, La Chavade, Lanarce, Peyrabeille, le lac du Bouchet (près Costaros), les ruines du château de Polignac (près Le Puy), les ruines du château de La Roche-Lambert; passant par Langogne, Labastide, Notre-Dame-des-Neiges, Villefort, Les Vans, Joyeuse, les grottes de Vallon, le pont d'Arc; le château de Boulogne, le château de Ventadour, celui de Pourcherolles, le cratère de Thueyts, l'Echelle-du-Roi, la Gueule-d'Enfer, Neyrac, Jaujac, les ruines du château de Clamouse, le volcan de Jaujac.

RETOUR A VALS

VOITURES A VOLONTÉ

Break — Landau — Phaëton
Pour Courses, Promenades et Excursions

DONAS

Demeurant toute l'année à Vals-les-Bains

Remises : Maison Régis
En face l'Hôtel des Colonies, à côté du Temple.

PRIX MODÉRÉS

Auguste FEZAY

CHAMBRES MEUBLÉES
Au centre de Vals

QUINCAILLERIE - MERCERIE

ARTICLES DE PÊCHE

Chambres Garnies

Victor SUCHON
Propriétaire

VALS-LES-BAINS

ON FAIT LA CUISINE

APPARTEMENTS INDÉPENDANTS POUR FAMILLES
Complètement Meublés à Neuf.

GRAND CAFÉ EUROPÉEN

ANCIEN CAFÉ DE L'EUROPE

Réparé & Meublé à neuf

Tenu par Alphonse CROS

Au centre de VALS, donnant sur la place St-Jean

CONSOMMATIONS DE PREMIER CHOIX
Bière de Lyon, de Ruoms. — Glace.

BOTTIN

CHAMBRES GARNIES INDÉPENDANTES

VALS-LES-BAINS
GRAND HOTEL DU LOUVRE
TENU PAR
LÉON BAYLON
Propriétaire

— Cet Hôtel vient de s'agrandir d'une magnifique ANNEXE —

VASTE SALLE A MANGER & SALON DE COMPAGNIE

TABLE D'HOTE — SERVICE PARTICULIER

BELLE SALLE D'OMBRAGE ATTENANTE A L'HOTEL

Voitures à la disposition de Messieurs les Baigneurs

OMNIBUS DE L'HOTEL A TOUS LES TRAINS

PENSION, 2 REPAS PAR JOUR
Chambre et Service compris

HOTEL DU LOUVRE		ANNEXE	
1er Étage	7 fr. 50	1er Étage	9 fr.
2me Étage	7 fr. »	2me Étage	8 fr.

Service irréprochable

IMPRIMERIE COMMERCIALE
INDUSTRIELLE ET ADMINISTRATIVE
de
Mme A. ROBERT
Imprimeur breveté

Faubourg L. Gambetta, en face les Postes & Télégraphes

A AUBENAS, ARDÈCHE

VÉRITABLES PASTILLES DE VALS
AUX SELS NATURELS
de l'Établissement de CASIMIR CROZE, situé à
VALS-LES-BAINS (Ardèche)

Les Véritables Pastilles de l'Etablissement de Casimir Croze sont préparées, à Vals, avec les sels minéraux extraits des Sources ; elles sont employées journellement pour combattre les affections des voies digestives, telles que : digestion lente, dyspepsie, gastralgie, vomissements, aigreurs, etc.

D'un goût très agréable et digérées par les estomacs les plus délicats, elles sont recommandées et mêmes nécessaires aux estomacs affaiblis, qui retrouvent, par leur usage, une grande puissance digestive.

La dose recommandée par les sommités médicales est de 8 à 12 Pastilles par jour.

Exiger sur chaque boîte le nom du seul et unique préparateur à Vals-les-Bains

CASIMIR CROZE & Cie

VILLA DU COTEAU
LOUIS PETIT, PROPRIÉTAIRE

Appartements de premier ordre, séparés, pour Familles

BELLE SITUATION

VUE SPLENDIDE — TERRASSES OMBRAGÉES

VILLA ERNEST MOULINE
Sur le Boulevard

APPARTEMENTS POUR FAMILLES
Jardin, Terrasse

DANS LA VILLA SE TROUVE :

LA SOURCE GAULOISE
Eau minérale naturelle

La Source **Gauloise**, très gazeuse, ne troublant ni le vin, ni aucune autre liqueur, forme une Eau de table excellente.

CASINO DE VALS-LES-BAINS

Cet Établissement composé de la Salle de Spectacle, de la Salle de Café (désignée sous le nom de *Café de Paris*) et du *Cercle des Étrangers,* vient de subir, sous la nouvelle Direction, diverses transformations et aménagements qui seront appréciés par MM. les Baigneurs.

Le *Théâtre d'Été,* transformé en une belle et vaste Salle verte, sera abrité de l'humidité des soirées. Du premier au cinq juillet, débutera la Troupe de concerts, comédies, vaudevilles et opérettes. Les artistes qui en font partie ont été choisis parmi les étoiles des grands établissements de Paris. Les affiches du jour donneront le tableau de la troupe et du répertoire qu'elle interprètera.

CAFE DU CASINO
OU CAFÉ DE PARIS

Ouvert depuis le 20 juin, aura dès le 1ᵉʳ juillet un service régulier de dépêches qui seront, dès leur arrivée, affichées dans la salle publique.

GRAND CERCLE DES ÉTRANGERS
ENTIÈREMENT RECONSTITUÉ

Offrira à MM. les Baigneurs tous les moyens de distraction qu'offrent les établissements similaires :

Salles de lecture, de conversation, de billards et jeux divers.

HOTEL DE FRANCE

Tenu par

M. & Mme MIRECOURT

VALS-LES-BAINS

MAISON ADMIRABLEMENT SITUÉE

Au centre de la Ville

EN FACE DE BEAUX PARCS ET JARDINS D'AGRÉMENT

Se recommande par sa bonne Cuisine bourgeoise
tous les jours variée

CONFORTABLE — PROPRETÉ

PRIX MODÉRÉS

VILLA MATHON, FILS

Maison Meublée à neuf

La mieux située de VALS, au centre du Quartier des Eaux

EN FACE DE L'ÉTABLISSEMENT THERMAL

FRAIS OMBRAGES

APPARTEMENTS POUR FAMILLES

CONFORTABLE & PROPRETÉ

PRIX MODÉRÉS

AVIS AUX CONSOMMATEURS

Vous n'aurez plus de mauvaises digestions, si vous sucez les **Bonbons digestifs Casimir Croze, aux sels extraits des eaux minérales de Vals-les-Bains**; agréables à la bouche; arrêtent immédiatement la toux. Présentés sous forme de Bonbons, rien ne peut leur être comparé. — Exiger, sur chaque boîte, le nom de l'inventeur et seul préparateur, à Vals-les-Bains. Le nom est en toutes lettres même sur chaque Bonbon : C^{ir} CROZE, et au verso : VALS.

Adresser toutes demandes à Casimir CROZE et Cie, à Vals-les-Bains.

NOTA. — Des boîtes sont disposées pour être expédiées franco contre mandat poste de 1 fr. 50.

ANCIEN HOTEL DE LA POSTE
A VALS - LES - BAINS

Cet Hôtel, complètement remis à neuf, est aujourd'hui transformé en Appartements pour Familles et Chambres Garnies.

Terrasse et Jardin sur le derrière

ÉCURIE — REMISE — EAU — GAZ

Les Propriétaires exploiteront eux-mêmes pendant cette saison, après laquelle ils sont disposés à VENDRE ou à LOUER, soit comme Hôtel, soit comme Maison Garnie.

S'adresser aux Propriétaires de l'Hôtel de la Poste,
— A VALS - LES - BAINS —

A VENDRE

Emplacements avec Source Minérale, la meilleure des eaux de **table**, au plus beau quartier de la Station.

Grandes facilités de paiement.

S'adresser à M. Gaston GIRAUD, *négociant à Vals-les-Bains.*

G^d HOTEL du NORD
Au centre de la ville
A VALS-LES-BAINS
TENU PAR VERNET
Réparé et Meublé à neuf. Vue splendide
TABLE D'HOTE
DINERS PARTICULIERS
ON PORTE EN VILLE

ÉCURIE & REMISE
DÉPART DE TOUTES LES VOITURES
Dictionnaire Bottin

SOURCE DU BOSC
Eau minérale naturelle
de VALS (Ardèche)
Approuvée par l'Académie de médecine.
Autorisée par l'État.

La source du BOSC, très gazeuse, est une excellente eau de table. — Elle est souveraine dans les maladies de l'estomac et des intestins, du foie, de la rate, des reins et de la vessie.

Elle combat efficacement les coliques hépatiques et néphrétiques, la gravelle, la goutte, le diabète et le rhumatisme.

S'adresser à M. Paul LAGARDE, *propriétaire de la source du Bosc*, ou à M. CHAULET, *café de la Favorite, quartier des Eaux.*

M. E. CHAMPETIER
Pharmacien-Chimiste, près le Pont - de - Fer

est le seul préparateur depuis 20 ans, des

SOUS PRODUITS DE VALS

Tels que : **Pastilles** et **Bonbons Digestifs,**
aux Sels de Vals

Sels naturels, pour bains et boissons artificielles, de VALS.

AINSI QUE DE

L'ARNICA DES CÉVENNES

Contre Plaies, Blessures, Contusions, Entorses, Foulures, etc., etc.

Se méfier des produits similaires, qui ne sont que des imitations

LABORATOIRE D'ANALYSES DIVERSES

LES SOURCES
LA REINE & 3 ETOILES
Débitant 3.000.000 de bouteilles

Sont la propriété exclusive de M. E. CHAMPETIER.

S'adresser à la pharmacie pour achats d'eau et renseignements.

Le Gérant,

N° 18

VALS-LES-BAINS

SAISON DE 1885

du 15 Mai au 1er Octobre

LISTE OFFICIELLE

DES ÉTRANGERS

Publiée par M. SERRE, *secrétaire de la Mairie*

L'éditeur de cette liste est seul autorisé à publier la *Liste officielle*.

— PRIX : 10 CENTIMES —

AUBENAS
IMPRIMERIE BREVETÉE DE Mme A. ROBERT

Maison non Recommandée

GRAND CAFÉ DE LA FAVORITE
TENU PAR A. CHAULET
Avenue Farincourt

A VALS-LES-BAINS (Ardèche)

CONSOMMATIONS DE 1er CHOIX

Salle de Billard, Grandes Terrasses, Vue splendide.	Chambres Garnies confortables, meublées à neuf.

Au centre de la Station thermale et des principaux hôtels.

VALS-LES-BAINS

GRAND HOTEL DE LYON
ÉTABLISSEMENT DE 1er ORDRE

Avenue Farincourt, au centre de la Station thermale, limitant le Grand Établissement des Bains.

TENU PAR

Mme Vve LOUIS PEYROUSE
PROPRIÉTAIRE DE L'HOTEL

TABLE D'HOTE - SERVICE A LA CARTE

Cet Établissement se recommande à Messieurs les Baigneurs par son grand Confortable et son Service irréprochable.

A LOUER
PENDANT LA SAISON

en tout ou en partie

1 REMISE & ÉCURIE
SITUÉE AU PONT DE VALS

S'adresser à M. LACROTTE Arsène, *Café National*, à Vals.

N° 18

LISTE OFFICIELLE DES ÉTRANGERS

Arrivés à VALS-LES-BAINS du 18 au 21 Août 1885

NOMS, QUALITÉS, DOMICILES, LOGEMENTS	NOMS, QUALITÉS, DOMICILES, LOGEMENTS
Grand Hôtel Durand	M. Milland, nég., St-Péray.
M. Mallet, voyageur, Romans.	Mme Milland, nég., St-Péray.
Mme Mallet, Romans.	M. Milland fils, nég., St-Péray
M. Mouret, voyageur, Romans.	(une femme de chambre).
Mlle Morel, rent., Romans.	Mme Vignat, rent., St-Etienne.
M. Neyret, prêtre, St-Paul (Loire).	M. Lamouroux, nég., Nimes.
M. l'abbé Rué, professeur, Lyon.	**Grand Hôtel du Louvre**
M. l'abbé Deumzière, aumônier, Lyon.	M. Seyrouse, vétérinaire, Lyon.,
M. l'abbé Pathoret, professeur, Lyon.	Mme Seyrouse, rent., Lyon.
M. Arnaud, nég., Marseille.	Mme Garnier, rent., Marseille.
Mme Arnaud, nég., Marseille.	M. Gray, prêtre, St-Julien-la-Brousse.
M. Billot, nég., Voiron.	Mme Blain, nég., St-Rémy.
Mme Billot, nég., Voiron.	M. Blain, nég., St-Rémy.
Mme Dyen, nég., Grenoble.	M. de Saint-Etienne, prêtre, Bessèges.
M. Sabatier, rent., Nimes.	M. Bertrand, prêtre, Langogne.
Grand Hôtel des Bains	M. Poujol, prêtre, Bessèges.
Mme Chalendard, rent., St-Etienne.	M. Romain, rent., Pont-Saint-Esprit.
Mlle Chapet, rent., St-Etienne.	Mme Romain, rent., Pont-Saint-Esprit.
Mlle Chapet, rent., St-Etienne.	**Grand Hôtel de l'Europe**
M. Gachon, pasteur, Montpellier.	M. Bonnet, nég., Coublevie.
M. Frachon, banquier, Lyon.	M. Lacroix, rent., Aurillac.
M. Marturé fils, militaire, Orange.	Mme Lacroix, rent., Aurillac.
Mme Jacques, rent., Lyon.	Mme Mignonac, rent., Montpellier.
M. Schlotfelott, dir. de la Cie du Gaz,	Mme Roussel, rent., Montpellier.
Montpellier.	M. Vayssière, rent., Paris.
Hôtel de Paris	M. Régis-François, f^{re} des E. C. Paris.
M. C. Lombard, nég., Valencia.	M. Pinel, vétérinaire, Montélimar.
M. H. Lombard, nég., Valencia.	**Hôtel du Nord**
M. Nicolas, banquier, Les Vans.	M. Boulle, expert-géom., St-Alban-s-S^n.
M. Caunat, nég., St-Mistre.	Mme Mèze, maître-d'hôtel, Montélimar.
Mme Caunat, nég., St-Mistre.	Mlle Molier, couturière, Montélimar.
M. Caunat, nég., Tourouzelle.	M. Mounier, rent., Aimara (Algérie).
Mme Caunat, nég., Tourouzelle.	Mme Mounier, rent., Aimara.
Mlle Caunat, Tourouzelle.	M. Gauthier, cafetier, au Chevalblanc.
Mlle Caunat, Tourouzelle.	M. Mazot, voyageur, Lyon.
M. Thomas, voyageur, Lille.	M. Roux, voyageur, Nimes.
M. Debarry, médecin, Montpellier.	M. Dupoux, nég., Vallon.
M. Nicolas, banquier, Joyeuse.	Mme Dupoux, rent., Vallon.
M. Pleche, notaire, Montélimar.	Mme Blanchon, rent., Lunel.
Mme Pleche, rent., Montélimar.	M. Guéry, rent., Saint-Marcel.
Mlle Perret, rent., Marseille.	**Hôtel de France**
M. Conte, nég., Salon.	M. Chamontin, rent., Orgnac.
Mlle Conte, nég., Salon.	Mme Chamontin, rent., Orgnac.
M. Chabas, nég., Cavaillon.	**Grand Hôtel de Lyon**
M. Berni, prop., Montpellier.	M. Mouline, rent., Valence.
M. Colond, rent., Les Ollières.	Mlle Mouline, Valence
Mme Fougeyrolles, rent., Les Ollières.	(une bonne).
M. Georges Fougeyrolles, Les Ollières.	M. Férolliet, nég., Marseille.
M. Edmond Fougeyrolles, Les Ollières.	M. Samson, rent., Gorée (Sénégal).
M. Colond, rent., Les Ollières.	

NOMS, QUALITÉS, DOMICILES, LOGEMENTS

Mme Samson, Gorée.
Mlle Samson, Gorée.
M. Samson fils, Gorée.
Grand Hôtel des Délicieuses
Mlle Amaviant, rent., Cavaillon.
Mme Audibert, prop., Aupède.
Mme Baujon, mait.-d'hôtel, Valence.
Mlle Baujon, Valence.
M. Baujon fils, Valence.
Mme Davie, rent., Carpentras.
Restaurant Chalabreysse
Mme Martin, rent., St-Montant.
M. Martin, entrepreneur, St-Montant.
Restaurant Séroul
Mme Gans, St-Gaux.
Chalet Martin
M. Lacroix, prêtre, Marseille.
M. Martin, nég., Nîmes.
Mme Martin, Nîmes.
Mlle Inès, Nîmes.
Mlle Léa, Nîmes.
Mme Veuve Daudé, rent.
M. Daudé, voyageur.
Mlle Daudé, rent.
Maison Baylon
Mlle Champenoix, rent., Marseille.
M. Gasquet, nég., Marseille.
Mlle Déroudilhe, rent., Chassiers.
M. Paillet, prêtre, La Côte-St-André.
Mme Blancard, rent., Marseille.
M. Junet, nég., Fourneau.
Mme Junet, nég., Fourneau.
Maison Peyrouse
M. Fargier, professeur, Naves.
M. Fargier, professeur, Lagorce.
M. Raoux, rent., St-Etienne-des-Sorts.
Mme Raoux, St-Etienne-des-Sorts.
Maison Philippe Nogier
M. Boissin, prop., Beaulieu.
M. Castelly, empl. chemin de fer, Nîmes.
Mme Castelly, Nîmes.
Mlle Castelly, Nîmes.
Mlle Castelly, Nîmes.
M. Coulet, empl. chemin de f., Sauves.
M. Cambacadès, prop., St-Julien.
Mme Cambacadès, St-Julien.
Mme Bossey, rent., Romans.
Mlle Bossey, Romans.
Mme Bourquin, ouv. de f., Valentinière.
Mlle Bourquin, Valentinière.
Villa du Côteau, maison Petit.
M. Fabre, dir., d'éc. primaire, Ganges.
M. Fabre, pasteur, Canaules.
Maison Casimir Croze
M. Barial, épicier, Nîmes.
Mlle Barial, Nîmes.

NOMS, QUALITÉS, DOMICILES, LOGEMENTS

Maison Giraud
M. Durand, nég., Nîmes.
M. Bonfils, nég., Aigues-Vives.
Mlle Servière, direc., des cours secondaires de jeunes filles, Nîmes.
M. Dupoux, rent., Vallon.
Mme Dupoux, Vallon.
Villa Orcel
M. Caire, nég., Lyon.
Mme Caire, Lyon.
M. Imbert, notaire, Uzès.
Mme Imbert, rent., Uzès.
Maison Boric
M. Maurin, tonnelier, Codonian.
M. Arnoux, rent., Bessèges.
Mme Arnoux, rent., Bessèges.
Maison Fezay
Mme Guérin Trial, prop., Aubaix.
Mlle Guiraud, rent., Aubaix.
Maison veuve Lagarde
Mme Vve Saussine, lessiv., Caveirac.
Mme Nouïs, prop., Caveirac.
Villa Bard
Mme Courdil, prop., Moussac.
Mlle Dina Courdil, Moussac.
Mme Teyssier, rent., Valence.
Mlle Teyssier, rent., Valence.
M. Vesteu, prop., St-Félix.
Villa Vincent
Mme Bastide, rent., Sommières.
Mme Remézy, rent., Sommières.
M. Bastide, nég., Sommières.
Mlle Remezy, rent., Sommières.
Mlle Abrie, rent., Souvignargues.
Villa Margaritora
M. Durand, prop., Alais.
Villa veuve Ladet
Mme Grenier, prop., Bougé-Chembalest.
Villa du Boulevard, maison Abrial
M. Mare, rent., Alais.
M. Lafont, rent., St-Sauveur-de-Cruzières.
Maison Ribeyrin
M. Privat, nég., Nîmes.
M. Gilles, prêtre, Maubec.
M. Salel, rent., Paris.
M. Espiard, professeur, Chalons.
Mme Espiard, rent., Chalons.
M. Groslambert, recev. de l'enregistrement en retraite, Chalons.
M. Ceyte, r., à St-Cirgues-en-montagne.
Mlle Ceyte, r., St-Cirgues-en-montagne.

BONBONS DIGESTIFS CASIMIR CROZE

Vous n'aurez plus de mauvaises digestions, si vous sucez les véritables **Bonbons digestifs Casimir Croze, aux sels extraits des eaux minérales de l'Établissement de Vals;** agréables à la bouche; ils fondent de suite, et l'air que l'on respire agit aussitôt sur les poumons; les vapeurs bienfaisantes des sels qui sont employés arrêtent immédiatement la toux. Présentés sous forme de Dragées, avec inscription : Cie CROZE, et au verso : VALS, rien ne peut leur être comparé. Les Bonbons digestifs Casimir Croze sont les seuls qui se fabriquent à Vals.— Se méfier des nombreuses imitations ; exiger la signature de Casimir CROZE & Cie sur chaque boîte.

Vente dans ses magasins, Grande-Rue de Vals, en face de la passerelle, et à l'avenue Farincourt, maison Migno.

CAFÉ-RESTAURANT DES BAINS

Chambres meublées très confortables	**Avenue Farincourt** *En face de l'Établissement thermal* **MENU** du Dimanche 25 Août 1885	Service à la Carte Célérité

Potage pâtes d'Italie
Hors d'œuvre
Melon, Saucisson, Olives

Tripes à la mode de Caen
Tête de Veau tortue
Filet aux champignons

Haricots blancs bretonne
Petits pois à l'Anglaise

Poissons
Ecrevisses en buisson
Volaille rôtie

Crème à la neige
Dessert assorti

**VINS DES PREMIERS CRUS
SOUPER FROID A LA SORTIE DU CASINO**

GRAND CAFÉ EUROPÉEN

ANCIEN CAFÉ DE L'EUROPE

Réparé & Meublé à neuf

Tenu par Alphonse CROS

Au centre de VALS, donnant sur la place St-Jean

CONSOMMATIONS DE PREMIER CHOIX

Bière de Lyon, de Ruoms. — Glace.

BOTTIN

CHAMBRES GARNIES INDÉPENDANTES

VALS-LES-BAINS

GRAND HOTEL DU LOUVRE

TENU PAR

LÉON BAYLON

Propriétaire

— Cet Hôtel vient de s'agrandir d'une magnifique ANNEXE —

VASTE SALLE A MANGER & SALON DE COMPAGNIE

TABLE D'HOTE --- SERVICE PARTICULIER

BELLE SALLE D'OMBRAGE ATTENANTE A L'HOTEL

Voitures à la disposition de Messieurs les Baigneurs

OMNIBUS DE L'HOTEL A TOUS LES TRAINS

PENSION, 2 REPAS PAR JOUR

Chambre et Service compris

HOTEL DU LOUVRE		ANNEXE	
1er Étage	7 fr. 50	1er Étage	9 fr.
2me Étage	7 fr. »	2me Étage	8 fr.

Service irréprochable

A LA BOTTE SANS COUTURE

VICTORIN BRUN

Maison Hôtel de la Poste

Grande-Rue et place Saint-Jean — VALS-LES-BAINS

GRAND ASSORTIMENT DE CHAUSSURES
CHAUSSURES SUR COMMANDE
SPÉCIALITÉ DE CHAUSSURES CONFECTIONNÉES
RÉPARATIONS EN TOUS GENRES
— PRIX TRÈS MODÉRÉS —

CROZE Arsène

A VALS-LES-BAINS (Le Pont)

VINS ORDINAIRES & VINS FINS
GARANTIS PURS DE TOUT MÉLANGE
Récoltés chez le propriétaire et provenant uniquement du raisin

EAU-DE-VIE & RHUM

PRIX TRÈS MODÉRÉS

BRESSON
Entrepreneur

Place Saint-Jean, — à Vals-les-Bains

MAISON GARNIE — MEUBLÉE A NEUF
Située au centre de VALS

Cuisine à la disposition de Messieurs les Baigneurs

TERRASSE

PRIX MODÉRÉS

AUTORISATION DE L'ÉTAT

VALS AU COMPLET

SOURCE DES PRINCES

Eau de Table, surnommée la Délicate, par M. le Docteur Bonnal.

Recommandée dans toutes les affections des voies digestives : dyspepsie, gastralgie, gastrite, etc.

SOURCE PRÉFÉRÉE, MOYENNE

Employée avec le plus grand succès, dans toutes les affections biliaires et de la vessie, elle rend surtout de grands services dans la goutte, les rhumatismes, les fièvres intermittentes des pays chauds et les épidémies cholériques.

SOURCE DUCHESSE, FORTE

Souveraine dans l'anémie, chlorose, appareil sexuel, elle agit très efficacement dans les cas où, à cause de leur minéralisation plus faible, les eaux bicarbonatées sodiques demeurent impuissantes.

N.-B. — Les eaux minérales de ces sources, situées au centre du bassin des Eaux, sont d'une conservation parfaite et peuvent supporter les plus longs voyages.

Pour les demandes, s'adresser à M. PEYROUSE AÎNÉ, *prop., à Vals.*

ANALYSES	DES PRINCES	PRÉFÉRÉE	DUCHESSE
Acide carbonique libre	1.3590	1.3910	1.4510
Bicarbonate de soude	1.8700	4.2820	7.1370
— de potasse	0.0373	0.1360	0.1430
— de chaux	0.0500	0.2000	0.2140
— de magnésie	0.0470	0.1130	0.1180
— de lithine	traces	0.0157	0.0059
Chlorure de sodium	0.0288	0.1630	0.1710
— de potassium	0.0305	traces	traces
Sulfate de soude	0.2326	0.0310	0.0360
— de potasse	0.0387	indices	indices
Silice	0.0550	0.0670	0.0720
Alumine	indices	0.0031	0.0035
Oxyde de fer	0.0140	0.0125	0.0015
TOTAUX	2.4239	5.0293	9.3499

VILLA VEUVE LADET

Maison Meublée à neuf

APPARTEMENTS POUR FAMILLES

Une des mieux situées de Vals

EN FACE DU GRAND CASINO

Terrasse sur le devant ainsi que sur le derrière.

On FAIT LA CUISINE

Casimir Croze

CHAMBRES MEUBLÉES

ET CUISINE POUR FAMILLE

AU CENTRE DE VALS

Villa Casimir Croze

JARDINS -- BEAUX OMBRAGES

Chambres garnies & Appartements pour familles

ANCIEN HOTEL DU PARC

TENU PAR

CHALABREYSSE

Grand'Rue, près la Passerelle

A VALS - LES - BAINS (Ardèche)

RESTAURANT — PENSION — CHAMBRES GARNIES

— PRIX TRÈS MODÉRÉS —

GRAND CAFÉ DE VALS
ET
GRAND CERCLE DES BAIGNEURS

Tenus par

Mme BOULLE

AU CENTRE DES GRANDS HOTELS

TERRASSES MAGNIFIQUES

Au-dessus du Cercle et devant le Café

FRAIS OMBRAGES

CONSOMMATIONS DE PREMIER CHOIX

BIÈRE DE LYON & DE RUOMS

Salle de lecture — Journaux du jour

Abonnements pour la saison

— DICTIONNAIRE BOTTIN —

Cet Etablissement se recommande à sa nombreuse clientèle

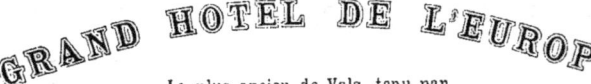
GRAND HOTEL DE L'EUROPE

Le plus ancien de Vals, tenu par

M. ET Mme BOUZIGE

à VALS-LES-BAINS (Ardèche)

TABLE D'HOTE — SERVICE PARTICULIER — JARDIN

Parc & Jardin attenant a l'Hôtel

Voiture dans l'hôtel à la disposition de MM. les Baigneurs

OMNIBUS DE L'HOTEL A TOUS LES TRAINS

SOCIETE GENERALE
des Produits aux sels extraits des Eaux Minérales
DE VALS-LES-BAINS & DU VIVARAIS

COMMISSION — EXPORTATION

USINE MODERNE A VAPEUR

FABRIQUE DE CHOCOLAT & DE PRODUITS AUX SELS DE VALS
MARRONS GLACÉS DU VIVARAIS

Casimir CROZE & Cie
VALS - LES - BAINS (Ardèche)

Bonbons digestifs Casimir Croze, dits Caramels ou Sucre d'Orge, aux sels extraits des Eaux minérales de Vals. Prix de la boîte, franco par la poste, 1 fr. 50.

Pastilles bicarbonatées et ferrugineuses, aux sels extraits des Eaux minérales de Vals. Par boîtes de 50 c.: 1, 2 et 3 francs; en vrac, 5 francs le kilo.

Pralines Vivaraises, toniques et ferrugineuses. Prix de la boîte : 2 francs; 30 centimes en plus par la poste.

Chocolat digestif et ferrugineux, en livre, croquette, napolitain, pastilles, chocolat ferrugineux, qualité spéciale. Prix de la boîte : 1 fr. 50 ; 20 centimes en plus par la poste.

Nougat et Nougatine, fabrication spéciale, avec pistache, vanille et au miel du Vivarais.

Bonbons d'agrément, dits Berlingots de Vals, aux parfums menthe, citron, vanille, café, etc.

Pour avoir les véritables produits de Casimir CROZE, s'adresser dans ses magasins, situés : Grand-Rue de Vals et avenue Farincourt, maison Migno.

Il n'y a qu'un seul établissement, à Vals-les-Bains, où se fabriquent les produits aux sels naturels, extraits des eaux minérales ; Messieurs Casimir CROZE et Cie ne confient pas la fabrication de leurs spécialités à des usines éloignées de Vals, et dont, par suite, ils ne pourraient surveiller les procédés.

Fabriquant eux-mêmes, MM. CROZE et Cie sont les seuls qui puissent garantir la sincérité de leurs produits.

Toute personne peut, du reste, visiter les ateliers qui se trouvent à Vals-les-Bains, au-dessus de la manutention de la Société Générale des eaux minérales.

Dépôt. — Chez M. MAZAUDIER, confiseur, Maison Carrée, à AUBENAS.

VOITURES A VOLONTE

LANDAU, PANIER, MYLORD, VICTORIA, &c.

CHEVAUX DE SELLE

Longs Voyages — Confortable — Célérité

François HUGON
Vals-les-Bains. — Hôtel Robert. — Vals-les-Bains.

A l'honneur de prévenir Messieurs les Étrangers et Baigneurs qu'il se met à leur disposition pour faire des excursions en montagne, passant par Antraigues, Laviolle, Mézilhac, Lachamp-Raphaël, le Gerbier de Joncs, le Mézenc, les ruines du couvent de Bonnefoi, Sainte-Eulalie, Le Béage, la forêt et l'abbaye de Mazan, le lac d'Issarlès, le lac Ferrand (près la forêt de Bauzon), la Côte de Mayres, La Chavade, Lanarce, Peyrabeille, le lac du Bouchet (près Costaros), les ruines du château de Polignac (près Le Puy), les ruines du château de La Roche-Lambert; passant par Langogne, Labastide, Notre-Dame-des-Neiges, Villefort, Les Vans, Joyeuse, les grottes de Vallon, le pont d'Arc; le château de Boulogne, le château de Ventadour, celui de Pourcherolles, le cratère de Thueyts, l'Echelle-du-Roi, la Gueule-d'Enfer, Neyrac, Jaujac, les ruines du château de Clamouse, le volcan de Jaujac.

RETOUR A VALS

VOITURES A VOLONTÉ

Break — Landau — Phaëton
Pour Courses, Promenades et Excursions

 DONAS

Demeurant toute l'année à VALS-LES-BAINS

Remises : Maison Régis
En face l'Hôtel des Colonies, à côté du Temple.

PRIX MODÉRÉS

Auguste FEZAY

CHAMBRES MEUBLÉES

Au centre de Vals

QUINCAILLERIE - MERCERIE

ARTICLES DE PÊCHE

Chambres Garnies

Victor SUCHON
Propriétaire

VALS-LES-BAINS

ON FAIT LA CUISINE

APPARTEMENTS INDÉPENDANTS POUR FAMILLES
Complètement Meublés à Neuf

VÉRITABLES PASTILLES DE VALS
AUX SELS NATURELS
de l'Établissement de CASIMIR CROZE, situé à
VALS-LES-BAINS (Ardèche)

Les Véritables Pastilles de l'Etablissement de Casimir Croze sont préparées, à Vals, avec les sels minéraux extraits des Sources ; elles sont employées journellement pour combattre les affections des voies digestives, telles que : digestion lente, dyspepsi gastralgie, vomissements, aigreurs, etc.

D'un goût très agréable et digérées par les estomacs les plus délicats, elles sont recommandées et mêmes nécessaires aux estomacs affaiblis, qui retrouvent, par leur usage, une grande puissance digestive.

La dose recommandée par les sommités médicales est de 8 à 12 Pastilles par jour.

Exiger sur chaque boîte le nom du seul et unique préparateur à Vals-les-Bains

CASIMIR CROZE & CIE

VILLA DU COTEAU
LOUIS PETIT, PROPRIÉTAIRE

Appartements de premier ordre, séparés, pour Familles
BELLE SITUATION
VUE SPLENDIDE — TERRASSES OMBRAGÉES

VILLA ERNEST MOULINE
Sur le Boulevard

APPARTEMENTS POUR FAMILLES
Jardin, Terrasse

DANS LA VILLA SE TROUVE :
LA SOURCE GAULOISE
Eau minérale naturelle

La Source **Gauloise**, très gazeuse, ne troublant ni le vin, ni aucune autre liqueur, forme une Eau de table excellente.

CASINO DE VALS-LES-BAINS

Cet Établissement composé de la Salle de Spectacle, de la Salle de Café (désignée sous le nom de *Café de Paris*) et du *Cercle des Étrangers*, vient de subir, sous la nouvelle Direction, diverses transformations et aménagements qui seront appréciés par MM. les Baigneurs.

Le *Théâtre d'Été*, transformé en une belle et vaste Salle verte, sera abrité de l'humidité des soirées. Du premier au cinq juillet, débutera la Troupe de concerts, comédies, vaudevilles et opérettes. Les artistes qui en font partie ont été choisis parmi les étoiles des grands établissements de Paris. Les affiches du jour donneront le tableau de la troupe et du répertoire qu'elle interprètera.

CAFE DU CASINO
OU CAFÉ DE PARIS

Ouvert depuis le 20 juin, aura dès le 1ᵉʳ juillet un service régulier de dépêches qui seront, dès leur arrivée, affichées dans la salle publique.

GRAND CERCLE DES ÉTRANGERS
ENTIÈREMENT RECONSTITUÉ

Offrira à MM. les Baigneurs tous les moyens de distraction qu'offrent les établissements similaires :

Salles de lecture, de conversation, de billards et jeux divers.

HOTEL DE FRANCE

Tenu par

M. & MME MIRECOURT

VALS-LES-BAINS

MAISON ADMIRABLEMENT SITUÉE

Au centre de la Ville

EN FACE DE BEAUX PARCS ET JARDINS D'AGRÉMENT

Se recommande par sa bonne Cuisine bourgeoise
tous les jours variée

CONFORTABLE — PROPRETÉ
PRIX MODÉRÉS

VILLA MATHON, FILS

Maison Meublée à neuf

LA MIEUX SITUÉE DE VALS, AU CENTRE DU QUARTIER DES EAUX

EN FACE DE L'ÉTABLISSEMENT THERMAL

FRAIS OMBRAGES

APPARTEMENTS POUR FAMILLES

CONFORTABLE & PROPRETÉ
PRIX MODÉRÉS

AVIS AUX CONSOMMATEURS

Vous n'aurez plus de mauvaises digestions, si vous sucez les **Bonbons digestifs Casimir Croze, aux sels extraits des eaux minérales de Vals-les-Bains**; agréables à la bouche; arrêtent immédiatement la toux. Présentés sous forme de Bonbons, rien ne peut leur être comparé. — Exiger, sur chaque boite, le nom de l'inventeur et seul préparateur, à Vals-les-Bains. Le nom est en toutes lettres même sur chaque Bonbon : Cie CROZE, et au verso : VALS.

Adresser toutes demandes à Casimir CROZE et Cie, à Vals-les-Bains.

NOTA. — Des boîtes sont disposées pour être expédiées franco contre mandat poste de 1 fr. 50.

Aubenas, Imprimerie Administrative et Commerciale de Mme A. Robert.

ANCIEN HOTEL DE LA POSTE
A VALS - LES - BAINS

Cet Hôtel, complètement remis à neuf, est aujourd'hui transformé en Appartements pour Familles et Chambres Garnies.

Terrasse et Jardin sur le derrière

ÉCURIE — REMISE — EAU — GAZ

Les Propriétaires exploiteront eux-mêmes pendant cette saison, après laquelle ils sont disposés à VENDRE ou à LOUER, soit comme Hôtel, soit comme Maison Garnie.

S'adresser aux Propriétaires de l'Hôtel de la Poste,
— A VALS - LES - BAINS —

A VENDRE

Emplacements avec Source Minérale, la meilleure des eaux de table, au plus beau quartier de la Station.

Grandes facilités de paiement.

S'adresser à M. Gaston GIRAUD, négociant à Vals-les-Bains.

G^d HOTEL DU NORD
Au centre de la ville
A VALS-LES-BAINS

 TENU PAR VERNET

Réparé et Meublé à neuf. Vue splendide

TABLE D'HOTE
DINERS PARTICULIERS
ON PORTE EN VILLE

ÉCURIE & REMISE
DÉPART DE TOUTES LES VOITURES
Dictionnaire Bottin

SOURCE DU BOSC

Eau minérale naturelle

de VALS (Ardèche)

Approuvée par l'Académie de médecine.
Autorisée par l'État.

La source du BOSC, très gazeuse, est une excellente eau de table. — Elle est souveraine dans les maladies de l'estomac et des intestins, du foie, de la rate, des reins et de la vessie.

Elle combat efficacement les coliques hépatiques et néphrétiques, la gravelle, la goutte, le diabète et le rhumatisme.

S'adresser à M. Paul LAGARDE, *propriétaire de la source du Bosc*, ou à M. CHAULET, *café de la Favorite, quartier des Eaux.*

M. E. CHAMPETIER

Pharmacien-Chimiste, près le Pont-de-Fer

est le seul préparateur depuis 20 ans, des

SOUS PRODUITS DE VALS

Tels que : **Pastilles** et **Bonbons Digestifs**,

aux Sels de Vals

Sels naturels, pour bains et boissons artificielles, de VALS.

AINSI QUE DE

L'ARNICA DES CÉVENNES

Contre Plaies, Blessures, Contusions, Entorses, Foulures, etc., etc.

Se méfier des produits similaires, qui ne sont que des imitations

---

LABORATOIRE D'ANALYSES DIVERSES

LES SOURCES
LA REINE & 3 ETOILES
Débitant 3.000.000 de bouteilles

Sont la propriété exclusive de M. E. CHAMPETIER.

S'adresser à la pharmacie pour achats d'eau et renseignements.

Le Gérant

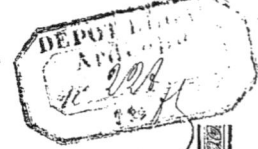

VALS-LES-BAINS

SAISON DE 1885

du 15 Mai au 1er Octobre

Liste Officielle

DES ÉTRANGERS

Publiée par M. SERRE, secrétaire de la Mairie

L'éditeur de cette liste est seul autorisé à publier la *Liste officielle*.

— PRIX : 10 CENTIMES —

AUBENAS
IMPRIMERIE BREVETÉE DE Mme A. ROBERT

Maison non Recommandée
GRAND CAFÉ DE LA FAVORITE
TENU PAR A. CHAULET
Avenue Farincourt

A VALS-LES-BAINS (Ardèche)

CONSOMMATIONS DE 1ᵉʳ CHOIX

Salle de Billard, Grandes Terrasses, Vue splendide.	Chambres Garnies confortables, meublées à neuf.

Au centre de la Station thermale et des principaux hôtels.

VALS-LES-BAINS
GRAND HOTEL DE LYON
ÉTABLISSEMENT DE 1ᵉʳ ORDRE
Avenue Farincourt, au centre de la Station thermale,
limitant le Grand Établissement des Bains.

TENU PAR
Mᵐᵉ Vᵛᵉ LOUIS PEYROUSE
PROPRIÉTAIRE DE L'HOTEL

TABLE D'HOTE - SERVICE A LA CARTE
Cet Établissement se recommande à Messieurs les Baigneurs par son grand Confortable et son Service irréprochable.

A LOUER
PENDANT LA SAISON
en tout ou en partie
1 REMISE & ÉCURIE
SITUÉE AU PONT DE VALS

S'adresser à M. LACROTTE Arsène, *Café National*, à Vals.

N° 19

LISTE OFFICIELLE DES ÉTRANGERS

Arrivés à VALS-LES-BAINS du 21 au 26 Août 1885

NOMS, QUALITÉS, DOMICILES, LOGEMENTS

Grand Hôtel du Louvre

M. Brioude, profess., Bourg-St-Andéol.
Mme Brioude, rent., Bourg-St-Andéol.
Mme Michel, rent., Pont-Saint-Esprit.
Mme Billard, rent., Pont-Saint-Esprit.
M. Brun, professeur, Cette.
Mme Serre, rent.
M. Serre, rent.
Mme Gilles, rent., Narbonne.
M. Allignol, prêtre, Annonay.
M. Lévêque, ingénieur, Le Pouzin.
M. Louis, lycéen, Le Pouzin.
M. Auguste, lycéen, Le Pouzin.
M. Lugand, lycéen, Lyon.
M. Rouquette, nég., Béziers.
Mme Rouquette, nég., Béziers.
M. Nourry, filateur, Courthézon.
Mlle Désandré, rent., Lyon.
Mme Dugelay, rent., Lyon.
M. Milhiet, nég., Avignon.
Mlle Crubézy, rent., Nissan.
M. Crubézy, prop., Nissan.
M. Delhoste, nég., Montélimar.
M. L. Hilaire, prêtre, Annonay.
M. J. Hilaire, prêtre, Annonay.

Grand Hôtel des Bains

Mlle Désandré, rent., Lyon.
Mme Dugelay, rent., Lyon.
Mme Perrolle, rent., Grasse.
M. Coste, rent., Pézénas.

Hôtel de Paris

M. Alamel, chef de gare, Nantes.
M. Wild, nég., Perpignan.
M. Flach, nég., Marseille.
Mlle Flach, nég., Marseille.

NOMS, QUALITÉS, DOMICILES, LOGEMENTS

Grand Hôtel de l'Europe

M. Louis, pharmacien, Annonay.
Mlle Louis, rent., Annonay.
M. Brandenburg, nég., Marseille.
Mme Brandenburg, nég., Marseille.
M. Brandenburg fils, Marseille.
Mlle Brandenburg, Marseille.
M. Meynier, rent., Ste-Menehould.
Mme Meynier, rent., Ste-Menehould.
M. Maurice Meynier, Ste-Menehould.
Mlle Marg^{te} Meynier, Ste-Menehould.
Mme Marre, rent., Montélimar.

Grand Hôtel de Lyon

M. Gignoux, rent., Nîmes.
Mme Gignoux, rent., Nîmes.
M. Portal, rent., Nîmes.

Grand Hôtel des Délicieuses

M. Mallet, rent., Montélimar.
Mme Mallet, rent., Montélimar.
Mlle Beaud, rent., Paris.
M. Texier, rent., Annonay.

Hôtel du Nord

M. Neille, nég., Constantine.
M. Gaudin, rent., Lyon.
Mme Gaudin, rent., Lyon.
Mlle Gaudin, rent., Lyon.
M. Guérin-Toudouze, pharmac., Bône, Constantine.
Mme Guérin-Toudouze, rent., Bône.
Mme Tamisier, rent., Valence.
M. Castagnier, nég., Le Puy.
M. Castagnier fils, Le Puy.
M. Teyssier, architecte, Valgorge.
Mme Teyssier, rent., Valgorge.
M. Drovon, entrepreneur, Barnas.

NOMS, QUALITÉS, DOMICILES, LOGEMENTS	NOMS, QUALITÉS, DOMICILES, LOGEMENTS

Restaurant Chalabreysse

M. Silvent, pompier, Soutieu.
M. Silvent, rent., Soutieu.

Café Deschandol, *Hôtel de Marseille*

M. Seren, journaliste, Marseille.
Mme Seren, rent., Marseille.
M. Busquet, rent., Rochefort.

Chalet Lamartine

Mme Babilo, r., Château-de-la-Vernarède.
M. Chabert, rent., Oran.

Maison Peyrouse

Mme Somade, rent., Nimes.
Mme Ladet, rent., Bagnols.
Mme Bernard, rent., Aubagne.
M. Bernard, rent., Aubagne.

Maison Giraud

M. Ferrière, nég., Nimes.
M. Ferrière fils, Nimes.
M. Tallet, prop., Thor.

Villa des Justets

M. Martin, prêtre, le Cheylard.
Mlle Martin, rent., le Cheylard.
Mlle Célie Furminieux, rent., Satilieu.

Maison Ribeyrin

M. Vernède, prop., Manduel.
Mme Vernède, prop., Manduel.

Villa Delubac

M. Clavier, avoué, Lyon.
Mme Clavier, rent., Lyon.
M. de Lanversin, prêtre, Aix.

Maison Suchon

M. Blanc, docteur, Anduze.
Mme Brussel Blanc, rent., Anduze.

Maison Robert

Mme Leyraud, rent., Marseille.

Villa Mathon fils

Mme Lazare, rent., Carpentras.
Mlle Lazare (20 ans), Carpentras.
Mlle Lazare (18 ans), Carpentras.
Mlle Lazare (12 ans), Carpentras.
M. Laffont, rent., Villefranche.
Mme Laffont, rent., Villefranche.
M. Privat, maître-d'hôtel, Vezenobre.
Mme Privat, Vezenobre.

Villa veuve Laffont

Mme Francions, rent., Annonay.
Mme Chareyre, rent., Annonay.

Maison Victor Martin

M. Lautier, nég., Bourg-St-Andéol.
M. Lautier fils, Bourg-St-Andéol.

Maison Casimir Croze

M. Gauthier, instit., Cleau-d'Andron.
Mme Gauthier, instit., Cleau-d'Andron.
Mme Reynaud, rent., Cleau-d'Andron.
M. Beaumier, fab. de bonneterie, Vigan.
M. Croze, chef de gare, Nimes.
Mme Croze, rent., Nimes.
M. Louis Croze, Nimes.
M. Elie Croze, Nimes.
Mlle Marguerite Croze, Nimes.

Maison Veuve Cros

M. Siembang, principal du collège, Nyons.
Mme Siembang, rent., Nyons.
M. Siembang, Nyons.
Mlles Siembang, Nyons
  (une femme de chambre).
M. Chula, prop., Nimes.
M. Lauge, prop., Nimes.

BONBONS DIGESTIFS CASIMIR CROZÉ

Vous n'aurez plus de mauvaises digestions, si vous sucez les véritables **Bonbons digestifs Casimir Croze, aux sels extraits des eaux minérales de l'Établissement de Vals;** agréables à la bouche; ils fondent de suite, et l'air que l'on respire agit aussitôt sur les poumons; les vapeurs bienfaisantes des sels qui sont employés arrêtent immédiatement la toux. Présentés sous forme de Dragées, avec inscription : C^{ir} CROZE, et au verso : VALS, rien ne peut leur être comparé. Les Bonbons digestifs Casimir Croze sont les seuls qui se fabriquent à Vals. — Se méfier des nombreuses imitations; exiger la signature de Casimir CROZE & Cie sur chaque boîte.

Vente dans ses magasins, Grande-Rue de Vals, en face de la passerelle, et à l'avenue Farincourt, maison Migno.

CAFÉ - RESTAURANT DES BAINS

Avenue Farincourt
En face de l'Établissement thermal

| Chambres meublées très confortables | | Service à la Carte Célérité |

MENU
du Jeudi 27 Aout 1885

Potage
Hors d'œuvre
Beefsteack aux Anchois
Cotelettes aux pommes
Veau provençale

Haricots verts au beurre
Tomates farcies
Salade de Chicorée

Gibier
Ecrevisses
Entremets
Dessert assorti

**VINS DES PREMIERS CRUS
SOUPER FROID A LA SORTIE DU CASINO**

GRAND CAFÉ EUROPÉEN

ANCIEN CAFÉ DE L'EUROPE

Réparé & Meublé à neuf

Tenu par ALPHONSE CROS

Au centre de VALS, donnant sur la place St-Jean

CONSOMMATIONS DE PREMIER CHOIX
Bière de Lyon, de Ruoms. — Glace.

BOTTIN

CHAMBRES GARNIES INDÉPENDANTES

VALS-LES-BAINS

GRAND HOTEL DU LOUVRE

TENU PAR

LÉON BAYLON

Propriétaire

— Cet Hôtel vient de s'agrandir d'une magnifique ANNEXE —

VASTE SALLE A MANGER & SALON DE COMPAGNIE

TABLE D'HOTE --- SERVICE PARTICULIER

BELLE SALLE D'OMBRAGE ATTENANTE A L'HOTEL

Voitures à la disposition de Messieurs les Baigneurs

OMNIBUS DE L'HOTEL A TOUS LES TRAINS

PENSION, 2 REPAS PAR JOUR

Chambre et Service compris

HOTEL DU LOUVRE		ANNEXE	
1er Étage........	7 fr. 50	1er Étage..........	9 fr.
2me Étage.......	7 fr. »	2me Étage..........	8 fr.

Service irréprochable

A LA BOTTE SANS COUTURE

VICTORIN BRUN

Maison Hôtel de la Poste

Grande-Rue et place Saint-Jean — VALS-LES-BAINS

GRAND ASSORTIMENT DE CHAUSSURES
CHAUSSURES SUR COMMANDE
SPÉCIALITÉ DE **CHAUSSURES CONFECTIONNÉES**
RÉPARATIONS EN TOUS GENRES
— PRIX TRÈS MODÉRÉS —

CROZE Arsène

A VALS-LES-BAINS (LE PONT)

VINS ORDINAIRES & VINS FINS
GARANTIS PURS DE TOUT MÉLANGE
Récoltés chez le propriétaire et provenant **uniquement du raisin**

EAU-DE-VIE & RHUM

PRIX TRÈS MODÉRÉS

BRESSON
Entrepreneur

Place Saint - Jean, — à Vals - les - Bains

MAISON GARNIE — MEUBLÉE A NEUF
Située au centre de VALS

Cuisine à la disposition de Messieurs les Baigneurs

TERRASSE

PRIX MODÉRÉS

AUTORISATION DE L'ÉTAT

VALS AU COMPLET

SOURCE DES PRINCES

Eau de Table, surnommée la Délicate, par M. le Docteur Bonnal.

Recommandée dans toutes les affections des voies digestives : dyspepsie, gastralgie, gastrite, etc.

SOURCE PRÉFÉRÉE, MOYENNE

Employée avec le plus grand succès, dans toutes les affections biliaires et de la vessie, elle rend surtout de grands services dans la goutte, les rhumatismes, les fièvres intermittentes des pays chauds et les épidémies cholériques.

SOURCE DUCHESSE, FORTE

Souveraine dans l'anémie, chlorose, appareil sexuel, elle agit très efficacement dans les cas où, à cause de leur minéralisation plus faible, les eaux bicarbonatées sodiques demeurent impuissantes.

N.-B. — Les eaux minérales de ces sources, situées au centre du bassin des Eaux, sont d'une conservation parfaite et peuvent supporter les plus longs voyages.

Pour les demandes, s'adresser à M. P<small>EYROUSE</small> AÎNÉ, prop., à Vals.

ANALYSES	DES PRINCES	PRÉFÉRÉE	DUCHESSE
Acide carbonique libre	1.3590	1.3910	1.4510
Bicarbonate de soude	1.8700	4.2820	7.1370
— de potasse	0.0373	0.1360	0.1430
— de chaux	0.0500	0.2000	0.2110
— de magnésie	0.0470	0.1150	0.1180
— de lithine	traces	0.0157	0.0059
Chlorure de sodium	0.0288	0.1630	0.1710
— de potassium	0.0305	traces	traces
Sulfate de soude	0.2226	0.0350	0.0360
— de potasse	0.0387	indices	indices
Silice	0.0550	0.0670	0.0720
Alumine	indices	0.0031	0.0035
Oxyde de fer	0.0140	0.0125	0.0015
T<small>OTAUX</small>	2.4239	5.0293	9.3499

VILLA VEUVE LADET

Maison Meublée à neuf

APPARTEMENTS POUR FAMILLES

Une des mieux situées de Vals

EN FACE DU GRAND CASINO

Terrasse sur le devant ainsi que sur le derrière.

On FAIT LA CUISINE

Casimir Croze

CHAMBRES MEUBLÉES

ET CUISINE POUR FAMILLE

AU CENTRE DE VALS

Villa Casimir Croze

JARDINS -- BEAUX OMBRAGES

Chambres garnies & Appartements pour familles

ANCIEN HOTEL DU PARC

TENU PAR

CHALABREYSSE

Grand'Rue, près la Passerelle

A VALS-LES-BAINS (Ardèche)

RESTAURANT — PENSION — CHAMBRES GARNIES

— *PRIX TRÈS MODÉRÉS* —

GRAND CAFÉ DE VALS
ET
GRAND CERCLE DES BAIGNEURS

Tenus par

Mme BOULLE

AU CENTRE DES GRANDS HOTELS

TERRASSES MAGNIFIQUES

Au - dessus du Cercle et devant le Café

FRAIS OMBRAGES

CONSOMMATIONS DE PREMIER CHOIX

BIÈRE DE LYON & DE RUOMS

Salle de lecture — Journaux du jour

Abonnements pour la saison

— DICTIONNAIRE BOTTIN —

Cet Etablissement se recommande à sa nombreuse clientèle

GRAND HOTEL DE L'EUROPE

Le plus ancien de Vals, tenu par

M. ET Mme BOUZIGE

à VALS-LES-BAINS (Ardèche)

TABLE D'HOTE — SERVICE PARTICULIER — JARDIN

Parc & Jardin attenant a l'Hôtel

Voiture dans l'hôtel à la disposition de MM. les Baigneurs

OMNIBUS DE L'HOTEL A TOUS LES TRAINS

SOCIETE GENERALE
des Produits aux sels extraits des Eaux Minérales
DE VALS-LES-BAINS & DU VIVARAIS

Médaille d'or Expos. Intern. de Nice — 1883-1884 — Médaille d'argent Conc. rég. d'Aubenas — Médaille de bronze Exposition de Blois — 1885 — Grand diplôme d'honneur et Médaille d'or Exposition de Lyon

1882

1883

COMMISSION — EXPORTATION

USINE MODERNE A VAPEUR
FABRIQUE DE CHOCOLAT & DE PRODUITS AUX SELS DE VALS
MARRONS GLACÉS DU VIVARAIS

CASIMIR CROZE & Cie
VALS - LES - BAINS (Ardèche)

Bonbons digestifs Casimir Croze, dits Caramels ou Sucre d'Orge, aux sels extraits des Eaux minérales de Vals. Prix de la boîte, franco par la poste, 1 fr. 50.

Pastilles bicarbonatées et ferrugineuses, aux sels extraits des Eaux minérales de Vals. Par boîtes de 50 c.: 1, 2 et 3 francs; en vrac, 5 francs le kilo.

Pralines Vivaraises, toniques et ferrugineuses. Prix de la boîte : 2 francs ; 30 centimes en plus par la poste.

Chocolat digestif et ferrugineux, en livre, croquette, napolitain, pastilles, chocolat ferrugineux, qualité spéciale. Prix de la boîte : 1 fr. 50 ; 20 centimes en plus par la poste.

Nougat et Nougatine, fabrication spéciale, avec pistache, vanille et au miel du Vivarais.

Bonbons d'agrément, dits Berlingots de Vals, aux parfums menthe, citron, vanille, café, etc.

Pour avoir les véritables produits de CASIMIR CROZE, s'adresser dans ses magasins, situés : Grand-Rue de Vals et avenue Farincourt, maison Migno.

Il n'y a qu'un seul établissement, à Vals-les-Bains, où se fabriquent les produits aux sels naturels, extraits des eaux minérales ; Messieurs CASIMIR CROZE et Cie ne confient pas la fabrication de leurs spécialités à des usines éloignées de Vals, et dont, par suite, ils ne pourraient surveiller les procédés.

Fabriquant eux-mêmes, MM. CROZE et Cie sont les seuls qui puissent garantir la sincérité de leurs produits.

Toute personne peut, du reste, visiter les ateliers qui se trouvent à Vals-les-Bains, au-dessus de la manutention de la Société Générale des eaux minérales.

Dépôt. — Chez M. MAZAUDIER, confiseur, Maison Carrée, à AUBENAS.

VOITURES A VOLONTE

LANDAU, PANIER, MYLORD, VICTORIA, &c.

CHEVAUX DE SELLE

Longs Voyages — Confortable — Célérité

François HUGON

Vals-les-Bains. — Hôtel Robert. — Vals-les-Bains.

A l'honneur de prévenir Messieurs les Étrangers et Baigneurs qu'il se met à leur disposition pour faire des excursions en montagne, passant par Antraigues, Laviolle, Mézilhac, Lachamp-Raphaël, le Gerbier de Joncs, le Mézenc, les ruines du couvent de Bonnefoi, Sainte-Eulalie, Le Béage, la forêt et l'abbaye de Mazan, le lac d'Issarlès, le lac Ferrand (près la forêt de Bauzon), la Côte de Mayres, La Chavade, Lanarce, Peyrabeille, le lac du Bouchet (près Costaros), les ruines du château de Polignac (près Le Puy), les ruines du château de La Roche-Lambert; passant par Langogne, Labastide, Notre-Dame-des-Neiges, Villefort, Les Vans, Joyeuse, les grottes de Vallon, le pont d'Arc; le château de Boulogne, le château de Ventadour, celui de Pourcherolles, le cratère de Thueyts, l'Echelle-du-Roi, la Gueule-d'Enfer, Neyrac, Jaujac, les ruines du château de Clamouse, le volcan de Jaujac.

RETOUR A VALS

VOITURES A VOLONTÉ

Break — Landau — Phaëton
Pour Courses, Promenades et Excursions

DONAS

Demeurant toute l'année à VALS-LES-BAINS

Remises : Maison Régis
En face l'Hôtel des Colonies, à côté du Temple.

PRIX MODÉRÉS

Auguste FEZAY

CHAMBRES MEUBLÉES
Au centre de Vals

QUINCAILLERIE - MERCERIE

ARTICLES DE PÊCHE

Chambres Garnies

Victor SUCHON
Propriétaire

VALS-LES-BAINS

ON FAIT LA CUISINE

APPARTEMENTS INDÉPENDANTS POUR FAMILLES
Complètement Meublés à Neuf

VÉRITABLES PASTILLES DE VALS
AUX SELS NATURELS
de l'Établissement de CASIMIR CROZE, situé à
VALS-LES-BAINS (Ardèche)

Les Véritables Pastilles de l'Etablissement de Casimir Croze sont préparées, à Vals, avec les sels minéraux extraits des Sources ; elles sont employées journellement pour combattre les affections des voies digestives, telles que : digestion lente, dyspepsi gastralgie, vomissements, aigreurs, etc.

D'un goût très agréable et digérées par les estomacs les plus délicats, elles sont recommandées et mêmes nécessaires aux estomacs affaiblis, qui retrouvent, par leur usage, une grande puissance digestive.

La dose recommandée par les sommités médicales est de 8 à 12 Pastilles par jour.

Exiger sur chaque boîte le nom du seul et unique préparateur à Vals-les-Bains

CASIMIR CROZE & CIE

VILLA DU COTEAU

LOUIS PETIT, PROPRIÉTAIRE

Appartements de premier ordre, séparés, pour Familles
BELLE SITUATION
VUE SPLENDIDE — TERRASSES OMBRAGÉES

VILLA ERNEST MOULINE
Sur le Boulevard

APPARTEMENTS POUR FAMILLES
Jardin, Terrasse

DANS LA VILLA SE TROUVE :
LA SOURCE GAULOISE
Eau minérale naturelle

La Source **Gauloise**, très gazeuse, ne troublant ni le vin, ni aucune autre liqueur, forme une Eau de table excellente.

CASINO DE VALS-LES-BAINS

Cet Établissement composé de la Salle de Spectacle, de la Salle de Café (désignée sous le nom de *Café de Paris*) et du *Cercle des Étrangers,* vient de subir, sous la nouvelle Direction, diverses transformations et aménagements qui seront appréciés par MM. les Baigneurs.

Le *Théâtre d'Été,* transformé en une belle et vaste Salle verte, sera abrité de l'humidité des soirées. Du premier au cinq juillet, débutera la Troupe de concerts, comédies, vaudevilles et opérettes. Les artistes qui en font partie ont été choisis parmi les étoiles des grands établissements de Paris. Les affiches du jour donneront le tableau de la troupe et du répertoire qu'elle interprètera.

CAFE DU CASINO
OU CAFÉ DE PARIS

Ouvert depuis le 20 juin, aura dès le 1er juillet un service régulier de dépêches qui seront, dès leur arrivée, affichées dans la salle publique.

GRAND CERCLE DES ÉTRANGERS
ENTIÈREMENT RECONSTITUÉ

Offrira à MM. les Baigneurs tous les moyens de distraction qu'offrent les établissements similaires :

Salles de lecture, de conversation, de billards et jeux divers.

HOTEL DE FRANCE

Tenu par

M. & Mme MIRECOURT

VALS-LES-BAINS

MAISON ADMIRABLEMENT SITUÉE

Au centre de la Ville

EN FACE DE BEAUX PARCS ET JARDINS D'AGRÉMENT

Se recommande par sa bonne Cuisine bourgeoise

tous les jours variée

CONFORTABLE — PROPRETÉ

PRIX MODÉRÉS

VILLA MATHON, FILS

Maison Meublée à neuf

LA MIEUX SITUÉE DE VALS, AU CENTRE DU QUARTIER DES EAUX

EN FACE DE L'ÉTABLISSEMENT THERMAL

FRAIS OMBRAGES

APPARTEMENTS POUR FAMILLES

CONFORTABLE & PROPRETÉ

PRIX MODÉRÉS

AVIS AUX CONSOMMATEURS

Vous n'aurez plus de mauvaises digestions, si vous sucez les **Bonbons digestifs Casimir Croze, aux sels extraits des eaux minérales de Vals-les-Bains**; agréables à la bouche; arrêtent immédiatement la toux. Présentés sous forme de Bonbons, rien ne peut leur être comparé. — Exiger, sur chaque boite, le nom de l'inventeur et seul préparateur, à Vals-les-Bains. Le nom est en toutes lettres même sur chaque Bonbon : C^{ir} CROZE, et au verso : VALS.

Adresser toutes demandes à Casimir CROZE et Cie, à Vals-les-Bains.

NOTA. — Des boîtes sont disposées pour être expédiées franco contre mandat poste de 1 fr. 50.

Aubenas, Imprimerie Administrative et Commerciale de Mme A. Robert.

ANCIEN HOTEL DE LA POSTE
A VALS - LES - BAINS

Cet Hôtel, complètement remis à neuf, est aujourd'hui transformé en Appartements pour Familles et Chambres Garnies.

Terrasse et Jardin sur le derrière

ÉCURIE — REMISE — EAU — GAZ

Les Propriétaires exploiteront eux-mêmes pendant cette saison, après laquelle ils sont disposés à VENDRE ou à LOUER, soit comme Hôtel, soit comme Maison Garnie.

S'adresser aux Propriétaires de l'Hôtel de la Poste,
— A VALS - LES - BAINS —

A VENDRE

Emplacements avec Source Minérale, la meilleure des eaux de table, au plus beau quartier de la Station.

Grandes facilités de paiement.

S'adresser à M. Gaston GIRAUD, négociant à Vals-les-Bains.

Gᴅ HOTEL ᴅᴜ NORD
Au centre de la ville
A VALS-LES-BAINS
TENU PAR VERNET
Réparé et Meublé à neuf. Vue splendide
TABLE D'HOTE
DINERS PARTICULIERS
ON PORTE EN VILLE

ÉCURIE & REMISE
DÉPART DE TOUTES LES VOITURES
Dictionnaire Bottin

SOURCE DU BOSC
Eau minérale naturelle

de VALS (Ardèche)

Approuvée par l'Académie de médecine.
Autorisée par l'État.

La source du BOSC, très gazeuse, est une excellente eau de table. — Elle est souveraine dans les maladies de l'estomac et des intestins, du foie, de la rate, des reins et de la vessie.

Elle combat efficacement les coliques hépatiques et néphrétiques, la gravelle, la goutte, le diabète et le rhumatisme.

S'adresser à M. Paul LAGARDE, *propriétaire de la source du Bosc, ou à* M. CHAULET, *café de la Favorite, quartier des Eaux.*

M. E. CHAMPETIER
Pharmacien-Chimiste, près le Pont-de-Fer

est le seul préparateur depuis 20 ans, des

SOUS PRODUITS DE VALS

Tels que : **Pastilles** et **Bonbons Digestifs,**
aux Sels de Vals

Sels naturels, pour bains et boissons artificielles, de VALS.

AINSI QUE DE

L'ARNICA DES CÉVENNES

Contre Plaies, Blessures, Contusions, Entorses, Foulures, etc., etc.

Se méfier des produits similaires, qui ne sont que des imitations

---

LABORATOIRE D'ANALYSES DIVERSES

LES SOURCES
LA REINE & 3 ETOILES
Débitant 3.000.000 de bouteilles

Sont la propriété exclusive de M. E. CHAMPETIER.

S'adresser à la pharmacie pour achats d'eau et renseignements.

Le Gérant

N° 20

VALS-LES-BAINS

SAISON DE 1885

du 15 Mai au 1er Octobre

Liste Officielle

DES ÉTRANGERS

Publiée par M. SERRE, secrétaire de la Mairie

L'éditeur de cette liste est seul autorisé à publier la *Liste officielle*.

PRIX : 10 CENTIMES

AUBENAS
IMPRIMERIE BREVETÉE DE Mme A. ROBERT

Maison non Recommandée

GRAND CAFÉ DE LA FAVORITE
TENU PAR A. CHAULET
Avenue Farincourt

A VALS-LES-BAINS (Ardèche)

CONSOMMATIONS DE 1er CHOIX

Salle de Billard, Grandes Terrasses, Vue splendide.	Chambres Garnies confortables, meublées à neuf.

Au centre de la Station thermale et des principaux hôtels.

VALS-LES-BAINS
GRAND HOTEL DE LYON
ÉTABLISSEMENT DE 1er ORDRE
Avenue Farincourt, au centre de la Station thermale,
limitant le Grand Établissement des Bains.

TENU PAR
Mme Vve LOUIS PEYROUSE
PROPRIÉTAIRE DE L'HOTEL

TABLE D'HOTE - SERVICE A LA CARTE
Cet Établissement se recommande à Messieurs les Baigneurs par son grand Confortable et son Service irrréprochable.

A LOUER
PENDANT LA SAISON
en tout ou en partie
1 REMISE & ÉCURIE
SITUÉE AU PONT DE VALS

S'adresser à M. LACROTTE Arsène, *Café National*, à Vals.

N° 20

LISTE OFFICIELLE DES ÉTRANGERS

Arrivés à VALS-LES-BAINS du 26 au 29 Août 1885

NOMS, QUALITÉS, DOMICILES, LOGEMENTS

Grand Hôtel de l'Europe

M. Riffard, prêtre, Châlons.
M. Foulquier, avoué, Montpellier.
Mme Foulquier, rent., Montpellier.
Mlle Foulquier Émilie, r., Montpellier.
Mlle Foulquier Jeanne, r., Montpellier.
Mme Roger, rent., Montpellier (une nourrice).
M. Milhaud, voyageur, Avignon.
M. Serreclare, nég., Nîmes.
M. Fages, nég., Narbonne.
M. Duplain, secr⁽ᵉ⁾ des Hosp., St-Étienne.
M. Chabanne, horloger, Lamastre.
M. Boissin, empl. ch. de fer, Montpellier.
M. Souchon, nég., Nîmes.
Mme Souchon, nég., Nîmes.
M. Ribière, rent., Ste-Garde.

Grand Hôtel Durand

Mme Reymondon, rent.
M. Reymondon fils.
Mlle Reymondon.
Mlle Bertholin.

Grand Hôtel de Lyon

M. Borel, docteur, Cette.
Mme Borel, rent., Cette.
M. Eybert, rent., Pont-St-Esprit.
Mme Eybert, rent., Pont-St-Esprit (une femme de chambre).
M. Gros, nég., Salon.
M. Gros fils, nég., Salon.
M. Séverin Roman, r., Pont-St-Esprit.

Hôtel du Nord

M. Delorme, dessinateur, Lyon.
M. Barrière, empl. ch. de fer, Lyon.
Mme Barrière, rent., Lyon.
M. Barrière fils, Lyon.
M. Lapierre, voyag., St-Marcel-d'Ard.
M. Allard, prop., Paris.
Mlle Le Bourlier, rent., Paris.
M. Roche Henri, nég., Tournon.
M. Berthier, comptable, Nîmes.

Hôtel de Paris

M. Bayle, nég., Constantinople.

M. Beauchirol, nég., Sarras.
M. Raymond Crauz, nég., Montpellier (une domestique).
M. Millan, rent., St-Péray.
Mme Léouzon, rent., Vallon.
Mlle Brès, rent., Loriol.

Grand Hôtel des Bains

Mme Perrolle, rent., Grasse.
M. Coste, rent., Pezénas.
M. de Salauze, rent., Alger.
M. Cleu, rent., Lyon.
M. Sayeu, rent., Nîmes.
M. Glaenger, rent., Paris.

Hôtel Robert

M. Eymar, professeur, Briançon.
Mme Eymar, Briançon.

Villa des Justets

Mme Chargeligue, rent., Paris.
Mlle Gabrielle Chargeligue, r., Paris.
Mlle Antonie Chargeligue, r., Paris.

Grand Hôtel du Louvre

M. Feugier, avocat, Valence.
M. des Ormeaux, rent., Rennes.
Mme des Ormeaux, rent., Tlemcem.
Mlle Suzane des Ormeaux, r., Alger.
M. Henri des Ormeaux, rent., Hyères.
M. Maxime des Ormeaux, rent., Alger.
M. Pouchot, prêtre, Roussillon.
Mme Chapelle, rent., Tain.
M. Chapelle, rent., Tain.
Mme Roux, rent., Paris.
M. Roux, rent., Paris.
M. Mistral, rent., St-Rémy.
Mme Mistral, rent., St-Rémy.

Maison Giraud

M. Galdin, prop., St-Ambroix.
Mlles Galdin, St-Ambroix.

Villa du Côteau

M. Astruc Trouche, fabricant de gants, Nîmes.

NOMS, QUALITÉS, DOMICILES, LOGEMENTS	NOMS, QUALITÉS, DOMICILES, LOGEMENTS

Maison Veuve Cros

M. Saud, nég., Loudun.
M. Déroy, nég., Loriol.
Mme Déroy, nég., Loriol.

Hôtel de France

M. Bouillard, représ. de com., Alais.

Villa Vincent

M. Rouquette, nég., Béziers.
Mme Rouquette, Béziers.
M. Séveran, nég., Marseille.
Mme Séveran, nég., Marseille.
M. Joseph Séveran, nég., Marseille.
M. Charles Séveran, nég., Marseille.
Mlle Amélie Séveran, Marseille.
M. Siméon Séveran, Marseille.
M. Jean Séveran, Marseille
  (une femme de chambre).

Villa Margaritora

M. Artis, prop., Montpellier.
M. Artis fils, Montpellier.

Maison Vve Blachère

M. Sabastic, tuilier, à Langogne.
M. Pancier, prop., St-Etienne.
M. Bernard, prop., St-Etienne.

Villa de Bernardy

Mme Caget, rent., à Tournon.
Mlle Claire Malef, rent., Tournon.
Mme de Laude, nég., Alais.
Mlle Martin, rent., Alais.
Mlle Borne, prop., à Etoile.
Mlle Vaye, prop., Loriol.

Maison Ribeyrin

M. Lachaud, prop., Puy-Ste-Reparade.
Mme Lachaud, pr., Puy-Ste-Reparade.

Maison Régis Combe

M. Baze, nég., Marseille.
M. Francesco Mora, mosaïste, Nimes.
Mme Francesco Mora, Nimes.
M. frère Maurice, instit., à Bourbon-Allier.

Maison Suchon

M. Martin, pasteur, Grand'Combe.
Mme Martin, rent., Grand'Combe.
M. François Martin, r., Grand'Combe.
M. Jules Martin, rent., Grand'Combe.
Mlle Suzanne Martin, rent., Grand'Combe.
M. André Martin, rent., Grand'Combe.

Maison veuve Lagarde

M. Laurent, prop., Montselgue.

IMPRIMERIE COMMERCIALE
INDUSTRIELLE ET ADMINISTRATIVE
de
Mme A. ROBERT
Imprimeur breveté
Faubourg L. Gambetta, en face les Postes & Télégraphes

A AUBENAS, ARDÈCHE

BONBONS DIGESTIFS CASIMIR CROZE

Vous n'aurez plus de mauvaises digestions, si vous sucez les véritables **Bonbons digestifs Casimir Croze, aux sels extraits des eaux minérales de l'Établissement de Vals**; agréables à la bouche; ils fondent de suite, et l'air que l'on respire agit aussitôt sur les poumons; les vapeurs bienfaisantes des sels qui sont employés arrêtent immédiatement la toux. Présentés sous forme de Dragées, avec inscription : C^{ir} CROZE, et au verso : VALS, rien ne peut leur être comparé. Les Bonbons digestifs Casimir Croze sont les seuls qui se fabriquent à Vals.— Se méfier des nombreuses imitations ; exiger la signature de Casimir CROZE & Cie sur chaque boîte.

Vente dans ses magasins, Grande-Rue de Vals, en face de la passerelle, et à l'avenue Farincourt, maison Migno.

CAFÉ - RESTAURANT DES BAINS

| Chambres meublées très confortables | **Avenue Farincourt**
En face de l'Établissement thermal | Service à la Carte Célérité |

MENU
du Dimanche 30 Août 1885

Potage
Hors d'œuvre
Beefsteack aux Anchois
Cotelettes aux pommes
Veau provençale

Haricots verts au beurre
Tomates farcies
Salade de Chicorée

Gibier
Ecrevisses
Entremets
Dessert assorti

VINS DES PREMIERS CRUS
SOUPER FROID A LA SORTIE DU CASINO

GRAND CAFÉ EUROPÉEN

ANCIEN CAFÉ DE L'EUROPE

Réparé & Meublé à neuf

Tenu par Alphonse CROS

Au centre de VALS, donnant sur la place St-Jean

CONSOMMATIONS DE PREMIER CHOIX

Bière de Lyon, de Ruoms. — Glace.

BOTTIN

CHAMBRES GARNIES INDÉPENDANTES

VALS-LES-BAINS

GRAND HOTEL DU LOUVRE

TENU PAR

LÉON BAYLON

Propriétaire

— Cet Hôtel vient de s'agrandir d'une magnifique ANNEXE —

VASTE SALLE A MANGER & SALON DE COMPAGNIE

TABLE D'HOTE --- SERVICE PARTICULIER

BELLE SALLE D'OMBRAGE ATTENANTE A L'HOTEL

Voitures à la disposition de Messieurs les Baigneurs

OMNIBUS DE L'HOTEL A TOUS LES TRAINS

PENSION, 2 REPAS PAR JOUR

Chambre et Service compris

HOTEL DU LOUVRE	ANNEXE
1er Étage........ 7 fr. 50	1er Étage.......... 9 fr.
2me Étage....... 7 fr. »	2me Étage.......... 8 fr.

Service irréprochable

A LA BOTTE SANS COUTURE

VICTORIN BRUN

Maison Hôtel de la Poste

Grande-Rue et place Saint-Jean — VALS-LES-BAINS

GRAND ASSORTIMENT DE CHAUSSURES

CHAUSSURES SUR COMMANDE

SPÉCIALITÉ DE CHAUSSURES CONFECTIONNÉES

RÉPARATIONS EN TOUS GENRES

— PRIX TRÈS MODÉRÉS —

CROZE Arsène

A VALS-LES-BAINS (LE PONT)

VINS ORDINAIRES & VINS FINS

GARANTIS PURS DE TOUT MÉLANGE

Récoltés chez le propriétaire et provenant uniquement du raisin

EAU-DE-VIE & RHUM

PRIX TRÈS MODÉRÉS

BRESSON

Entrepreneur

Place Saint-Jean, — à Vals-les-Bains

MAISON GARNIE — MEUBLÉE A NEUF

Située au centre de VALS

Cuisine à la disposition de Messieurs les Baigneurs

TERRASSE

PRIX MODÉRÉS

AUTORISATION DE L'ÉTAT

VALS AU COMPLET

SOURCE DES PRINCES

Eau de Table, surnommée la Délicate, par M. le Docteur Bonnal.

Recommandée dans toutes les affections des voies digestives : dyspepsie, gastralgie, gastrite, etc.

SOURCE PRÉFÉRÉE, MOYENNE

Employée avec le plus grand succès, dans toutes les affections biliaires et de la vessie, elle rend surtout de grands services dans la goutte, les rhumatismes, les fièvres intermittentes des pays chauds et les épidémies cholériques.

SOURCE DUCHESSE, FORTE

Souveraine dans l'anémie, chlorose, appareil sexuel, elle agit très efficacement dans les cas où, à cause de leur minéralisation plus faible, les eaux bicarbonatées sodiques demeurent impuissantes.

N.-B. — Les eaux minérales de ces sources, situées au centre du bassin des Eaux, sont d'une conservation parfaite et peuvent supporter les plus longs voyages.

Pour les demandes, s'adresser à M. PEYROUSE AÎNÉ, *prop., à Vals.*

ANALYSES	DES PRINCES	PRÉFÉRÉE	DUCHESSE
Acide carbonique libre	1.5590	1.3910	1.4510
Bicarbonate de soude	1.8700	4.2820	7.1370
— de potasse	0.0373	0.1360	0.1430
— de chaux	0.0500	0.2000	0.2110
— de magnésie	0.0170	0.1150	0.1180
— de lithine	traces	0.0157	0.0059
Chlorure de sodium	0.0288	0.1630	0.1710
— de potassium	0.0305	traces	traces
Sulfate de soude	0.2226	0.0350	0.0360
— de potasse	0.0387	indices	indices
Silice	0.0550	0.0670	0.0720
Alumine	indices	0.0031	0.0035
Oxyde de fer	0.0140	0.0125	0.0015
TOTAUX	2.4239	5.0293	9.3499

VILLA VEUVE LADET

Maison Meublée à neuf

APPARTEMENTS POUR FAMILLES

Une des mieux situées de Vals

EN FACE DU GRAND CASINO

Terrasse sur le devant ainsi que sur le derrière.

On FAIT LA CUISINE

Casimir Croze

CHAMBRES MEUBLÉES

ET CUISINE POUR FAMILLE

AU CENTRE DE VALS

Villa Casimir Croze

JARDINS -- BEAUX OMBRAGES

Chambres garnies & Appartements pour familles

ANCIEN HOTEL DU PARC

TENU PAR

CHALABREYSSE

Grand'Rue, près la Passerelle

A VALS - LES - BAINS (ARDÈCHE)

RESTAURANT — PENSION — CHAMBRES GARNIES

— *PRIX TRÈS MODÉRÉS* —

GRAND CAFÉ DE VALS
ET
GRAND CERCLE DES BAIGNEURS

Tenus par

Mme BOULLE

AU CENTRE DES GRANDS HOTELS

TERRASSES MAGNIFIQUES

Au-dessus du Cercle et devant le Café

FRAIS OMBRAGES

CONSOMMATIONS DE PREMIER CHOIX

BIÈRE DE LYON & DE RUOMS

Salle de lecture — Journaux du jour

Abonnements pour la saison

— DICTIONNAIRE BOTTIN —

Cet Etablissement se recommande à sa nombreuse clientèle

Le plus ancien de Vals, tenu par

M. ET Mme BOUZIGE

à VALS-LES-BAINS (Ardèche)

TABLE D'HOTE — SERVICE PARTICULIER — JARDIN

PARC & JARDIN ATTENANT A L'HÔTEL

Voiture dans l'hôtel à la disposition de MM. les Baigneurs

OMNIBUS DE L'HOTEL A TOUS LES TRAINS

SOCIÉTÉ GÉNÉRALE
des Produits aux sels extraits des Eaux Minérales
DE VALS-LES-BAINS & DU VIVARAIS

Médaille d'argent
Conc. rég. d'Aubenas

Médaille de bronze
Exposition de Blois

Médaille d'or
Expos. Intern. de Nice

1883-1884

1882 1883

1885

Grand diplôme d'honneur et Médaille d'or
exposition de Lyon

COMMISSION — EXPORTATION

USINE MODERNE A VAPEUR
FABRIQUE DE CHOCOLAT & DE PRODUITS AUX SELS DE VALS
MARRONS GLACÉS DU VIVARAIS

CASIMIR CROZE & Cie
VALS - LES - BAINS (Ardèche)

Bonbons digestifs Casimir Croze, dits Caramels ou Sucre d'Orge, aux sels extraits des Eaux minérales de Vals. Prix de la boîte, franco par la poste, 1 fr. 50.

Pastilles bicarbonatées et ferrugineuses, aux sels extraits des Eaux minérales de Vals. Par boîtes de 50 c.: 1, 2 et 3 francs; en vrac, 5 francs le kilo.

Pralines Vivaraises, toniques et ferrugineuses. Prix de la boîte : 2 francs; 30 centimes en plus par la poste.

Chocolat digestif et ferrugineux, en livre, croquette, napolitain, pastilles, chocolat ferrugineux, qualité spéciale. Prix de la boîte : 1 fr. 50 ; 20 centimes en plus par la poste.

Nougat et Nougatine, fabrication spéciale, avec pistache, vanille et au miel du Vivarais.

Bonbons d'agrément, dits Berlingots de Vals, aux parfums menthe, citron, vanille, café, etc.

Pour avoir les véritables produits de CASIMIR CROZE, s'adresser dans ses magasins, situés : Grand-Rue de Vals et avenue Farincourt, maison Migno.

Il n'y a qu'un seul établissement, à Vals-les-Bains, où se fabriquent les produits aux sels naturels, extraits des eaux minérales ; Messieurs CASIMIR CROZE et Cie ne confient pas la fabrication de leurs spécialités à des usines éloignées de Vals, et dont, par suite, ils ne pourraient surveiller les procédés.

Fabriquant eux-mêmes, MM. CROZE et Cie sont les seuls qui puissent garantir la sincérité de leurs produits.

Toute personne peut, du reste, visiter les ateliers qui se trouvent à Vals-les-Bains, au-dessus de la manutention de la Société Générale des eaux minérales.

Dépôt. — Chez M. MAZAUDIER, confiseur, Maison Carrée, à AUBENAS.

VOITURES A VOLONTE

LANDAU, PANIER, MYLORD, VICTORIA, &c.

CHEVAUX DE SELLE

Longs Voyages — Confortable — Célérité

François HUGON
Vals-les-Bains. — Hôtel Robert. — Vals-les-Bains.

A l'honneur de prévenir Messieurs les Étrangers et Baigneurs qu'il se met à leur disposition pour faire des excursions en montagne, passant par Antraigues, Laviolle, Mézilhac, Lachamp-Raphaël, le Gerbier de Joncs, le Mézenc, les ruines du couvent de Bonnefoi, Sainte-Eulalie, Le Béage, la forêt et l'abbaye de Mazan, le lac d'Issarlès, le lac Ferrand (près la forêt de Bauzon), la Côte de Mayres, La Chavade, Lanarce, Peyrabeille, le lac du Bouchet (près Costaros), les ruines du château de Polignac (près Le Puy), les ruines du château de La Roche-Lambert ; passant par Langogne, Labastide, Notre-Dame-des-Neiges, Villefort, Les Vans, Joyeuse, les grottes de Vallon, le pont d'Arc ; le château de Boulogne, le château de Ventadour, celui de Pourcherolles, le cratère de Thueyts, l'Echelle-du-Roi, la Gueule-d'Enfer, Neyrac, Jaujac, les ruines du château de Clamouse, le volcan de Jaujac.

RETOUR A VALS

VOITURES A VOLONTÉ

Break — Landau — Phaëton
Pour Courses, Promenades et Excursions

DONAS

Demeurant toute l'année à Vals-les-Bains

Remises : Maison Régis
En face l'Hôtel des Colonies, à côté du Temple.

PRIX MODÉRÉS

Auguste **FEZAY**

CHAMBRES MEUBLÉES

Au centre de Vals

QUINCAILLERIE - MERCERIE

ARTICLES DE PÊCHE

Chambres Garnies

Victor SUCHON
Propriétaire
VALS-LES-BAINS

ON FAIT LA CUISINE

APPARTEMENTS INDÉPENDANTS POUR FAMILLES
Complètement Meublés à Neuf

VÉRITABLES PASTILLES DE VALS
AUX SELS NATURELS
de l'Établissement de CASIMIR CROZE, situé à
VALS-LES-BAINS (Ardèche)

Les Véritables Pastilles de l'Etablissement de Casimir Croze sont préparées, à Vals, avec les sels minéraux extraits des Sources ; elles sont employées journellement pour combattre les affections des voies digestives, telles que : digestion lente, dyspepsi gastralgie, vomissements, aigreurs, etc.

D'un goût très agréable et digérées par les estomacs les plus délicats, elles sont recommandées et mêmes nécessaires aux estomacs affaiblis, qui retrouvent, par leur usage, une grande puissance digestive.

La dose recommandée par les sommités médicales est de 8 à 12 Pastilles par jour.

Exiger sur chaque boîte le nom du seul et unique préparateur à Vals-les-Bains

CASIMIR CROZE & CIE

VILLA DU COTEAU
LOUIS PETIT, PROPRIÉTAIRE

Appartements de premier ordre, séparés, pour Familles
BELLE SITUATION
VUE SPLENDIDE — TERRASSES OMBRAGÉES

VILLA ERNEST MOULINE
Sur le Boulevard

APPARTEMENTS POUR FAMILLES
Jardin, Terrasse

DANS LA VILLA SE TROUVE :
LA SOURCE GAULOISE
Eau minérale naturelle

La Source **Gauloise**, très gazeuse, ne troublant ni le vin, ni aucune autre liqueur, forme une Eau de table excellente.

CASINO DE VALS-LES-BAINS

Cet Établissement composé de la Salle de Spectacle, de la Salle de Café (désignée sous le nom de *Café de Paris*) et du *Cercle des Étrangers,* vient de subir, sous la nouvelle Direction, diverses transformations et aménagements qui seront appréciés par MM. les Baigneurs.

Le *Théâtre d'Été,* transformé en une belle et vaste Salle verte, sera abrité de l'humidité des soirées. Du premier au cinq juillet, débutera la Troupe de concerts, comédies, vaudevilles et opérettes. Les artistes qui en font partie ont été choisis parmi les étoiles des grands établissements de Paris. Les affiches du jour donneront le tableau de la troupe et du répertoire qu'elle interprètera.

CAFE DU CASINO
OU CAFÉ DE PARIS

Ouvert depuis le 20 juin, aura dès le 1er juillet un service régulier de dépêches qui seront, dès leur arrivée, affichées dans la salle publique.

GRAND CERCLE DES ÉTRANGERS
ENTIÈREMENT RECONSTITUÉ

Offrira à MM. les Baigneurs tous les moyens de distraction qu'offrent les établissements similaires :

Salles de lecture, de conversation, de billards et jeux divers.

HOTEL DE FRANCE

Tenu par

M. & Mme MIRECOURT
VALS-LES-BAINS

MAISON ADMIRABLEMENT SITUÉE

Au centre de la Ville

EN FACE DE BEAUX PARCS ET JARDINS D'AGRÉMENT

Se recommande par sa bonne Cuisine bourgeoise
tous les jours variée

CONFORTABLE — PROPRETÉ
PRIX MODÉRÉS

VILLA MATHON, FILS

Maison Meublée à neuf

LA MIEUX SITUÉE DE VALS, AU CENTRE DU QUARTIER DES EAUX

EN FACE DE L'ÉTABLISSEMENT THERMAL

FRAIS OMBRAGES
APPARTEMENTS POUR FAMILLES

CONFORTABLE & PROPRETÉ
PRIX MODÉRÉS

AVIS AUX CONSOMMATEURS

Vous n'aurez plus de mauvaises digestions, si vous sucez les **Bonbons digestifs Casimir Croze, aux sels extraits des eaux minérales de Vals-les-Bains**; agréables à la bouche; arrêtent immédiatement la toux. Présentés sous forme de Bonbons, rien ne peut leur être comparé. — Exiger, sur chaque boîte, le nom de l'inventeur et seul préparateur, à Vals-les-Bains. Le nom est en toutes lettres même sur chaque Bonbon : C^ir CROZE, et au verso : VALS.

Adresser toutes demandes à Casimir CROZE et Cie, à Vals-les-Bains.

NOTA. — Des boîtes sont disposées pour être expédiées franco contre mandat poste de 1 fr. 50.

Aubenas, Imprimerie Administrative et Commerciale de Mme A. Robert.

ANCIEN HOTEL DE LA POSTE
A VALS - LES - BAINS

Cet Hôtel, complètement remis à neuf, est aujourd'hui transformé en Appartements pour Familles et Chambres Garnies.

Terrasse et Jardin sur le derrière

ÉCURIE — REMISE — EAU — GAZ

Les Propriétaires exploiteront eux-mêmes pendant cette saison, après laquelle ils sont disposés à VENDRE ou à LOUER, soit comme Hôtel, soit comme Maison Garnie.

S'adresser aux Propriétaires de l'Hôtel de la Poste,
— A VALS - LES - BAINS —

A VENDRE

Emplacements avec Source Minérale, la meilleure des eaux de table, au plus beau quartier de la Station.

Grandes facilités de paiement.

S'adresser à M. Gaston GIRAUD, négociant à Vals-les-Bains.

G^d HOTEL du NORD
Au centre de la ville
A VALS-LES-BAINS

 TENU PAR VERNET

Réparé et Meublé à neuf. Vue splendide

TABLE D'HOTE

DINERS PARTICULIERS
ON PORTE EN VILLE

ÉCURIE & REMISE

DÉPART DE TOUTES LES VOITURES
Dictionnaire Bottin

SOURCE DU BOSC
Eau minérale naturelle
de VALS (Ardèche)

Approuvée par l'Académie de médecine.
Autorisée par l'État.

La source du BOSC, très gazeuse, est une excellente eau de table. — Elle est souveraine dans les maladies de l'estomac et des intestins, du foie, de la rate, des reins et de la vessie.

Elle combat efficacement les coliques hépatiques et néphrétiques, la gravelle, la goutte, le diabète et le rhumatisme.

S'adresser à M. Paul LAGARDE, *propriétaire de la source du Bosc*, ou à M. CHAULET, *café de la Favorite, quartier des Eaux.*

M. E. CHAMPETIER
Pharmacien-Chimiste, près le Pont-de-Fer

est le seul préparateur depuis 20 ans, des

SOUS PRODUITS DE VALS

Tels que : **Pastilles** et **Bonbons Digestifs,**
aux Sels de Vals

Sels naturels, pour bains et boissons artificielles, de VALS.

AINSI QUE DE

L'ARNICA DES CÉVENNES

Contre Plaies, Blessures, Contusions, Entorses, Foulures, etc., etc.

Se méfier des produits similaires, qui ne sont que des imitations

---

LABORATOIRE D'ANALYSES DIVERSES

LES SOURCES
LA REINE & 3 ETOILES
Débitant 3.000.000 de bouteilles

Sont la propriété exclusive de M. E. CHAMPETIER.

S'adresser à la pharmacie pour achats d'eau et renseignements.

Le Gérant

VALS-LES-BAINS

SAISON DE 1885
du 15 Mai au 1er Octobre

LISTE OFFICIELLE
DES ÉTRANGERS

Publiée par M. SERRE, secrétaire de la Mairie

L'éditeur de cette liste est seul autorisé à publier la *Liste officielle*.

PRIX : 10 CENTIMES

AUBENAS
IMPRIMERIE BREVETÉE DE Mme A. ROBERT

Maison non Recommandée

GRAND CAFÉ DE LA FAVORITE
TENU PAR A. CHAULET
Avenue Farincourt

A VALS-LES-BAINS (Ardèche)

CONSOMMATIONS DE 1er CHOIX

| Salle de Billard, Grandes Terrasses, Vue splendide. | Chambres Garnies confortables, meublées à neuf. |

Au centre de la Station thermale et des principaux hôtels.

VALS-LES-BAINS

GRAND HOTEL DE LYON
ÉTABLISSEMENT DE 1er ORDRE

Avenue Farincourt, au centre de la Station thermale, limitant le Grand Établissement des Bains.

TENU PAR

Mme Vve LOUIS PEYROUSE
PROPRIÉTAIRE DE L'HOTEL

TABLE D'HOTE - SERVICE A LA CARTE

Cet Établissement se recommande à Messieurs les Baigneurs par son grand Confortable et son Service irréprochable.

A LOUER
PENDANT LA SAISON
en tout ou en partie

1 REMISE & ÉCURIE
SITUÉE AU PONT DE VALS

S'adresser à M. LACROTTE Arsène, *Café National*, à Vals.

LISTE OFFICIELLE DES ÉTRANGERS

Arrivés à VALS-LES-BAINS du 29 Août au 5 septembre 1885

NOMS, QUALITÉS, DOMICILES, LOGEMENTS

Grand Hôtel des Bains

M. Sévéran, nég., Lyon.
Mme Sévéran, nég., Lyon.
M. Sévéran fils, nég., Lyon.
M. Sévéran, nég., Lyon.
Mlle Sévéran, nég., Lyon.
M. Sévéran, nég., Lyon
(une femme de chambre)
M. Cleu, rent., Lyon.
M. de Salauze, rent., Alger.
Mme Sayen, rent., Nimes.
M. Glaenzer, nég., Tain.
M. Crouzeix, rent., Cannes.
Mme Crouzeix, rent., Cannes.
MM. Benesse frères, empl. ch de fer, Bordeaux.
M. Raymond Gras, administrateur des ateliers méridionaux, Montpellier
(un domestique).
M. de Belair, rent., Lyon.
M. Negretti, avocat, Marseille.
M. Giraud, agent, Marseille.

Hôtel de Paris

M. Doer, rent., Nice.
M. Laposse, rent., Neuville.
M. Alamel, chef de gare, Nantes.
M. Delmas, greff. de 1re classe, Alais.
Mlle Chapelle, rent., Lyon.

Grand Hôtel du Louvre

M. Quenin, nég., Grignan.
M. Aubert, professeur, Verclause.
M. Vidal, instituteur, Bagnols.
Mme Vidal, Bagnols.
M. Labeille, curé, Tain.
Mme Labeille, rent., Nyons.
M. Cluze, notaire, Tain.
Mme Cluze, rent., Tain.
Mlle Cluze, Tain.
M. Cluze fils, aspirant au notariat, Tain.
Mme Gois, rent., Avignon.
Mlle Gois, rent., Avignon.
M. Mallin, nég., Marseille.
M. Bonnefont, vétérinaire, Vienne.
M. Métral, prêtre, St-Etienne-de-Baloux.
Mlle Giraud, rent., Ribes.

NOMS, QUALITÉS, DOMICILES, LOGEMENTS

Grand Hôtel de l'Europe

M. Chéraud, nég., Alais.
M. Thomas, nég., Nimes.
M. Raffin, nég., Nimes.
M. Léon, nég., Nimes.
Mme Léon, nég., Nimes.
Mlle Léon, rent., Nimes.
M. Milson, nég., Lyon.

Grand Hôtel Durand

Mme Cougourdan, rent., Marseille.
Mme Arnaud, rent., Marseille.
Mlle Arnaud, prop., Seyne.
M. Montagnon, curé, Givors.
M. Simon, nég., Marseille.
M. Mol, rent.
M. Emith, géologue, Glocester.
M. Michel, professeur, Marseille.

Hotel du Nord

M. Barral, inspect., Grenoble.
M. Anceau, nég., Paris.
M. Picard, nég., Nimes
M. Cotte, nég., Romans.
M. Bienvenu Fabre, nég., Salon.
M. Chavet, prop., Fontaines-s-Saône.
M. Rouvière, voyageur, Alais.
M. Bernard, nég., Alleins.
M. Terris, nég., Alleins.

Grand Hôtel de Lyon

Mme Gas, rent., Toulon.
Mlle Gas, rent., Toulon.
M. Gas fils, rent., Toulon.
(une domestique).
Mme Joucla-Pelons, rent., Auriol.
M. Augir, profes. école navale., Brest.
M. Gors, rent., Espagne.
M. Fenaud Eybert, Pont-St-Esprit.

Grand Hôtel des Délicieuses

M. Mallet, rent., Montélimar.
Mme Mallet, rent., Montélimar.
Mlle Beaud, rent., Montélimar.
Mme Texier, rent., Annonay.
M. Mayer, professeur de piano, Nimes.

NOMS, QUALITÉS, DOMICILES, LOGEMENTS

M. Dumou, nég., Lyon.
Mme Chavanon, rent., Annonay.
M. Bruguière, maire, Courthézon.
M. Raymond, rent., Marseille.
Mme Raymond, rent., Marseille.
M. de Roux, rent., Marignan.
Mme de Roux, rent., Marignan.

Villa veuve Ladet

M. Baze, nég., Marseille.
Mme Baze, nég., Marseille.
M. Lelonge, milit. en retraite, Nice.
M. Froment, rent., Auberives.

Café Deschandol, *Hôtel de Marseille*

M. Gauthier, instit., Recoubeau.
Mme Raynand, rent., Recoubeau.
M. Barial, épicier, Gacons.
Mme Barial, épicière, Gacons.
M. le frère Béani, instit., St-Siméon.

Café National

M. Dupland, march. tailleur, Paris.
M. Souche, agent génér. d'assur., Nîmes.
Mme Humbert, rent., Toulon.

Maison Baylon

M. Champenoin, rent., Marseille.
M. Jolivet, rent., Saint-Etienne.
Mme Jolivet, rent., Saint-Etienne.
Mme la b. de Marilhac, rent., Paris.
Mlle Marie de Marilhac, rent., Paris.

Villa Eugène Mouline

M. Chapelier, nég., Nîmes.
Mme Chapelier, nég., Nîmes.
M. Paul Chapelier, nég., Nîmes.
M. André Chapelier, nég., Nîmes.

Villa Vincent

M. Gignoux, prop., Nîmes.
Mme Gignoux, prop., Nîmes.
M. Monnezut, boulanger, Egypte.

Villa Delubac

M. Chabeau, avoué, Mende.
Mme Chabeau, Mende.
Mme Moulin, rent., Crest.
Mlle Moulin, rent., Crest.
M. Bernard, notaire, Puy.
Mme Bernard, Puy.

NOMS, QUALITÉS, DOMICILES, LOGEMENTS

M. Nicolas, prop., St-Saturnin-lès-Avignon.
Mme Serre, r., St-Saturnin-lès-Avignon.
Mlle Serre, St-Saturnin-lès-Avignon.
M. Ravoire, nég., Salon.
Mlle Ravoire, nég., Salon.
(deux domestiques).

Maison Régis Combe

M. Grousset, avoué, Mende.

Maison Fezay

M. Lalonguière, rent., St-Jullien.
Mme Lalonguière, rent., St-Jullien.
M. Bancel, empl. ch. de fer, Nîmes.
Mme Bancel, Nîmes.
M. Bancel Fernand.
M. Bancel Sylvain.

Maison Casimir Croze

Mme Gévaudan, rent., Lyon.
M. Gévaudan fils, professeur, Lyon.
MM. Gévaudan fils, Lyon.

Maison Giraud

Mme Callet, rent., Thor.
M. Bouyer, rent., Nîmes.
Mme Bouyer, rent., Nîmes.
M. Privat, rent., Aigues-Mortes.
Mme Privat.
M. Guiot, emp. ch. de fer, Aigues-M.

Maison Suchon

M. Raspail, prop., Comps.
M. Raspail fils, Comps.
M. Capillery, instit., Nîmes.
Mme Capillery, instit., Nîmes.
M. Capillery fils, Nîmes.

Maison Philippe Nogier

M. Humbert, charp. maçon, Iliat.
Mme Humbert, Iliat.

Villa de Bernardy

Mme Voye, rent., Loriol.

BONBONS DIGESTIFS CASIMIR CROZE

Vous n'aurez plus de mauvaises digestions, si vous sucez les véritables **Bonbons digestifs Casimir Croze, aux sels extraits des eaux minérales de l'Établissement de Vals**; agréables à la bouche; ils fondent de suite, et l'air que l'on respire agit aussitôt sur les poumons; les vapeurs bienfaisantes des sels qui sont employés arrêtent immédiatement la toux. Présentés sous forme de Dragées, avec inscription : C^{ir} CROZE, et au verso : VALS, rien ne peut leur être comparé. Les Bonbons digestifs Casimir Croze sont les seuls qui se fabriquent à Vals. — Se méfier des nombreuses imitations ; exiger la signature de Casimir CROZE & Cie sur chaque boîte.

Vente dans ses magasins, Grande-Rue de Vals, en face de la passerelle, et à l'avenue Farincourt, maison Migno.

CAFÉ-RESTAURANT DES BAINS

Avenue Farincourt
En face de l'Établissement thermal

Chambres meublées très confortables		*Service à la Carte Célérité*

MENU
du Dimanche 6 Septembre 1885

Potage
Hors d'œuvre
Beefsteack aux Anchois
Cotelettes aux pommes
Veau provençale

Haricots verts au beurre
Tomates farcies
Salade de Chicorée

Gibier
Ecrevisses
Entremets
Dessert assorti

**VINS DES PREMIERS CRUS
SOUPER FROID A LA SORTIE DU CASINO**

GRAND CAFÉ EUROPÉEN

ANCIEN CAFÉ DE L'EUROPE

Réparé & Meublé à neuf

Tenu par Alphonse CROS

Au centre de VALS, donnant sur la place St-Jean

CONSOMMATIONS DE PREMIER CHOIX

Bière de Lyon, de Ruoms. — Glace.

BOTTIN

CHAMBRES GARNIES INDÉPENDANTES

VALS-LES-BAINS

GRAND HOTEL DU LOUVRE

TENU PAR

LÉON BAYLON

Propriétaire

— Cet Hôtel vient de s'agrandir d'une magnifique ANNEXE —

VASTE SALLE A MANGER & SALON DE COMPAGNIE

TABLE D'HOTE --- SERVICE PARTICULIER

BELLE SALLE D'OMBRAGE ATTENANTE A L'HOTEL

Voitures à la disposition de Messieurs les Baigneurs

OMNIBUS DE L'HOTEL A TOUS LES TRAINS

PENSION, 2 REPAS PAR JOUR

Chambre et Service compris

HOTEL DU LOUVRE		ANNEXE	
1er Étage........	7 fr. 50	1er Étage..........	9 fr.
2me Étage	7 fr. »	2me Étage..........	8 fr.

Service irréprochable

A LA BOTTE SANS COUTURE

VICTORIN BRUN

Maison Hôtel de la Poste

Grande-Rue et place Saint-Jean — VALS-LES-BAINS

GRAND ASSORTIMENT DE CHAUSSURES
CHAUSSURES SUR COMMANDE
SPÉCIALITÉ DE CHAUSSURES CONFECTIONNÉES
RÉPARATIONS EN TOUS GENRES
— PRIX TRÈS MODÉRÉS —

CROZE Arsène

A VALS-LES-BAINS (LE PONT)

VINS ORDINAIRES & VINS FINS
GARANTIS PURS DE TOUT MÉLANGE
Récoltés chez le propriétaire et provenant uniquement du raisin

EAU-DE-VIE & RHUM

PRIX TRÈS MODÉRÉS

BRESSON

Entrepreneur

Place Saint-Jean, — à Vals-les-Bains

MAISON GARNIE — MEUBLÉE A NEUF
Située au centre de VALS

Cuisine à la disposition de Messieurs les Baigneurs

TERRASSE

PRIX MODÉRÉS

AUTORISATION DE L'ÉTAT

VALS AU COMPLET

SOURCE DES PRINCES

Eau de Table, surnommée la Délicate, par M. le Docteur Bonnal.

Recommandée dans toutes les affections des voies digestives : dyspepsie, gastralgie, gastrite, etc.

SOURCE PRÉFÉRÉE, MOYENNE

Employée avec le plus grand succès, dans toutes les affections biliaires et de la vessie, elle rend surtout de grands services dans la goutte, les rhumatismes, les fièvres intermittentes des pays chauds et les épidémies cholériques.

SOURCE DUCHESSE, FORTE

Souveraine dans l'anémie, chlorose, appareil sexuel, elle agit très efficacement dans les cas où, à cause de leur minéralisation plus faible, les eaux bicarbonatées sodiques demeurent impuissantes.

N.-B. — Les caux minérales de ces sources, situées au centre du bassin des Eaux, sont d'une conservation parfaite et peuvent supporter les plus longs voyages.

Pour les demandes, s'adresser à M. Peyrouse aîné, *prop., à Vals.*

ANALYSES	DES PRINCES	PRÉFÉRÉE	DUCHESSE
Acide carbonique libre	1.5590	1.3910	1.4510
Bicarbonate de soude	1.8700	4.2820	7.1370
— de potasse	0.0373	0.1360	0.1430
— de chaux	0.0500	0.2000	0.2110
— de magnésie	0.0470	0.1150	0.1180
— de lithine	traces	0.0157	0.0059
Chlorure de sodium	0.0288	0.1630	0.1710
— de potassium	0.0305	traces	traces
Sulfate de soude	0.2426	0.0350	0.0360
— de potasse	0.0387	indices	indices
Silice	0.0550	0.0670	0.0720
Alumine	indices	0.0034	0.0035
Oxyde de fer	0.0140	0.0125	0.0015
TOTAUX	2.4239	5.0293	9.3499

VILLA VEUVE LADET

Maison Meublée à neuf

APPARTEMENTS POUR FAMILLES

Une des mieux situées de Vals

EN FACE DU GRAND CASINO

Terrasse sur le devant ainsi que sur le derrière.

On FAIT LA CUISINE

Casimir Croze

CHAMBRES MEUBLÉES

ET CUISINE POUR FAMILLE

AU CENTRE DE VALS

Villa Casimir Croze

JARDINS -- BEAUX OMBRAGES

Chambres garnies & Appartements pour familles

ANCIEN HOTEL DU PARC

TENU PAR

CHALABREYSSE

Grand'Rue, près la Passerelle

A VALS-LES-BAINS (ARDÈCHE)

RESTAURANT — PENSION — CHAMBRES GARNIES

— *PRIX TRÈS MODÉRÉS* —

GRAND CAFÉ DE VALS
ET
GRAND CERCLE DES BAIGNEURS

Tenus par

Mme BOULLE

AU CENTRE DES GRANDS HOTELS

TERRASSES MAGNIFIQUES

Au-dessus du Cercle et devant le Café

FRAIS OMBRAGES

CONSOMMATIONS DE PREMIER CHOIX

BIÈRE DE LYON & DE RUOMS

Salle de lecture — Journaux du jour

Abonnements pour la saison

— DICTIONNAIRE BOTTIN —

Cet Etablissement se recommande à sa nombreuse clientèle

GRAND HOTEL DE L'EUROPE

Le plus ancien de Vals, tenu par

M. ET Mme BOUZIGE

à VALS-LES-BAINS (Ardèche)

TABLE D'HOTE — SERVICE PARTICULIER — JARDIN

Parc & Jardin attenant a l'Hôtel.

Voiture dans l'hôtel à la disposition de MM. les Baigneurs

OMNIBUS DE L'HOTEL A TOUS LES TRAINS

SOCIETE GENERALE
des Produits aux sels extraits des Eaux Minérales
DE VALS-LES-BAINS & DU VIVARAIS

Médaille d'or, Expos. Intern. de Nice — Médaille d'argent, Conc. rég. d'Aubenas — 1883-1884 — Médaille de bronze, Exposition de Blois — 1882 — 1883 — 1885 — Grand diplôme d'honneur et Médaille d'or, exposition de Lyon

COMMISSION — EXPORTATION

USINE MODERNE A VAPEUR

FABRIQUE DE CHOCOLAT & DE PRODUITS AUX SELS DE VALS
MARRONS GLACÉS DU VIVARAIS

Casimir CROZE & Cie
VALS - LES - BAINS (Ardèche)

Bonbons digestifs Casimir Croze, dits Caramels ou Sucre d'Orge, aux sels extraits des Eaux minérales de Vals. Prix de la boîte, franco par la poste, 1 fr. 50.

Pastilles bicarbonatées et ferrugineuses, aux sels extraits des Eaux minérales de Vals. Par boîtes de 50 c. : 1, 2 et 3 francs ; en vrac, 5 francs le kilo.

Pralines Vivaraises, toniques et ferrugineuses. Prix de la boîte : 2 francs ; 30 centimes en plus par la poste.

Chocolat digestif et ferrugineux, en livre, croquette, napolitain, pastilles, chocolat ferrugineux, qualité spéciale. Prix de la boîte : 1 fr. 50 ; 20 centimes en plus par la poste.

Nougat et Nougatine, fabrication spéciale, avec pistache, vanille et au miel du Vivarais.

Bonbons d'agrément, dits Berlingots de Vals, aux parfums menthe, citron, vanille, café, etc.

Pour avoir les véritables produits de Casimir CROZE, s'adresser dans ses magasins, situés : Grand-Rue de Vals et avenue Farincourt, maison Migno.

Il n'y a qu'un seul établissement, à Vals-les-Bains, où se fabriquent les produits aux sels naturels, extraits des eaux minérales ; Messieurs Casimir CROZE et Cie ne confient pas la fabrication de leurs spécialités à des usines éloignées de Vals, et dont, par suite, ils ne pourraient surveiller les procédés.

Fabriquant eux-mêmes, MM. CROZE et Cie sont les seuls qui puissent garantir la sincérité de leurs produits.

Toute personne peut, du reste, visiter les ateliers qui se trouvent à Vals-les-Bains, au-dessus de la manutention de la Société Générale des eaux minérales.

Dépôt. — Chez M. MAZAUDIER, confiseur, Maison Carrée, à Aubenas.

VOITURES A VOLONTE

LANDAU, PANIER, MYLORD, VICTORIA, &c.

CHEVAUX DE SELLE

Longs Voyages — Confortable — Célérité

François HUGON

Vals-les-Bains. — Hôtel Robert. — Vals-les-Bains.

A l'honneur de prévenir Messieurs les Étrangers et Baigneurs qu'il se met à leur disposition pour faire des excursions en montagne, passant par Antraigues, Laviolle, Mézilhac, Lachamp-Raphaël, le Gerbier de Joncs, le Mézenc, les ruines du couvent de Bonnefoi, Sainte-Eulalie, Le Béage, la forêt et l'abbaye de Mazan, le lac d'Issarlès, le lac Ferrand (près la forêt de Bauzon), la Côte de Mayres, La Chavade, Lanarce, Peyrabeille, le lac du Bouchet (près Costaros), les ruines du château de Polignac (près Le Puy), les ruines du château de La Roche-Lambert; passant par Langogne, Labastide, Notre-Dame-des-Neiges, Villefort, Les Vans, Joyeuse, les grottes de Vallon, le pont d'Arc; le château de Boulogne, le château de Ventadour, celui de Pourcherolles, le cratère de Thueyts, l'Echelle-du-Roi, la Gueule-d'Enfer, Neyrac, Jaujac, les ruines du château de Clamouse, le volcan de Jaujac.

RETOUR A VALS

VOITURES A VOLONTÉ

Break — Landau — Phaëton
Pour Courses, Promenades et Excursions

DONAS

Demeurant toute l'année à VALS-LES-BAINS

Remises : Maison Régis
En face l'Hôtel des Colonies, à côté du Temple.

PRIX MODÉRÉS

Auguste FEZAY

CHAMBRES MEUBLÉES

Au centre de Vals

QUINCAILLERIE - MERCERIE

ARTICLES DE PÊCHE

Chambres Garnies

Victor SUCHON
Propriétaire

VALS-LES-BAINS

ON FAIT LA CUISINE

APPARTEMENTS INDÉPENDANTS POUR FAMILLES
Complètement Meublés à Neuf

VÉRITABLES PASTILLES DE VALS
AUX SELS NATURELS
de l'Établissement de CASIMIR CROZE, situé à
VALS-LES-BAINS (Ardèche)

Les Véritables Pastilles de l'Etablissement de Casimir Croze sont préparées, à Vals, avec les sels minéraux extraits des Sources ; elles sont employées journellement pour combattre les affections des voies digestives, telles que : digestion lente, dyspepsi gastralgie, vomissements, aigreurs, etc.

D'un goût très agréable et digérées par les estomacs les plus délicats, elles sont recommandées et mêmes nécessaires aux estomacs affaiblis, qui retrouvent, par leur usage, une grande puissance digestive.

La dose recommandée par les sommités médicales est de 8 à 12 Pastilles par jour.

Exiger sur chaque boîte le nom du seul et unique préparateur à Vals-les-Bains

CASIMIR CROZE & Cie

VILLA DU COTEAU

LOUIS PETIT, PROPRIÉTAIRE

Appartements de premier ordre, séparés, pour Familles
BELLE SITUATION
VUE SPLENDIDE — TERRASSES OMBRAGÉES

VILLA ERNEST MOULINE
Sur le Boulevard

APPARTEMENTS POUR FAMILLES
Jardin, Terrasse

DANS LA VILLA SE TROUVE :
LA SOURCE GAULOISE
Eau minérale naturelle

La Source **Gauloise**, très gazeuse, ne troublant ni le vin, ni aucune autre liqueur, forme une Eau de table excellente.

CASINO DE VALS-LES-BAINS

Cet Établissement composé de la Salle de Spectacle, de la Salle de Café (désignée sous le nom de *Café de Paris*) et du *Cercle des Étrangers*, vient de subir, sous la nouvelle Direction, diverses transformations et aménagements qui seront appréciés par MM. les Baigneurs.

Le *Théâtre d'Été*, transformé en une belle et vaste Salle verte, sera abrité de l'humidité des soirées. Du premier au cinq juillet, débutera la Troupe de concerts, comédies, vaudevilles et opérettes. Les artistes qui en font partie ont été choisis parmi les étoiles des grands établissements de Paris. Les affiches du jour donneront le tableau de la troupe et du répertoire qu'elle interprètera.

CAFE DU CASINO
OU CAFÉ DE PARIS

Ouvert depuis le 20 juin, aura dès le 1ᵉʳ juillet un service régulier de dépêches qui seront, dès leur arrivée, affichées dans la salle publique.

GRAND CERCLE DES ÉTRANGERS
ENTIÈREMENT RECONSTITUÉ

Offrira à MM. les Baigneurs tous les moyens de distraction qu'offrent les établissements similaires :

Salles de lecture, de conversation, de billards et jeux divers.

HOTEL DE FRANCE

Tenu par

M. & Mme MIRECOURT

VALS-LES-BAINS

MAISON ADMIRABLEMENT SITUÉE
Au centre de la Ville
EN FACE DE DEAUX PARCS ET JARDINS D'AGRÉMENT

Se recommande par sa bonne Cuisine bourgeoise
tous les jours variée

CONFORTABLE — PROPRETÉ
PRIX MODÉRÉS

VILLA MATHON, FILS

Maison Meublée à neuf

LA MIEUX SITUÉE DE VALS, AU CENTRE DU QUARTIER DES EAUX
EN FACE DE L'ÉTABLISSEMENT THERMAL

FRAIS OMBRAGES
APPARTEMENTS POUR FAMILLES

CONFORTABLE & PROPRETÉ
PRIX MODÉRÉS

AVIS AUX CONSOMMATEURS

Vous n'aurez plus de mauvaises digestions, si vous sucez les **Bonbons digestifs Casimir Croze, aux sels extraits des eaux minérales de Vals-les-Bains**; agréables à la bouche; arrêtent immédiatement la toux. Présentés sous forme de Bonbons, rien ne peut leur être comparé. — Exiger, sur chaque boite, le nom de l'inventeur et seul préparateur, à Vals-les-Bains. Le nom est en toutes lettres même sur chaque Bonbon : C^{ir} CROZE, et au verso : VALS.

Adresser toutes demandes à Casimir CROZE et Cie, à Vals-les-Bains.

NOTA. — Des boites sont disposées pour être expédiées franco contre mandat poste de 1 fr. 50.

Aubenas, Imprimerie Administrative et Commerciale de Mme A. Robert.

ANCIEN HOTEL DE LA POSTE
A VALS - LES - BAINS

Cet Hôtel, complètement remis à neuf, est aujourd'hui transformé en Appartements pour Familles et Chambres Garnies.

Terrasse et Jardin sur le derrière

ÉCURIE — REMISE — EAU — GAZ

Les Propriétaires exploiteront eux-mêmes pendant cette saison, après laquelle ils sont disposés à VENDRE ou à LOUER, soit comme Hôtel, soit comme Maison Garnie.

S'adresser aux Propriétaires de l'Hôtel de la Poste,
— A VALS - LES - BAINS —

A VENDRE

Emplacements avec Source Minérale, la meilleure des eaux de table, au plus beau quartier de la Station.

Grandes facilités de paiement.

S'adresser à M. Gaston GIRAUD, *négociant à Vals-les-Bains.*

G^d HOTEL du NORD
Au centre de la ville
A VALS-LES-BAINS

 TENU PAR VERNET

Réparé et Meublé à neuf. Vue splendide

TABLE D'HOTE
DINERS PARTICULIERS
ON PORTE EN VILLE

ÉCURIE & REMISE

DÉPART DE TOUTES LES VOITURES
Dictionnaire Bottin

SOURCE DU BOSC

Eau minérale naturelle

de VALS (Ardèche)

Approuvée par l'Académie de médecine.
Autorisée par l'État.

La source du BOSC, très gazeuse, est une excellente eau de table. — Elle est souveraine dans les maladies de l'estomac et des intestins, du foie, de la rate, des reins et de la vessie.

Elle combat efficacement les coliques hépatiques et néphrétiques, la gravelle, la goutte, le diabète et le rhumatisme.

S'adresser à M. Paul LAGARDE, *propriétaire de la source du Bosc*, ou à M. CHAULET, *café de la Favorite, quartier des Eaux.*

M. E. CHAMPETIER

Pharmacien-Chimiste, près le Pont-de-Fer

est le seul préparateur depuis 20 ans, des

SOUS PRODUITS DE VALS

Tels que : **Pastilles** et **Bonbons Digestifs,**
aux Sels de Vals

Sels naturels, pour bains et boissons artificielles, de VALS.

AINSI QUE DE

L'ARNICA DES CÉVENNES

Contre Plaies, Blessures, Contusions, Entorses, Foulures, etc., etc.

Se méfier des produits similaires, qui ne sont que des imitations

---

LABORATOIRE D'ANALYSES DIVERSES

LES SOURCES

LA REINE & 3 ETOILES

Débitant 3.000.000 de bouteilles

Sont la propriété exclusive de M. E. CHAMPETIER.

S'adresser à la pharmacie pour achats d'eau et renseignements.

Le Gérant

VALS-LES-BAINS

SAISON DE 1885

du 15 Mai au 1er Octobre

LISTE OFFICIELLE

DES ÉTRANGERS

Publiée par M. SERRE, secrétaire de la Mairie

L'éditeur de cette liste est seul autorisé à publier la *Liste officielle*.

PRIX : 10 CENTIMES

AUBENAS
IMPRIMERIE BREVETÉE DE Mme A. ROBERT

Maison non Recommandée

GRAND CAFÉ DE LA FAVORITE
TENU PAR A. CHAULET
Avenue Farincourt
A VALS-LES-BAINS (Ardèche)

CONSOMMATIONS DE 1er CHOIX

Salle de Billard, Grandes Terrasses, Vue splendide.	Chambres Garnies confortables, meublées à neuf.

Au centre de la Station thermale et des principaux hôtels.

VALS-LES-BAINS
GRAND HOTEL DE LYON
ÉTABLISSEMENT DE 1er ORDRE
Avenue Farincourt, au centre de la Station thermale,
limitant le Grand Établissement des Bains.

TENU PAR
Mme Vve LOUIS PEYROUSE
PROPRIÉTAIRE DE L'HOTEL

TABLE D'HOTE — SERVICE A LA CARTE

Cet Établissement se recommande à Messieurs les Baigneurs par son grand Confortable et son Service irréprochable.

A LOUER
PENDANT LA SAISON
en tout ou en partie
1 REMISE & ÉCURIE
SITUÉE AU PONT DE VALS

S'adresser à M. LACROTTE Arsène, Café National, à Vals.

LISTE OFFICIELLE DES ÉTRANGERS

N° 22

Arrivés à VALS-LES-BAINS du 5 au 13 septembre 1885

NOMS, QUALITÉS, DOMICILES, LOGEMENTS

Grand Hôtel des Bains
M. Olivier, nég., Marseille.
Mme Olivier, rent., Marseille.
M. Morellet, juge, Privas.
Mme Morellet, rent., Privas.
M. Morellet, Privas
(une femme de chambre).
Mme Mauran, rent., Marseille.
Mlle Mauran, rent., Marseille.
M. Boissy d'Anglas, dép., Paris.

Hôtel de Paris
M. Pleche, not., Montélimar.
M. Claron, rent., Vallon.
Mme Claron, rent., Vallon.
M. Hérauld, rent., Paris.
M. Boyer, rent., Paris.
M. Martin, rent., Paris.
M. Soubeyrand, nég., Dieu-le-Fit
Mme Soubeyrand, nég., Dieu-le-Fit.
Mlle Chapelle, rent., Lyon.
M. Roux, nég., Marseille.
Mme Roux, nég., Marseille.
M. Gay de Tunis, r., Marseille.
M. Philippe, nég., Nimes.
M. Flach, rent., Marseille.
Mlle Flach, rent., Marseille.

Hôtel du Nord
M. Guigon, architecte, Privas.
Mme Guigon, rent., Privas.
M. Guigon fils, rent., Privas.
MMlles Guigon, rent., Privas.
M. Vautrin, r. de comm., Lyon.
M. Mirabel, chef d'atel., P.-L.-M., Nimes.
Mme Escomel, rent., Montpezat.
Mme Gout, rent., Montpezat.
Mlle Martin, rent., Montpezat.

M. Gautier, représ., Privas.
M. Laurent, rent., St-Cirgues-en-Montagne.
Mme Pial, rent., St-Cirgues-en-Montagne.
M. Vignal, nég., Valence.

Maison Baylon
M. Péret, chef d. divis., Grenoble.
Mme Péret, rent., Grenoble.
Mlle Péret., rent., Grenoble.

Maison Victor Martin
M. Leure, professeur, Grenoble.
M. Leure fils, prof., Grenoble.

Maison Casimir Croze
M. Gévaudan, empl. des contrib., Nimes.
M. Croze, pâtiss., St-Just-Lyon.

Grand Hôtel du Louvre
M. Janet, ing. des mines, Paris.
M. Bernard, rent., Paris.
M. Chapuis, rent., Paris.
Mlle Fauchet, rent., Lyon.
Mme Maurensac, r., Connaux.
Mlle Adam, rent., Connaux.
M. Pignatel, chanoine, Avignon.
M. Roux, architecte, Paris.

Grand Hôtel Durand
M. Teissier, nég., Salon.
M. L. Teissier, nég., Salon.
Mme Teissier, nég., Salon.
Mlle Teissier, nég., Salon.
M. Chillet, nég., Oullins.
M. Chillet, nég., Oullins.
Mme Chillet, nég., Oullins.
M. Bois, instit., Villié-Morgon.
M. le frère. Athanasius, prof., Neuville.

NOMS, QUALITÉS, DOMICILES, LOGEMENTS	NOMS, QUALITÉS, DOMICILES, LOGEMENTS

M. le f. Marie-Abraham, institut., Néronde.
M. le f. Victorie, profess., St-Paul-3-Châteaux.

Grand Hôtel de l'Europe

M. Ceux, rent., Marseille.
Mme Ceux, rent., Marseille.
M. Bourbon, nég., Marseille.
M. Chabos, nég., Beaucaire.
Mme Chabos, nég., Beaucaire.
M. Blanc, entrepr., Bunière.
Mlle Reboul, nég., Uzès.
Mme Piéchegut, rent., Uzès.

Maison Veuve Cros

M. Lombard, nég., Salon.
M. Lacombe, pasteur, St-Paul-3-Chateux.
Mme Lacombe, St-Paul-3-Ch.
Mlle Lacombe, St-Paul-3-Ch.
M. Lacombe fils, St-Paul-3-Ch.
M. Aubert, instit, à Verclause (Drôme).
M. Boutin, empl. ch. de fer, Crest.
Mme Boutin, rent., Crest.
Mlle Boutin, rent., Crest.
M. Boutin fils, rent., Crest.

Grand Hôtel de Lyon

M. Marchain, offic. dartill. de la marine, Rochefort.
M. Bressolles, voyag. Allevard.
M. Derocle, Paris.
M. Chalamet, sénateur, Paris.
M. Chalamet fils, Paris.
M. Benoit, docteur, Privas.
M. Fauré, préfet de l'Ardèche, Privas.
M. Wouters, secrétaire, du Préfet.

Café Deschandol, *Hôtel de Marseille*

M. Chene, prop., Carpentras.

Hôtel Robert

M. Bouet, avocat, Nimes.
M. Benoit, pasteur, Montauban.

Total 3856.

IMPRIMERIE COMMERCIALE
INDUSTRIELLE ET ADMINISTRATIVE
de
Mme A. ROBERT
Imprimeur breveté

Faubourg L. Gambetta, en face les Postes & Télégraphes

A AUBENAS, ARDÈCHE

BONBONS DIGESTIFS CASIMIR CROZE

Vous n'aurez plus de mauvaises digestions, si vous sucez les véritables **Bonbons digestifs Casimir Croze, aux sels extraits des eaux minérales de l'Établissement de Vals**; agréables à la bouche; ils fondent de suite, et l'air que l'on respire agit aussitôt sur les poumons; les vapeurs bienfaisantes des sels qui sont employés arrêtent immédiatement la toux. Présentés sous forme de Dragées, avec inscription : Cie CROZE, et au verso : VALS, rien ne peut leur être comparé. Les Bonbons digestifs Casimir Croze sont les seuls qui se fabriquent à Vals. — Se méfier des nombreuses imitations; exiger la signature de Casimir CROZE & Cie sur chaque boite.

Vente dans ses magasins, Grande-Rue de Vals, en face de la passerelle, et à l'avenue Farincourt, maison Migno.

CAFÉ-RESTAURANT DES BAINS

Chambres meublées très confortables	**Avenue Farincourt** En face de l'Établissement thermal	Service à la Carte Célérité

MENU
du Dimanche 14 Septembre 1885

Potage
Hors d'œuvre
Beefsteack aux Anchois
Cotelettes aux pommes
Veau provençale

Haricots verts au beurre
Tomates farcies
Salade de Chicorée

Gibier
Ecrevisses
Entremets
Dessert assorti

**VINS DES PREMIERS CRUS
SOUPER FROID A LA SORTIE DU CASINO**

GRAND CAFÉ EUROPÉEN

ANCIEN CAFÉ DE L'EUROPE

Réparé & Meublé à neuf

Tenu par Alphonse CROS

Au centre de VALS, donnant sur la place St-Jean

CONSOMMATIONS DE PREMIER CHOIX

Bière de Lyon, de Ruoms. — Glace.

BOTTIN

CHAMBRES GARNIES INDÉPENDANTES

VALS-LES-BAINS

GRAND HOTEL DU LOUVRE

TENU PAR

LÉON BAYLON

Propriétaire

— Cet Hôtel vient de s'agrandir d'une magnifique ANNEXE —

VASTE SALLE A MANGER & SALON DE COMPAGNIE

TABLE D'HOTE --- SERVICE PARTICULIER

BELLE SALLE D'OMBRAGE ATTENANTE A L'HOTEL

Voitures à la disposition de Messieurs les Baigneurs

OMNIBUS DE L'HOTEL A TOUS LES TRAINS

PENSION, 2 REPAS PAR JOUR

Chambre et Service compris

HOTEL DU LOUVRE		ANNEXE	
1er Étage	7 fr. 50	1er Étage	9 fr.
2me Étage	7 fr. »	2me Étage	8 fr.

Service irréprochable

A LA BOTTE SANS COUTURE

VICTORIN BRUN

Maison Hôtel de la Poste

Grande-Rue et place Saint-Jean — VALS-LES-BAINS

GRAND ASSORTIMENT DE CHAUSSURES
CHAUSSURES SUR COMMANDE
SPÉCIALITÉ DE **CHAUSSURES CONFECTIONNÉES**
RÉPARATIONS EN TOUS GENRES
— PRIX TRÈS MODÉRÉS —

CROZE Arsène

A VALS-LES-BAINS (LE PONT)

VINS ORDINAIRES & VINS FINS
GARANTIS PURS DE TOUT MÉLANGE
Récoltés chez le propriétaire et provenant uniquement du raisin

EAU-DE-VIE & RHUM

PRIX TRÈS MODÉRÉS

BRESSON
Entrepreneur

Place Saint - Jean, — à Vals - les - Bains

MAISON GARNIE — MEUBLÉE A NEUF
Située au centre de VALS

Cuisine à la disposition de Messieurs les Baigneurs

TERRASSE

PRIX MODÉRÉS

AUTORISATION DE L'ÉTAT

VALS AU COMPLET

SOURCE DES PRINCES

Eau de Table, surnommée la Délicate, par M. le Docteur Bonnal.
Recommandée dans toutes les affections des voies digestives : dyspepsie, gastralgie, gastrite, etc.

SOURCE PRÉFÉRÉE, MOYENNE

Employée avec le plus grand succès, dans toutes les affections biliaires et de la vessie, elle rend surtout de grands services dans la goutte, les rhumatismes, les fièvres intermittentes des pays chauds et les épidémies cholériques.

SOURCE DUCHESSE, FORTE

Souveraine dans l'anémie, chlorose, appareil sexuel, elle agit très efficacement dans les cas où, à cause de leur minéralisation plus faible, les eaux bicarbonatées sodiques demeurent impuissantes.

N.-B. — Les eaux minérales de ces sources, situées au centre du bassin des Eaux, sont d'une conservation parfaite et peuvent supporter les plus longs voyages.

Pour les demandes, s'adresser à M. PEYROUSE AÎNÉ, *prop., à Vals.*

ANALYSES	DES PRINCES	PRÉFÉRÉE	DUCHESSE
Acide carbonique libre	1.5590	1.3910	1.4510
Bicarbonate de soude	1.8700	4.2820	7.1370
— de potasse	0.0373	0.1360	0.1430
— de chaux	0.0500	0.2000	0.2110
— de magnésie	0.0475	0.1150	0.1180
— de lithine	traces	0.0157	0.0059
Chlorure de sodium	0.0288	0.1630	0.1710
— de potassium	0.0305	traces	traces
Sulfate de soude	0.2226	0.0350	0.0360
— de potasse	0.0387	indices	indices
Silice	0.0550	0.0670	0.0720
Alumine	indices	0.0031	0.0035
Oxyde de fer	0.0140	0.0125	0.0015
TOTAUX	2.4239	5.0293	9.3499

VILLA VEUVE LADET

Maison Meublée à neuf

APPARTEMENTS POUR FAMILLES

Une des mieux situées de Vals

EN FACE DU GRAND CASINO

Terrasse sur le devant ainsi que sur le derrière.

On FAIT LA CUISINE

Casimir Croze

CHAMBRES MEUBLÉES

ET CUISINE POUR FAMILLE

AU CENTRE DE VALS

Villa Casimir Croze

JARDINS -- BEAUX OMBRAGES

Chambres garnies & Appartements pour familles

ANCIEN HOTEL DU PARC

TENU PAR

CHALABREYSSE

Grand'Rue, près la Passerelle

A VALS - LES - BAINS (Ardèche)

RESTAURANT — PENSION — CHAMBRES GARNIES

— *PRIX TRÈS MODÉRÉS* —

GRAND CAFÉ DE VALS
ET
GRAND CERCLE DES BAIGNEURS

Tenus par

Mme BOULLE

AU CENTRE DES GRANDS HOTELS

TERRASSES MAGNIFIQUES
Au-dessus du Cercle et devant le Café

FRAIS OMBRAGES

CONSOMMATIONS DE PREMIER CHOIX

BIÈRE DE LYON & DE RUOMS

Salle de lecture — Journaux du jour

Abonnements pour la saison

— DICTIONNAIRE BOTTIN —

Cet Etablissement se recommande à sa nombreuse clientèle

GRAND HOTEL DE L'EUROPE

Le plus ancien de Vals, tenu par

M. ET Mme BOUZIGE

à VALS-LES-BAINS (Ardèche)

TABLE D'HOTE — SERVICE PARTICULIER — JARDIN

PARC & JARDIN ATTENANT A L'HÔTEL

Voiture dans l'hôtel à la disposition de MM. les Baigneurs

OMNIBUS DE L'HOTEL A TOUS LES TRAINS

SOCIETE GENERALE
des Produits aux sels extraits des Eaux Minérales
DE VALS-LES-BAINS & DU VIVARAIS

Médaille d'or Expos. Intern. de Nice
1883-1884

Médaille d'argent Conc. rég. d'Aubenas
1882

Médaille de bronze Exposition de Blois
1883

1885

Grand diplôme d'honneur et Médaille d'or Exposition de Lyon

COMMISSION — EXPORTATION

USINE MODERNE A VAPEUR
FABRIQUE DE CHOCOLAT & DE PRODUITS AUX SELS DE VALS
MARRONS GLACÉS DU VIVARAIS

CASIMIR CROZE & Cie
VALS - LES - BAINS (Ardèche)

Bonbons digestifs Casimir Croze, dits Caramels ou Sucre d'Orge, aux sels extraits des Eaux minérales de Vals. Prix de la boîte, franco par la poste, 1 fr. 50.

Pastilles bicarbonatées et ferrugineuses, aux sels extraits des Eaux minérales de Vals. Par boites de 50 c.: 1, 2 et 3 francs; en vrac, 5 francs le kilo.

Pralines Vivaraises, toniques et ferrugineuses. Prix de la boîte : 2 francs; 30 centimes en plus par la poste.

Chocolat digestif et ferrugineux, en livre, croquette, napolitain, pastilles, chocolat ferrugineux, qualité spéciale. Prix de la boîte : 1 fr. 50; 20 centimes en plus par la poste.

Nougat et Nougatine, fabrication spéciale, avec pistache, vanille et au miel du Vivarais.

Bonbons d'agrément, dits Berlingots de Vals, aux parfums menthe, citron, vanille, café, etc.

Pour avoir les véritables produits de CASIMIR CROZE, s'adresser dans ses magasins, situés : Grand-Rue de Vals et avenue Farincourt, maison Migno.

Il n'y a qu'un seul établissement, à Vals-les-Bains, où se fabriquent les produits aux sels naturels, extraits des eaux minérales; Messieurs CASIMIR CROZE et Cie ne confient pas la fabrication de leurs spécialités à des usines éloignées de Vals, et dont, par suite, ils ne pourraient surveiller les procédés.

Fabriquant eux-mêmes, MM. CROZE et Cie sont les seuls qui puissent garantir la sincérité de leurs produits.

Toute personne peut, du reste, visiter les ateliers qui se trouvent à Vals-les-Bains, au-dessus de la manutention de la Société Générale des eaux minérales.

Dépôt. — Chez M. MAZAUDIER, confiseur, Maison Carrée, à AUBENAS.

VOITURES A VOLONTE

LANDAU, PANIER, MYLORD, VICTORIA, &c.

CHEVAUX DE SELLE

Longs Voyages — Confortable — Célérité

François HUGON
Vals-les-Bains. — Hôtel Robert. — Vals-les-Bains.

A l'honneur de prévenir Messieurs les Étrangers et Baigneurs qu'il se met à leur disposition pour faire des excursions en montagne, passant par Antraigues, Laviolle, Mézilhac, Lachamp-Raphaël, le Gerbier de Joncs, le Mézenc, les ruines du couvent de Bonnefoi, Sainte-Eulalie, Le Béage, la forêt et l'abbaye de Mazan, le lac d'Issarlès, le lac Ferrand (près la forêt de Bauzon), la Côte de Mayres, La Chavade, Lanarce, Peyrabeille, le lac du Bouchet (près Costaros), les ruines du château de Polignac (près Le Puy), les ruines du château de La Roche-Lambert; passant par Langogne, Labastide, Notre-Dame-des-Neiges, Villefort, Les Vans, Joyeuse, les grottes de Vallon, le pont d'Arc; le château de Boulogne, le château de Ventadour, celui de Pourcherolles, le cratère de Thueyts, l'Echelle-du-Roi, la Gueule-d'Enfer, Neyrac, Jaujac, les ruines du château de Clamouse, le volcan de Jaujac.

RETOUR A VALS

VOITURES A VOLONTÉ

Break — Landau — Phaëton
Pour Courses, Promenades et Excursions

 DONAS

Demeurant toute l'année à VALS-LES-BAINS

Remises : Maison Régis
En face l'Hôtel des Colonies, à côté du Temple.

PRIX MODÉRÉS

Auguste FEZAY

CHAMBRES MEUBLÉES

Au centre de Vals

QUINCAILLERIE - MERCERIE

ARTICLES DE PÊCHE

Chambres Garnies

Victor SUCHON
Propriétaire
VALS-LES-BAINS

ON FAIT LA CUISINE

APPARTEMENTS INDÉPENDANTS POUR FAMILLES
Complètement Meublés à Neuf

VÉRITABLES PASTILLES DE VALS
AUX SELS NATURELS
de l'Établissement de CASIMIR CROZE, situé à
VALS-LES-BAINS (Ardèche)

Les Véritables Pastilles de l'Etablissement de Casimir Croze sont préparées, à Vals, avec les sels minéraux extraits des Sources ; elles sont employées journellement pour combattre les affections des voies digestives, telles que : digestion lente, dyspepsi gastralgie, vomissements, aigreurs, etc.

D'un goût très agréable et digérées par les estomacs les plus délicats, elles sont recommandées et mêmes nécessaires aux estomacs affaiblis, qui retrouvent, par leur usage, une grande puissance digestive.

La dose recommandée par les sommités médicales est de 8 à 12 Pastilles par jour.

Exiger sur chaque boîte le nom du seul et unique préparateur à Vals-les-Bains

CASIMIR CROZE & Cie

VILLA DU COTEAU
LOUIS PETIT, PROPRIÉTAIRE

Appartements de premier ordre, séparés, pour Familles
BELLE SITUATION
VUE SPLENDIDE — TERRASSES OMBRAGÉES

VILLA ERNEST MOULINE
Sur le Boulevard

APPARTEMENTS POUR FAMILLES
Jardin, Terrasse

DANS LA VILLA SE TROUVE :
LA SOURCE GAULOISE
Eau minérale naturelle

La Source **Gauloise**, très gazeuse, ne troublant ni le vin, ni aucune autre liqueur, forme une Eau de table excellente.

CASINO DE VALS-LES-BAINS

Cet Établissement composé de la Salle de Spectacle, de la Salle de Café (désignée sous le nom de *Café de Paris*) et du *Cercle des Étrangers*, vient de subir, sous la nouvelle Direction, diverses transformations et aménagements qui seront appréciés par MM. les Baigneurs.

Le *Théâtre d'Été*, transformé en une belle et vaste Salle verte, sera abrité de l'humidité des soirées. Du premier au cinq juillet, débutera la Troupe de concerts, comédies, vaudevilles et opérettes. Les artistes qui en font partie ont été choisis parmi les étoiles des grands établissements de Paris. Les affiches du jour donneront le tableau de la troupe et du répertoire qu'elle interprètera.

CAFE DU CASINO
OU CAFÉ DE PARIS

Ouvert depuis le 20 juin, aura dès le 1er juillet un service régulier de dépêches qui seront, dès leur arrivée, affichées dans la salle publique.

GRAND CERCLE DES ÉTRANGERS
ENTIÈREMENT RECONSTITUÉ

Offrira à MM. les Baigneurs tous les moyens de distraction qu'offrent les établissements similaires :

Salles de lecture, de conversation, de billards et jeux divers.

HOTEL DE FRANCE

Tenu par

M. & Mme MIRECOURT

VALS-LES-BAINS

MAISON ADMIRABLEMENT SITUÉE

Au centre de la Ville

EN FACE DE BEAUX PARCS ET JARDINS D'AGRÉMENT

Se recommande par sa bonne Cuisine bourgeoise
tous les jours variée

CONFORTABLE — PROPRETÉ

PRIX MODÉRÉS

VILLA MATHON, FILS

Maison Meublée à neuf

LA MIEUX SITUÉE DE VALS, AU CENTRE DU QUARTIER DES EAUX

EN FACE DE L'ÉTABLISSEMENT THERMAL

FRAIS OMBRAGES

APPARTEMENTS POUR FAMILLES

CONFORTABLE & PROPRETÉ

PRIX MODÉRÉS

AVIS AUX CONSOMMATEURS

Vous n'aurez plus de mauvaises digestions, si vous sucez les **Bonbons digestifs Casimir Croze, aux sels extraits des eaux minérales de Vals-les-Bains;** agréables à la bouche; arrêtent immédiatement la toux. Présentés sous forme de Bonbons, rien ne peut leur être comparé. — Exiger, sur chaque boîte, le nom de l'inventeur et seul préparateur, à Vals-les-Bains. Le nom est en toutes lettres même sur chaque Bonbon : C^{ir} CROZE, et au verso : VALS.

Adresser toutes demandes à Casimir CROZE et Cie, à Vals-les-Bains.

NOTA. — Des boîtes sont disposées pour être expédiées franco contre mandat poste de 1 fr. 10.

Aubenas, Imprimerie Administrative et Commerciale de Mme A. Robert.

ANCIEN HOTEL DE LA POSTE
A VALS - LES - BAINS

Cet Hôtel, complètement remis à neuf, est aujourd'hui transformé en Appartements pour Familles et Chambres Garnies.

Terrasse et Jardin sur le derrière

ÉCURIE — REMISE — EAU — GAZ

Les Propriétaires exploiteront eux-mêmes pendant cette saison, après laquelle ils sont disposés à VENDRE ou à LOUER, soit comme Hôtel, soit comme Maison Garnie.

S'adresser aux Propriétaires de l'Hôtel de la Poste,
— A VALS - LES - BAINS —

A VENDRE

Emplacements avec Source Minérale, la meilleure des eaux de table, au plus beau quartier de la Station.

Grandes facilités de paiement.

S'adresser à M. Gaston GIRAUD, négociant à Vals-les-Bains.

G^d HOTEL du NORD

Au centre de la ville
A VALS-LES-BAINS
 TENU PAR VERNET

Réparé et Meublé à neuf. Vue splendide

TABLE D'HOTE

DINERS PARTICULIERS

ON PORTE EN VILLE

ÉCURIE & REMISE

DÉPART DE TOUTES LES VOITURES

Dictionnaire Bottin

SOURCE DU BOSC
Eau minérale naturelle
de VALS (Ardèche)
Approuvée par l'Académie de médecine.
Autorisée par l'État.

La source du BOSC, très gazeuse, est une excellente eau de table. — Elle est souveraine dans les maladies de l'estomac et des intestins, du foie, de la rate, des reins et de la vessie.

Elle combat efficacement les coliques hépatiques et néphrétiques, la gravelle, la goutte, le diabète et le rhumatisme.

S'adresser à M. Paul LAGARDE, *propriétaire de la source du Bosc*, ou à M. CHAULET, *café de la Favorite, quartier des Eaux*.

M. E. CHAMPETIER
Pharmacien-Chimiste, près le Pont-de-Fer
est le seul préparateur depuis 20 ans, des
SOUS-PRODUITS DE VALS
Tels que : **Pastilles** et **Bonbons Digestifs**,

aux Sels de Vals

Sels naturels, pour bains et boissons artificielles, de VALS.

AINSI QUE DE
L'ARNICA DES CÉVENNES
Contre Plaies, Blessures, Contusions, Entorses, Foulures, etc., etc.

Se méfier des produits similaires, qui ne sont que des imitations

---

LABORATOIRE D'ANALYSES DIVERSES

LES SOURCES
LA REINE & 3 ETOILES
Débitant 3.000.000 de bouteilles
Sont la propriété exclusive de M. E. CHAMPETIER.

S'adresser à la pharmacie pour achats d'eau et renseignements.

Le Gérant

VALS-LES-BAINS

SAISON DE 1885

du 15 Mai au 1er Octobre

Liste Officielle

DES ÉTRANGERS

Publiée par M. SERRE, secrétaire de la Mairie

L'éditeur de cette liste est seul autorisé à publier la *Liste officielle*.

PRIX : 10 CENTIMES

AUBENAS

IMPRIMERIE BREVETÉE DE Mme A. ROBERT

Maison non Recommandée

GRAND CAFÉ DE LA FAVORITE
TENU PAR A. CHAULET
Avenue Farincourt

A VALS-LES-BAINS (Ardèche)

CONSOMMATIONS DE 1er CHOIX

| Salle de Billard, Grandes Terrasses, Vue splendide. | Chambres Garnies confortables, meublées à neuf. |

Au centre de la Station thermale et des principaux hôtels.

VALS-LES-BAINS

GRAND HOTEL DE LYON
ÉTABLISSEMENT DE 1er ORDRE

Avenue Farincourt, au centre de la Station thermale,
limitant le Grand Établissement des Bains.

TENU PAR

Mme Vve LOUIS PEYROUSE
PROPRIÉTAIRE DE L'HOTEL

TABLE D'HOTE - SERVICE A LA CARTE

Cet Établissement se recommande à Messieurs les Baigneurs par son grand Confortable et son Service irrréprochable.

A LOUER
— PENDANT LA SAISON —

en tout ou en partie

1 REMISE & ÉCURIE
SITUÉE AU PONT DE VALS

S'adresser à M. LACROTTE Arsène, *Café National*, à Vals.

LISTE OFFICIELLE DES ÉTRANGERS

Arrivés à VALS-LES-BAINS du 13 au 20 septembre 1885

NOMS, QUALITÉS, DOMICILES, LOGEMENTS

Grand Hôtel de l'Europe

M. Armand, empl. ch. de fer, Givors.
Mme Armand, rent., Givors.
M. Armand fils, rent., Givors.
M. Dunal Maurice, officier, Paris.
M. Huguet, rent., Arpaillargne.

Grand Hôtel Durand

M. Rolland, nég., Bordeaux.
M. Berthier, représent. de com., Marseille.
M. Rebond, curé, St-Alban (Rhône).
Mlle Cassonlet Pauline.
M. Gaillard, nég., Marseille.

NOMS, QUALITÉS, DOMICILES, LOGEMENTS

Hôtel du Nord

M. Carrière, voyageur, Nîmes.
M. Broutier, retraité, Lyon.
M. Martin, entrepreneur, Marseille.
M. de Badier, nég., Marseille.

Maison Pierre Mouline

M. Anthouard, rent., Grenoble.

Maison Casimir Croze

Mme sœur Léonie, Marseille.
M. Crespin, pharm., Cavaillon.
Mlle Crespin, rent., Cavaillon.

IMPRIMERIE COMMERCIALE
INDUSTRIELLE ET ADMINISTRATIVE
de
Mᵐᵉ A. ROBERT
Imprimeur breveté
Faubourg L. Gambetta, en face les Postes & Télégraphes
A AUBENAS, ARDÈCHE

BONBONS DIGESTIFS CASIMIR CROZE

Vous n'aurez plus de mauvaises digestions, si vous sucez les véritables **Bonbons digestifs Casimir Croze, aux sels extraits des eaux minérales de l'Établissement de Vals;** agréables à la bouche; ils fondent de suite, et l'air que l'on respire agit aussitôt sur les poumons; les vapeurs bienfaisantes des sels qui sont employés arrêtent immédiatement la toux. Présentés sous forme de Dragées, avec inscription : C^{ir} CROZE, et au verso : VALS, rien ne peut leur être comparé. Les Bonbons digestifs Casimir Croze sont les seuls qui se fabriquent à Vals. — Se méfier des nombreuses imitations; exiger la signature de Casimir CROZE & Cie sur chaque boite.

Vente dans ses magasins, Grande-Rue de Vals, en face de la passerelle, et à l'avenue Farincourt, maison Migno.

CAFÉ - RESTAURANT DES BAINS

Chambres meublées très confortables	**Avenue Farincourt** *En face de l'Établissement thermal*	*Service à la Carte Célérité*

MENU
du Dimanche 21 Septembre 1885

Potage
Hors d'œuvre
Beefsteack aux Anchois
Cotelettes aux pommes
Veau provençale

Haricots verts au beurre
Tomates farcies
Salade de Chicorée

Gibier
Ecrevisses
Entremets
Dessert assorti

VINS DES PREMIERS CRUS
SOUPER FROID A LA SORTIE DU CASINO

GRAND CAFÉ EUROPÉEN

ANCIEN CAFÉ DE L'EUROPE

Réparé & Meublé à neuf

Tenu par Alphonse CROS

Au centre de VALS, donnant sur la place St-Jean

CONSOMMATIONS DE PREMIER CHOIX
Bière de Lyon, de Ruoms. — Glace.

BOTTIN

CHAMBRES GARNIES INDÉPENDANTES

VALS-LES-BAINS
GRAND HOTEL DU LOUVRE
TENU PAR
LÉON BAYLON
Propriétaire

— Cet Hôtel vient de s'agrandir d'une magnifique ANNEXE —

VASTE SALLE A MANGER & SALON DE COMPAGNIE

TABLE D'HOTE --- SERVICE PARTICULIER

BELLE SALLE D'OMBRAGE ATTENANTE A L'HOTEL

Voitures à la disposition de Messieurs les Baigneurs

OMNIBUS DE L'HOTEL A TOUS LES TRAINS

PENSION, 2 REPAS PAR JOUR
Chambre et Service compris

HOTEL DU LOUVRE	ANNEXE
1er Étage........ 7 fr. 50	1er Étage .... 9 fr.
2me Étage ...... 7 fr. »	2me Étage .... 8 fr.

Service irréprochable

A LA BOTTE SANS COUTURE

VICTORIN BRUN

Maison Hôtel de la Poste

Grande-Rue et place Saint-Jean — VALS-LES-BAINS

GRAND ASSORTIMENT DE CHAUSSURES
CHAUSSURES SUR COMMANDE
SPÉCIALITÉ DE **CHAUSSURES CONFECTIONNÉES**
RÉPARATIONS EN TOUS GENRES
— PRIX TRÈS MODÉRÉS —

CROZE Arsène

À VALS-LES-BAINS (LE PONT)

VINS ORDINAIRES & VINS FINS
GARANTIS PURS DE TOUT MÉLANGE
Récoltés chez le propriétaire et provenant uniquement du raisin

EAU-DE-VIE & RHUM

PRIX TRÈS MODÉRÉS

BRESSON
Entrepreneur

Place Saint-Jean, — à Vals-les-Bains

MAISON GARNIE — MEUBLÉE A NEUF
Située au centre de VALS

Cuisine à la disposition de Messieurs les Baigneurs

TERRASSE

PRIX MODÉRÉS

AUTORISATION DE L'ÉTAT

VALS AU COMPLET

SOURCE DES PRINCES

Eau de Table, surnommée la Délicate, par M. le Docteur Bonnal.

Recommandée dans toutes les affections des voies digestives : dyspepsie, gastralgie, gastrite, etc.

SOURCE PRÉFÉRÉE, MOYENNE

Employée avec le plus grand succès, dans toutes les affections biliaires et de la vessie, elle rend surtout de grands services dans la goutte, les rhumatismes, les fièvres intermittentes des pays chauds et les épidémies cholériques.

SOURCE DUCHESSE, FORTE

Souveraine dans l'anémie, chlorose, appareil sexuel, elle agit très efficacement dans les cas où, à cause de leur minéralisation plus faible, les eaux bicarbonatées sodiques demeurent impuissantes.

N.-B. — Les eaux minérales de ces sources, situées au centre du bassin des Eaux, sont d'une conservation parfaite et peuvent supporter les plus longs voyages.

Pour les demandes, s'adresser à M. PEYROUSE AÎNÉ, *prop., à Vals.*

ANALYSES	DES PRINCES	PRÉFÉRÉE	DUCHESSE
Acide carbonique libre	1.3590	1.3910	1.4510
Bicarbonate de soude	1.8700	4.2820	7.1370
— de potasse	0.0373	0.1360	0.1430
— de chaux	0.0500	0.2000	0.2110
— de magnésie	0.0470	0.1150	0.1180
— de lithine	traces	0.0157	0.0059
Chlorure de sodium	0.0288	0.1630	0.1710
— de potassium	0.0305	traces	traces
Sulfate de soude	0.2-26	0.0350	0.0360
— de potasse	0.0387	indices	indices
Silice	0.0050	0.0670	0.0720
Alumine	indices	0.0031	0.0035
Oxyde de fer	0.0140	0.0125	0.0015
TOTAUX	2.4239	6.0293	9.3499

VILLA VEUVE LADET

Maison Meublée à neuf

APPARTEMENTS POUR FAMILLES

Une des mieux situées de Vals

EN FACE DU GRAND CASINO

Terrasse sur le devant ainsi que sur le derrière.

ON FAIT LA CUISINE

Casimir Croze

CHAMBRES MEUBLÉES

ET CUISINE POUR FAMILLE

AU CENTRE DE VALS

Villa Casimir Croze

JARDINS -- BEAUX OMBRAGES

Chambres garnies & Appartements pour familles

ANCIEN HOTEL DU PARC

TENU PAR

CHALABREYSSE

Grand'Rue, près la Passerelle

A VALS - LES - BAINS (ARDÈCHE)

RESTAURANT — PENSION — CHAMBRES GARNIES

— *PRIX TRÈS MODÉRÉS* —

GRAND CAFÉ DE VALS
ET
GRAND CERCLE DES BAIGNEURS
Tenus par
Mme BOULLE
AU CENTRE DES GRANDS HOTELS

TERRASSES MAGNIFIQUES

Au-dessus du Cercle et devant le Café

FRAIS OMBRAGES

CONSOMMATIONS DE PREMIER CHOIX

BIÈRE DE LYON & DE RUOMS

Salle de lecture — Journaux du jour

Abonnements pour la saison

— DICTIONNAIRE BOTTIN —

Cet Etablissement se recommande à sa nombreuse clientèle

GRAND HOTEL DE L'EUROPE

Le plus ancien de Vals, tenu par

M. ET Mme BOUZIGE

à VALS-LES-BAINS (Ardèche)

TABLE D'HOTE — SERVICE PARTICULIER — JARDIN

PARC & JARDIN ATTENANT A L'HÔTEL.

Voiture dans l'hôtel à la disposition de MM. les Baigneurs

OMNIBUS DE L'HOTEL A TOUS LES TRAINS

SOCIÉTÉ GÉNÉRALE
des Produits aux sels extraits des Eaux Minérales
DE VALS-LES-BAINS & DU VIVARAIS

Médaille d'or, Expos. Intern. de Nice — 1883-1884 — Médaille d'argent, Conc. rég. d'Aubenas — 1882  Médaille de bronze, Exposition de Blois — 1883  1885 — Grand diplôme d'honneur et Médaille d'or, Exposition de Lyon

COMMISSION — EXPORTATION

USINE MODERNE A VAPEUR
FABRIQUE DE CHOCOLAT & DE PRODUITS AUX SELS DE VALS
MARRONS GLACÉS DU VIVARAIS

Casimir CROZE & Cie
VALS - LES - BAINS (Ardèche)

Bonbons digestifs Casimir Croze, dits Caramels ou Sucre d'Orge, aux sels extraits des Eaux minérales de Vals. Prix de la boîte, franco par la poste, 1 fr. 50.

Pastilles bicarbonatées et ferrugineuses, aux sels extraits des Eaux minérales de Vals. Par boîtes de 50 c.: 1, 2 et 3 francs; en vrac, 5 francs le kilo.

Pralines Vivaraises, toniques et ferrugineuses. Prix de la boîte : 2 francs ; 30 centimes en plus par la poste.

Chocolat digestif et ferrugineux, en livre, croquette, napolitain, pastilles, chocolat ferrugineux, qualité spéciale. Prix de la boîte : 1 fr. 50 ; 20 centimes en plus par la poste.

Nougat et Nougatine, fabrication spéciale, avec pistache, vanille et au miel du Vivarais.

Bonbons d'agrément, dits Berlingots de Vals, aux parfums menthe, citron, vanille, café, etc.

Pour avoir les véritables produits de Casimir CROZE, s'adresser dans ses magasins, situés : Grand-Rue de Vals et avenue Farincourt, maison Migno.

Il n'y a qu'un seul établissement, à Vals-les-Bains, où se fabriquent les produits aux sels naturels, extraits des eaux minérales ; Messieurs Casimir CROZE et Cie ne confient pas la fabrication de leurs spécialités à des usines éloignées de Vals, et dont, par suite, ils ne pourraient surveiller les procédés.

Fabriquant eux-mêmes, MM. CROZE et Cie sont les seuls qui puissent garantir la sincérité de leurs produits.

Toute personne peut, du reste, visiter les ateliers qui se trouvent à Vals-les-Bains, au-dessus de la manutention de la Société Générale des eaux minérales.

Dépôt. — Chez M. MAZAUDIER, confiseur, Maison Carrée, à Aubenas.

VOITURES A VOLONTE

LANDAU, PANIER, MYLORD, VICTORIA, &c.

CHEVAUX DE SELLE

Longs Voyages — Confortable — Célérité

François HUGON

Vals-les-Bains. — Hôtel Robert. — Vals-les-Bains.

A l'honneur de prévenir Messieurs les Étrangers et Baigneurs qu'il se met à leur disposition pour faire des excursions en montagne, passant par Antraigues, Laviolle, Mézilhac, Lachamp-Raphaël, le Gerbier de Joncs, le Mézenc, les ruines du couvent de Bonnefoi, Sainte-Eulalie, Le Béage, la forêt et l'abbaye de Mazan, le lac d'Issarlès, le lac Ferrand (près la forêt de Bauzon), la Côte de Mayres, La Chavade, Lanarce, Peyrabeille, le lac du Bouchet (près Costaros), les ruines du château de Polignac (près Le Puy), les ruines du château de La Roche-Lambert; passant par Langogne, Labastide, Notre-Dame-des-Neiges, Villefort, Les Vans, Joyeuse, les grottes de Vallon, le pont d'Arc; le château de Boulogne, le château de Ventadour, celui de Pourcherolles, le cratère de Thueyts, l'Echelle-du-Roi, la Gueule-d'Enfer, Neyrac, Jaujac, les ruines du château de Clamouse, le volcan de Jaujac.

RETOUR A VALS

VOITURES A VOLONTÉ

Break — Landau — Phaëton
Pour Courses, Promenades et Excursions

DONAS

Demeurant toute l'année à Vals-les-Bains

Remises : Maison Régis
En face l'Hôtel des Colonies, à côté du Temple.

PRIX MODÉRÉS

Auguste FEZAY

CHAMBRES MEUBLÉES

Au centre de Vals

QUINCAILLERIE — MERCERIE

ARTICLES DE PÊCHE

Chambres Garnies

Victor SUCHON
Propriétaire

VALS-LES-BAINS

ON FAIT LA CUISINE

APPARTEMENTS INDÉPENDANTS POUR FAMILLES
Complètement Meublés à Neuf

VÉRITABLES PASTILLES DE VALS
AUX SELS NATURELS
de l'Établissement de CASIMIR CROZE, situé à
VALS-LES-BAINS (Ardèche)

Les Véritables Pastilles de l'Etablissement de Casimir Croze sont préparées, à Vals, avec les sels minéraux extraits des Sources ; elles sont employées journellement pour combattre les affections des voies digestives, telles que : digestion lente, dyspepsi gastralgie, vomissements, aigreurs, etc.

D'un goût très agréable et digérées par les estomacs les plus délicats, elles sont recommandées et mêmes nécessaires aux estomacs affaiblis, qui retrouvent, par leur usage, une grande puissance digestive.

La dose recommandée par les sommités médicales est de 8 à 12 Pastilles par jour.

Exiger sur chaque boîte le nom du seul et unique préparateur à Vals-les-Bains

CASIMIR CROZE & Cie

VILLA DU COTEAU
LOUIS PETER, PROPRIÉTAIRE

Appartements de premier ordre, séparés, pour Familles
BELLE SITUATION
VUE SPLENDIDE — TERRASSES OMBRAGÉES

VILLA ERNEST MOULINE
Sur le Boulevard

APPARTEMENTS POUR FAMILLES
Jardin, Terrasse

DANS LA VILLA SE TROUVE :
LA SOURCE GAULOISE
Eau minérale naturelle

La Source **Gauloise**, très gazeuse, ne troublant ni le vin, ni aucune autre liqueur, forme une Eau de table excellente.

CASINO DE VALS-LES-BAINS

Cet Établissement composé de la Salle de Spectacle, de la Salle de Café (désignée sous le nom de *Café de Paris*) et du *Cercle des Étrangers,* vient de subir, sous la nouvelle Direction, diverses transformations et aménagements qui seront appréciés par MM. les Baigneurs.

Le *Théâtre d'Été,* transformé en une belle et vaste Salle verte, sera abrité de l'humidité des soirées. Du premier au cinq juillet, débutera la Troupe de concerts, comédies, vaudevilles et opérettes. Les artistes qui en font partie ont été choisis parmi les étoiles des grands établissements de Paris. Les affiches du jour donneront le tableau de la troupe et du répertoire qu'elle interprètera.

CAFE DU CASINO
OU CAFÉ DE PARIS

Ouvert depuis le 20 juin, aura dès le 1ᵉʳ juillet un service régulier de dépêches qui seront, dès leur arrivée, affichées dans la salle publique.

GRAND CERCLE DES ÉTRANGERS
ENTIÈREMENT RECONSTITUÉ

Offrira à MM. les Baigneurs tous les moyens de distraction qu'offrent les établissements similaires :

Salles de lecture, de conversation, de billards et jeux divers.

HOTEL DE FRANCE

Tenu par

M. & Mme MIRECOURT

VALS-LES-BAINS

MAISON ADMIRABLEMENT SITUÉE

Au centre de la Ville

EN FACE DE BEAUX PARCS ET JARDINS D'AGRÉMENT

Se recommande par sa bonne Cuisine bourgeoise
tous les jours variée

CONFORTABLE — PROPRETÉ
PRIX MODÉRÉS

VILLA MATHON, FILS

Maison Meublée à neuf

LA MIEUX SITUÉE DE VALS, AU CENTRE DU QUARTIER DES EAUX

EN FACE DE L'ÉTABLISSEMENT THERMAL

FRAIS OMBRAGES

APPARTEMENTS POUR FAMILLES

CONFORTABLE & PROPRETÉ
PRIX MODÉRÉS

AVIS AUX CONSOMMATEURS

Vous n'aurez plus de mauvaises digestions, si vous sucez les **Bonbons digestifs Casimir Croze, aux sels extraits des eaux minérales de Vals-les-Bains**; agréables à la bouche; arrêtent immédiatement la toux. Présentés sous forme de Bonbons, rien ne peut leur être comparé. — Exiger, sur chaque boite, le nom de l'inventeur et seul préparateur, à Vals-les-Bains. Le nom est en toutes lettres même sur chaque Bonbon : C^ir CROZE, et au verso : VALS.

Adresser toutes demandes à Casimir CROZE et Cie, à Vals-les-Bains.

NOTA. — Des boites sont disposées pour être expédiées franco contre mandat poste de 1 fr. 50.

Aubenas, Imprimerie Administrative et Commerciale de Mme A. Robert.

ANCIEN HOTEL DE LA POSTE
A VALS - LES - BAINS

Cet Hôtel, complètement remis à neuf, est aujourd'hui transformé en Appartements pour Familles et Chambres Garnies.

Terrasse et Jardin sur le derrière

ÉCURIE — REMISE — EAU — GAZ

Les Propriétaires exploiteront eux-mêmes pendant cette saison, après laquelle ils sont disposés à VENDRE ou à LOUER, soit comme Hôtel, soit comme Maison Garnie.

S'adresser aux Propriétaires de l'Hôtel de la Poste,
— A VALS - LES - BAINS —

A VENDRE

Emplacements avec Source Minérale, la meilleure des eaux de table, au plus beau quartier de la Station.

Grandes facilités de paiement.

S'adresser à M. Gaston GIRAUD, négociant à Vals-les-Bains.

G^D HOTEL du NORD
Au centre de la ville
A VALS-LES-BAINS

Réparé et Meublé à neuf. Vue splendide

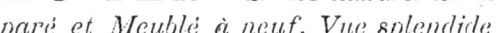

DINERS PARTICULIERS
ON PORTE EN VILLE

ÉCURIE & REMISE
DÉPART DE TOUTES LES VOITURES
Dictionnaire Bottin

SOURCE DU BOSC

Eau minérale naturelle

de VALS (Ardèche)

Approuvée par l'Académie de médecine.
Autorisée par l'État.

La source du BOSC, très gazeuse, est une excellente eau de table. — Elle est souveraine dans les maladies de l'estomac et des intestins, du foie, de la rate, des reins et de la vessie.

Elle combat efficacement les coliques hépatiques et néphrétiques, la gravelle, la goutte, le diabète et le rhumatisme.

S'adresser à M. Paul LAGARDE, *propriétaire de la source du Bosc*, ou à M. CHAULET, *café de la Favorite, quartier des Eaux.*

M. E. CHAMPETIER

Pharmacien-Chimiste, près le Pont - de - Fer

est le seul préparateur depuis 20 ans, des

SOUS PRODUITS DE VALS

Tels que : **Pastilles** et **Bonbons Digestifs**,

aux Sels de Vals

Sels naturels, pour bains et boissons artificielles, de VALS.

AINSI QUE DE

L'ARNICA DES CÉVENNES

Contre Plaies, Blessures, Contusions, Entorses, Foulures, etc., etc.

Se méfier des produits similaires, qui ne sont que des imitations

LABORATOIRE D'ANALYSES DIVERSES

LES SOURCES

LA REINE & 3 ETOILES

Débitant 3.000.000 de bouteilles

Sont la propriété exclusive de M. E. CHAMPETIER.

S'adresser à la pharmacie pour achats d'eau et renseignements.

Le Gérant

www.ingramcontent.com/pod-product-compliance
Lightning Source LLC
Chambersburg PA
CBHW060935230426
43665CB00015B/1956